西本昌弘 著

飛鳥・藤原と古代王権

同成社 古代史選書 11

はしがき

本書は飛鳥・藤原地域における陵墓・寺院・宮都の実態を分析することで、両地域と古代王権との関わりを考察したものである。第Ⅰ部では、飛鳥の牽牛子塚古墳・酒船石遺跡・川原寺跡など、斉明天皇に深く関わる陵墓・庭園・寺院の造営過程を検討し、八世紀以降にいたる展開過程を追究した。第Ⅱ部では、藤原地域における高市大寺（大官大寺）・藤原京などの造営に関する諸問題を考察し、とくに大藤原京説のもつ問題点を述べ、基本的には岸俊男説藤原京に立ち戻るべきことを説いた。二〇一〇年から二〇一二年までに公表した論考四本に、新稿三本（うち一本は大幅改訂稿）を加えて一書となしたものである。

飛鳥・藤原地域では、奈良文化財研究所・橿原考古学研究所・明日香村教育委員会・橿原市教育委員会などによって、発掘調査が継続的に進められており、新たな歴史的事実が次々と掘り出されている。とりわけ今世紀に入る前後から、飛鳥・藤原においては重要な遺跡・遺物の発見があいつぎ、七世紀木簡の大量出土ともあいまって、従来の見解に修正を迫るような場面が増えつつある。ことは『日本書紀』をはじめとする文献史料の解釈にも大きく関わってくることになろう。

本書はそうした新発見を踏まえて、また過去の調査成果をも見直すことで、主として文献史学の立場から、飛鳥・藤原地域の古代史像を考え直そうとしたものである。表題に飛鳥・藤原を掲げながらも、本書が取り扱った範囲は狭いもので、その点は忸怩たるものがあるが、いくつかの問題に焦点を絞り、これまでの通説にとらわれず、新たな歴史像が提示できるように模索した。その模索が成功しているかどうかは、読者の判断に委ねるが、今後の調査の進展により、また文字史料の見直しにより、たえず検証を加える必要があることはいうまでもない。

飛鳥・藤原の宮都とその関連資産群は世界遺産への登録をめざして、二〇〇七年に文化庁の世界遺産（文化遺産）暫定リストに追加掲載された。飛鳥・藤原地域に残る王宮・陵墓・寺院などの遺跡が、どのような人物に関わる、どのような施設であるのかを明らかにすることは、文化遺産の価値を見極める際に重要な意味をもち、さまざまな視点から今後ともさらに考察を深めるべき課題である。本書の乏しい成果のなかに、そうした課題を解決するための手がかりが一つでもあるとすれば、これに過ぎる喜びはない。

目　次

第Ⅰ部　飛鳥の陵墓と寺院

第一章　斉明天皇陵の造営・修造と牽牛子塚古墳……3
―建王・間人皇女・大田皇女の合葬墓域として―
はじめに　3
一　斉明天皇陵と牽牛子塚古墳　4
二　斉明天皇陵と建王墓・間人皇女墓・大田皇女墓　13
三　文武三年における斉明陵・天智陵の修造　20
おわりに　28
第二章　建王の今城谷墓と酒船石遺跡……37
はじめに　37
一　建王の今城谷墓　37
二　「おもしろき今城の中」　41
三　酒船石遺跡の亀形石造物・船形石造物　45

四　黒木造建物と大嘗宮・殯宮　52
おわりに　55
第三章　川原寺の古代史と伽藍・仏像―筑紫観世音寺との比較を通して―……61
はじめに　61
一　川原寺の創建時期と創建事情　62
二　川原宮・川原寺と朝倉宮・筑紫観世音寺　64
三　七世紀後半～八世紀初頭の川原寺　67
四　八世紀前半～九世紀の川原寺　70
五　川原寺の焼亡時期　74
六　川原寺の伽藍配置と安置仏像　77
七　塼仏・緑釉波文塼と浄土変相図　90
おわりに　92

第Ⅱ部　藤原京造営の諸問題

第四章　高市大寺（大官大寺）の所在地と藤原京朱雀大路……103
はじめに　103
一　百済大寺・高市大寺（大官大寺）の沿革とその比定地　104

二　高市里の「専古寺地西辺」と高市郡夜部村　111
三　山部坂・野倍坂・屋部坂と日高山　118
四　高市大寺の候補地と朱雀大路　123
おわりに　129
第五章　岸俊男氏の日本古代宮都論……137
はじめに　137
一　藤原宮・藤原京の復原研究　138
二　飛鳥の方格地割論・倭京論　142
三　朝政・朝堂・曹司論　144
四　中国都城との関係論　146
五　難波宮・難波京の位置づけ　149
六　長岡京遷都論　151
おわりに　154
第六章　大藤原京説批判——十二条八坊説への回帰——……159
はじめに　159
一　岸説藤原京と条坊道路の規模　160

二　藤原京京域復原の史料的根拠　166
三　長安城・洛陽城の坊正と藤原京の坊令・坊長　174
四　藤原京域と京外道路・外京　186
おわりに　192
第七章　藤原京と新益京の語義再考……………………………………203
はじめに　203
一　歴史的用語としての藤原京　204
二　新益京の語義　211
おわりに　215
初出一覧
あとがき

第Ⅰ部　飛鳥の陵墓と寺院

第一章　斉明天皇陵の造営・修造と牽牛子塚古墳

―建王・間人皇女・大田皇女の合葬墓域として―

はじめに

斉明天皇は斉明七年（六六一）七月に筑紫で没し、大和の小市岡上陵に葬られた。延喜諸陵寮式では「越智崗上陵」と表記され、大和国高市郡にあり、兆域は東西五町、南北五町で、陵戸五烟が付属するとされる。斉明天皇陵には皇孫の建王が合葬された可能性があり、さらに皇女の間人皇女が合葬されたのち、陵前に皇孫の大田皇女が葬られた。斉明とその近親を合葬した奥津城の場所については、古くから議論が行われているが、近年は明日香村越の牽牛子塚古墳にあてる説が有力視されており、二〇一〇年に行われた発掘調査の成果によって、さらにその可能性が飛躍的に高まった。

斉明天皇陵は天智天皇陵とともに文武三年（六九九）に営造・修造されているが、この記事を根拠にして、二陵は文武三年に新造されたと考える説がある。しかし、斉明陵が斉明没後四〇年近く、天智陵が天智没後三〇年近くも未整備であったとするのは疑問であり、文武三年の修造記事については、陵墓祭祀の整備と展開など、別の観点から説明することも可能であろう。天智陵の造営をめぐっては、『万葉集』巻二の山科御陵退散歌の解釈が議論を左右するが、これについては国文学者のこれまでの研究成果を吸収する必要がある。

本章では、江戸時代以来の斉明陵探索の歴史を振り返りながら、牽牛子塚古墳における二〇一〇年の発掘調査の成果を踏まえ、斉明陵の造営と合葬の過程について、『日本書紀』の記事を中心に再検討を加えてみたい。また、文武三年の斉明陵と天智陵の修造記事については、これを新造記事とみる説を批判するとともに、持統二年における国忌・荷前制度の成立との関わりで、これを位置づける仮説を提示することにしたい。

一　斉明天皇陵と牽牛子塚古墳

1　斉明天皇陵の探索と比定

歴代天皇の山陵は中世以降、荒廃が進み所在が不明確となったが、江戸幕府は元禄年間以降、山陵探索の事業を起こし、山陵の調査と修補を行った。斉明天皇陵の探索もそうした動きのなかで進められ、幕末には現在の治定陵が定められたが、戦後にはさらにいくつかの古墳が斉明陵の候補地として注目されることになる。現在までに斉明天皇陵に比定されている場所を列挙すると、次のようになろう[1]。

①高市郡鳥屋村の字塚穴（現在の小谷古墳）
②高市郡北越智村の升冢
③高市郡車木村の字天皇山（現在治定の「斉明天皇越智崗上陵」）
④高市郡明日香村越の牽牛子塚古墳
⑤高市郡明日香村越の岩屋山古墳

⑥高市郡明日香村野口・平田の鬼の雪隠・俎古墳

斉明陵の所在地について、元禄九年（一六九六）の松下見林『前王廟陵記』は「或《ノ》曰。越智《ノ》岡《ハ》。在㆓宗我川《ノ》上《ニ》㆒」と述べ、或人説として宗我川上流説をあげている。元禄一〇年の修陵報告書である『歴代廟陵考』(2)は、「陵所同郡（高市郡）鳥屋村ニアリ、字塚穴ト云」と書き、はじめて①説の立場に立った。同書所収の「享保年中再考諸陵」も「同郡鳥屋村ニアリ、字塚穴、越智村ノ東ニ當」と記す。

これに対して、享保二十一年（一七三六）の『大和志』は北越智村の東北にある俗に升冢と呼ぶものを斉明陵にあて、寛政三年（一七九一）の『大和名所図会』もこれに従った。これが②説である。一方、寛政十二年（一八〇〇）に完成した蒲生君平『山陵志』は、越智村の西の車木村に天皇山と呼ぶ岡があるので、これが山陵であるとし、その側の陪葬したような場所を大田皇女墓の類であるとした。③説の登場である。

その後、嘉永三年（一八五〇）の北浦定政『打墨縄』は「字天皇山」を斉明陵とする一方、「字ツカナ」にも斉明陵と注記している。嘉永七年の津久井清影（平塚瓢斎）『首註陵墓一隅抄』、同年の同『聖蹟図志』、安政二年（一八五五）の山川正宣『山陵考略』なども、同じく①説と③説とを併記しており、幕末にはこの両説が流布していたことがわかる。

こうした状況のなかで、文久二年（一九六二）から宇都宮藩主の名代である家老の戸田忠至が指揮する文久の修陵が行われた(3)。山陵奉行の忠至を補佐する調方の筆頭として、山陵の考証・探索に中心的な役割を果たした谷森善臣は、慶応三年（一八六七）に修陵事業の報告書として朝廷に提出した『山陵考』において、①説と②説を退け、③説の天皇山を斉明陵と定め、これより三〇間ほど南の谷口山を大田皇女墓とした。天皇山は元治元年（一八六四）一〇月に修補され、翌年二月に工事が終わったというので(4)、文久の修陵が進むなかで、谷森をはじめとする調方の考証によって、斉明陵の比定は③の天皇山説に決したのであろう。これが明治の宮内省による治定陵に引き継がれる。

戦後における考古学的調査の進展は、陵墓全般の見直しにも影響を及ぼしたが、斉明天皇陵の所在地についても、いくつかの試案が提示された。藤井利章氏は小谷古墳の玄室に残る一個の家形石棺が、玄門近くの南北中心線よりやや西側に位置することから、石室奥壁部と東半部に各一個の石棺を配置することが可能であると解釈した。(5)藤井氏はこれを三骨一廟式古墳の一例であるとし、斉明天皇・建王・間人皇女の三人を合葬した斉明陵に比定できるとする。①説の復活である。ただし、三骨一廟式とするのは、残存する一個の石棺配置からの推測にすぎず、根拠に乏しいといわざるをえない。

④の牽牛子塚古墳説を提起したのは高橋三知雄氏である。高橋氏は『万葉集』巻二、一九四番・一九五番の河嶋皇子を越智野に葬るときの歌に、「越能大野之」（越智の大野の）、「越野過去」（越智野過ぎ行く）、「乎知野尓過奴」（越智野に過ぎぬ）とあり、越智のことが「越」「乎知」と表記されていることに注目し、明日香村には「越」という地名があり、「越」の岡の上に牽牛子塚古墳があること、この古墳は最初から合葬する構造の石槨をもつこと、さらに八角墳である可能性が高いことなどから、牽牛子塚古墳を斉明天皇と間人皇女の合葬墓であると考えた。(6)高橋説を支持する有坂隆道氏は、出土した歯が三〇歳から四〇歳までのもので、女性の平均値に近いとする鑑定結果を踏まえ、これは三七、八歳で亡くなった間人皇女のものである可能性があると論じた。(7)

また、猪熊兼勝氏は、牽牛子塚古墳は二人埋葬用の双室墳であり、出土した夾紵棺片や八角墳であることからみて、七世紀第3四半期の天皇陵級の墳墓と考えられるとする。そして、平田梅山古墳（欽明陵）、野口王墓古墳（天武・持統陵）を除けば、飛鳥時代の天皇陵では、斉明女帝と間人皇女の合葬陵しか残っていないとして、牽牛子塚古墳を斉明と間人の合葬陵であると結論づけた。(8)④の牽牛子塚古墳説は石槨の形態とその年代、第一級の出土品、「越」の地名解釈などからみても、きわめて説得的であると思われ、近年では④説を支持する論者が少なくない。[9]

これに対して白石太一郎氏は、明日香村越にある岩屋山古墳を八角墳とみなし、岩屋山式の横穴式石室の年代を七世紀中葉から第3四半期に位置づけた上で、岩屋山古墳を斉明天皇陵に比定した。[10]⑤説の登場である。今尾文昭氏は白石説を一部継承して、岩屋山古墳を最初の斉明陵とみるが、斉明はその後、牽牛子塚古墳に改葬されたとする。今尾氏によると、立地、壇の有無、墳丘および石槨の規模などからみて、牽牛子塚古墳は中尾山古墳に近い特徴をもつことから、その造営年代は中尾山古墳に近い七〇〇年前後まで下ると思われ、文武三年（六九九）の越智山陵の営造（修造）記事と対応するという。[11]

しかし、岩屋山古墳の実年代を七世紀第3四半期まで下げる白石説に対しては、須恵器編年の観点から批判が出されており、[12]むしろかつての白石説[13]に戻って、七世紀の第2四半期にその中心を置くと考えた方が穏当である。したがって、岩屋山古墳を斉明七年（六六一）に没した斉明の陵墓にあてるのは無理があろう。このように岩屋山古墳＝斉明陵説が崩れると、今尾説も成立困難となる。七〇〇年前後まで斉明が眠っていた陵墓が存在しないことになるからである。牽牛子塚古墳と中尾山古墳との形態的類似を指摘する今尾説には共感を覚えるが、文武三年の記事はあくまでも斉明陵の修造を命じたもので、改葬を命じたものではない。文武三年に斉明陵が改葬されたという証拠は存在しないのである。

一方、西光慎治氏は、鬼の俎・雪隠古墳が西槨と東槨を並置する双墓とみられることから、その一つを今城谷の建王墓であるとし、斉明ははじめ建王墓の隣に合葬されたが、のちに牽牛子塚古墳に改葬されて、間人皇女と合葬されたと考えた。[14]これが⑥説である。しかし後述するように、斉明は建王の死後、「万歳千秋の後に、要《かなら》ず朕が陵に合せ葬れ」と命じており、斉明陵造営後に建王を陵に移すのが斉明の意志であったから、建王墓の隣りに斉明を合葬するのは遺命に背くことになる。また、斉明を大和に葬ったのち、これを改葬したという史料が存在しないことも問題となろう。

以上、斉明陵の探索とその比定に関する研究史を振り返ってきた。幕末までの陵墓探索においては、墳丘・石室の存在や「天皇山」などの地名を手がかりに斉明陵の所在を決めてきたが、厳密な意味での年代考証や地名分析にもとづくものではなく、便宜的かつ恣意的な比定であったという感は拭えない。戦後の考古学的な調査を踏まえた研究では、①の小谷古墳説、④の牽牛子塚古墳説、⑤の岩屋山古墳説、⑥の鬼の俎・雪隠古墳説などが提唱されているが、石室・石槨の年代観や豪華な出土品の一端からみても、「乎知」と読まれた「越」という集落の丘陵上に立地する点からみても、牽牛子塚古墳がもっとも斉明陵（越智崗上陵）にふさわしい古墳であるということができよう。近年は斉明の改葬を想定する意見が多いが、少なくとも亡骸が大和に帰還し葬られてからは、斉明が改葬されたという徴証は存在しないので、改葬説に従うことはできない。

2　牽牛子塚古墳の概要と最近の発掘成果

牽牛子塚古墳は奈良県明日香村越の字御前塚に所在する終末期古墳である。主体部は二上山凝灰岩製の巨石を刳り抜いた横口式石槨で、中央の間仕切りによって二つの墓室が区画され、それぞれに棺台が設けられている。墓室の規模はともに長さ約二・一メートル、幅約一・二メートル、高さ約一・三メートルをはかる。石槨前面の開口部は凝灰岩製の内部閉塞石（扉石）によって閉塞され、さらにその外側に石英安山岩製の外部閉塞石を巡らせている。

一九一四年に保存工事が行われた際に、七宝亀甲形座金具・金銅製八花文座金具・夾紵棺片・ガラス玉・人骨片などが出土した。(15) その後、一九七七年に環境整備を目的として、石槨前方部の発掘調査が実施され、七宝亀甲形座金具・

図1　牽牛子塚古墳　石槨内全景（南から、明日香村教育委員会『牽牛子塚古墳発掘調査報告書』図版編より転載）

金銅製八花文座金具・金銅製六花文環座金具・鍍金稜角金具・夾紵棺片・ガラス玉・人骨片・歯などが出土した(16)。歯は三〇歳代から四〇歳までのものと推定され、計測数値は女性の平均値に近いが、積極的に性別を決定することは困難であるという(17)。

牽牛子塚古墳はこのように当初から合葬を予定した双室墳であり、七宝亀甲形座金具・金銅製八花文座金具のような他に類例のない遺物や、とくに優品とされる夾紵棺を副葬する点、八角墳である可能性が高いことなどから、天皇か皇族が眠る墳墓であろうとされてきた(18)。一部遺物の年代は八世紀初頭に下るという見方もあるが(19)、多くの遺物や石槨の形式からは七世紀第3四半期の墳墓とみられており、斉明天皇と間人皇女を合葬した越智崗上陵にあてる意見が強くなっていることは、前述した通りである。

二〇〇九年からは明日香村教育委員会によって牽牛子塚古墳の構造解明に向けた範囲確認調査が行われているが、二〇一〇年九月に墳丘と外部施設に関する大きな発見があった[20]。すなわち、墳丘の北西部にあたる裾部と外郭部を掘ったところ、墳丘地山を八角形に削り出したのち、裾部に二上山凝灰岩製の切石を八角形のベルト状に敷き詰めた列石が出土した（図2）。また、この列石の外側には拳大の川原石を敷き詰めた二重のバラス敷きが確認された。さらに、凝灰岩石列およびバラス敷きと墳丘背後の地山面との間には花崗岩の抜き取り痕跡があり、バラス敷きの端部には一個の花崗岩が遺存するところから、地山面の法面処理に花崗岩が使用されていたものと考えられている。

なお、墳丘北西部のトレンチ調査の結果から、石英安山岩製の外部閉塞石（直方体切石）は石槨の背後にも存在することが判明し、凝灰岩製の石槨の周囲をとりまいている可能性が高くなった。また、墳丘は版築で築かれていることがあらためて確認された。墳丘の規模は直径約二二メートル、高さ約四・五メートル以上で、八角形を呈するとみられている。墳丘裾部の列石やバラス敷きの範囲まで含めると、対辺三二メートル以上の規模とな

図2　牽牛子塚古墳全景（北西から、明日香村教育委員会『牽牛子塚古墳発掘調査報告書』本文編より転載）

る。

二〇一〇年の発掘調査の結果、牽牛子塚古墳は八角墳であることが確認されたことで、この古墳が斉明天皇陵である可能性はますます高まったといえる。ただし、地山を八角形に削り出しているとはいえ、地山は現存する墳丘のやや外側に位置するため、築造当初から牽牛子塚古墳が八角墳であったかどうかは不明である。前述のように、今尾文昭氏は古墳の立地、壇の有無、墳丘規模などからみて、牽牛子塚古墳は中尾山古墳に近い特徴をもつとした。今回検出された墳丘裾部の二重のバラス敷きも中尾山古墳の外部施設[21]と類似しており、後述する文武三年の修造記事との関わりが注目される。対辺二〇メートル前後の八角墳の裾部に約一〇メートルの外部施設を付設する点で、牽牛子塚古墳と中尾山古墳は類似した構造をもっているのであり、外部施設の付設や八角墳への改造は文武三年の修造時に行われた可能性も考慮すべきであろう。

牽牛子塚古墳の墳丘構造に関する大きな発見があった直後の二〇一〇年十二月、明日香村教育委員会は同古墳の東南に隣接した地から、新たに横口式石槨墓を検出した。[22]越塚御門《こしつかごもん》古墳と命名された古墳がそれで、明日香村越の字塚御門に所在する。新発見の横口式石槨は石英閃緑岩製の刳り抜き式で、床石の上に天井石を組み合わせる鬼の雪隠・鬼の俎タイプのものであった。石槨の内法は長さ約二・四メートル、幅〇・九メートル、高さ約〇・六メートルをはかる。石槨の前面には長さ四メートル以上、幅約一メートルのバラス敷きの墓道が付属する。漆膜辺が出土しているところから、漆塗木棺が埋納されていたと考えられる。

斉明天皇陵の可能性が高いとされる牽牛子塚古墳に隣接して、七世紀後半の貴人の墓が発見されたのであるから、これが斉明陵の陵前に葬られたという大田皇女の墓である確率はきわめて高いといえるであろう。越塚御門古墳の検出はそれ自体が貴重な成果であるが、牽牛子塚古墳が斉明陵に相当することをほぼ確定したという点でも、大変重要

図3　越塚御門古墳（背後が牽牛子塚古墳、明日香村教育委員会『牽牛子塚古墳発掘調査報告書』本文編より転載）

な意味をもつ。牽牛子塚古墳とその周辺での新発見は終末期古墳の研究にも大きな影響を与えることであろうが、斉明天皇陵の造営と修造に関する文献史料の解釈にも波紋を及ぼすことと思われる。そこで節をあらためて、『日本書紀』を中心とする関係史料を再検討してみたい。

二　斉明天皇陵と建王墓・間人皇女墓・大田皇女墓

『日本書紀』によると、斉明四年（六五八）五月、皇孫建王が八歳で薨去した。斉明天皇は今城谷の上に殯《もがり》《ひん》を起こし、ここに孫王を葬った。建王は中大兄皇子と蘇我倉山田石川麻呂の女遠智娘との間に生まれた男子で、生まれつき言葉を発することができなかった（『日本書紀』天智七年二月条）。建王の同母姉に大田皇女と鸕野皇女（のちの持統天皇）がいる。斉明は孫の建王を溺愛していたようで、その死に接して嘆き悲しみ、群臣に詔して「万歳千秋の後に、要《かなら》ず朕が陵に合せ葬れ」と命じた。『日本書紀』斉明四年五月条には、建王の死後に斉明が詠んだ歌として、

今城なる　小丘の上に　雲だにも　著くし立たば　何か歎かむ

など三首が伝わっている。斉明四年十月条は、斉明の紀の温湯への行幸を伝えるが、ときに建王を追憶して悲泣すること甚だしく、

山越えて　海渡るとも　おもしろき　今城の中は　忘らゆましじ
水門の　潮のくだり　海くだり　後も暗に　置きてか行かむ
愛しき　吾が若き子を　置きてか行かむ

などと歌い、秦大蔵造万里に詔して、これらの歌を後世に伝えさせたという。斉明は建王が葬られた今城谷の小丘を

たびたび思い出し、紀伊行幸の間も後ろ髪を引かれる思いで、悲嘆にくれていることがうかがわれる。

　斉明紀にみえる建王悲傷歌については、斉明の実作ではなく、秦大蔵造万里の代作とみる説があるが[23]、秦大蔵造万里はこれらの歌を後世に伝えることを命ぜられた人物であるにすぎず、代作者とみなすのは困難である[24]。夭折した建王に対する激しい哀傷の表現からみても、斉明の自作と考えるのが妥当であろう[25]。稲岡耕二氏は「おもしろき　今城の中は」の解釈から、建王の殯《ひん》宮《きゅう》《もがりのみや》の立てられた今城谷は、皇孫と女帝との明るく楽しい思い出の土地であったのだろうと論じた[26]。益田勝美氏が指摘するように、正史にまで明記された建王に対する斉明の悲傷は格別の感があり[27]、建王をのちに斉明陵に合葬せよという斉明の命令は実行された可能性が高い。

　さて、斉明は斉明七年（六六一）正月、百済救援軍を指揮して、中大兄皇子らとともに難波を出航し、三月には筑紫の娜大津に至って磐瀬行宮に居したが、五月に朝倉橘広庭宮（朝倉宮）に遷居し、七月に朝倉宮において崩じた。『日本書紀』によると、中大兄皇子は天皇の亡骸を奉じて磐瀬行宮に至るが、この夕に朝倉山の上に鬼あり、大笠を着て喪の儀を臨み視たという。その後、斉明の亡骸は海路をとって十月には難波に戻り、十一月戊戌（七日）に飛鳥の川原において殯が行われた。これより発哀すること九日に至るとあるので、十一月七日から九日までの三日間、哭泣儀礼が行われたことがわかる。

『日本書紀』には斉明の埋葬記事は伝えられていないが、『扶桑略記』や『帝王編年記』には大和への改葬記事が載せられている。国立歴史民俗博物館所蔵の広橋家本『扶桑略記』巻四をみると、斉明七年七月二十四日条に「天皇崩」と記したのち、改行して、

　山陵朝倉山、八月、葬喪之夕、朝倉山上有レ鬼、着二大笠一臨二視喪儀一、人皆見レ之、陵高三丈、方五町、

改二葬大和国高市郡越智大握間山陵一、十一月改レ之、

と書いている。『日本書紀』と同じく、朝倉山の鬼が喪儀を臨み視たということにも言及するが、朝倉山に山陵を造営したのち、十一月に大和国高市郡の越智大握間山陵に改葬したことを明記している。『帝王編年記』も斉明七年条に『日本書紀』と同様の記事を載せたのち、「十一月、改二葬大和国越智岡上山陵一」と述べている。『扶桑略記』や『帝王編年記』は、斉明崩後に朝倉宮で葬儀が行われ、山陵も付近に定められたが、亡骸は大和国へ送られ、斉明七年の十一月に越智岡上山陵（越智大握間山陵も同所であろう）への改葬が行われたと理解していることになる。『日本書紀』が伝える飛鳥の川原での殯からほどなく、斉明は越智岡上山陵に葬られたとみる立場である。

和田萃氏は『日本書紀』天智六年二月条の記載から、斉明天皇は天智六年二月に小市岡上陵に葬られたと解釈し、殯宮を起こした斉明七年十一月から埋葬まで五年三ヶ月の長期にわたって殯が行われたと考えた(28)。しかし、天智六年二月条をそのように理解することができないことは後述する通りである。七世紀初頭から八世紀初頭に至る各天皇の殯から埋葬に至るまでの期間は、推古が六ヶ月、舒明が一年二ヶ月、孝徳が二ヶ月、天武が二年二ヶ月、持統が一年、文武が六ヶ月であり、平均すると約一一ヶ月となる。斉明のみが五年三ヶ月もの長期にわたって殯を継続したとは考えにくい。白村江の戦いが迫っているところからも、斉明の殯は短期間で切り上げられ、ただちに山陵への埋葬が行われたとみた方が穏当であろう。

斉明は最愛の孫王たる建王を「朕が陵に合せ葬れ」と命じていたのであるから、斉明陵の造営は大急ぎで進められたはずである。建王を合葬せよという斉明の意向は尊重されなかったという意見もあるが(29)、中大兄皇子が母の強い希望を叶えなかったとは考えにくい。前述したように、『日本書紀』が斉明の深い悲しみを描き、合葬命令を伝えているところからみても、斉明の遺命は遵守された可能性が高い。建王を今城谷の墓から改葬し、斉明陵に合葬する必要からも、斉明陵の造営は急がれたことであろう。斉明と建王を合葬するために、斉明陵には当初から二つの墓室が設けられたであろうことも想像に難くない。『扶桑略記』や『帝王編年記』が記述する斉明七年十一月葬送説も十分成り立つと思うが、少なくとも翌天智元年の年末までには斉明は越智山陵に埋葬され、そこに今城谷の墓から改葬された建王が合葬されたとみて問題ないであろう。

ついで天智四年（六六五）二月丁酉（二十五日）には、斉明の皇女で、中大兄皇子・大海人皇子の同母姉妹である間人大后（間人皇女）が薨去《こうきょ》した。三月癸卯朔には、「間人大后の為に、三百三十人を度せしむ」とあり、初七日の追善行事が行われている。間人皇女の埋葬時期については、二年後の天智六年二月とみる説もあるが、後述するように、そうした見方には疑問があり、少なくとも死後一年以内に埋葬された可能性が高いであろう。斉明陵は天智元年の年末までには完成していたであろうから、間人皇女は天智四年の年末頃までには斉明陵に合葬されたものと考えられる。皇孫の建王に続いて、皇女の間人皇女が斉明陵の墓室内に納められたとみられるのである。

その後、天智六年（六六七）二月に大田皇女が斉明陵の前の墓に葬られた。『日本書紀』天智六年二月戊午（二七日）条には、次のようにある。

合下葬天豊財重日足姫天皇與二間人皇女一於小市岡上陵上、是日、以二皇孫大田皇女一、葬二於陵前之墓一、高麗・百済・新羅、皆奉レ哀二於御路一、皇太子謂二群臣一曰、我奉二皇太后天皇之所レ勅、憂二恤万民一之故、不レ起二石槨之役一、所レ冀、永代以為二鏡誡一焉、

斉明天皇と間人皇女を小市岡上陵に合葬したが、この日、皇孫の大田皇女を陵前の墓に葬った。皇太子の中大兄皇子は群臣に対して、「皇太后（斉明）天皇の勅を奉わり、万民を憂恤せんがために、『石槨の役』を起こさない。これを永代の教訓とするように」と語ったというのである。

この記事の解釈については、日本古典文学大系『日本書紀』下が頭注において、

間人皇女のなくなったのは（天智）四年二月。斉明陵に合葬したのもこれより先のことで、戊午の日付は「是日」以下にかかる。この種の書き方は書紀に往々見える。例えば継体二十三年条参照。

と述べているのが正論であろう。有坂隆道氏も、大田皇女を陵の前の墓に葬ったのが「是日」のことで、小市岡上陵はこのとき以前（六六一年から六六七年の間）に造られていたことになると論じている。(30) 斉明陵の造営と間人皇女の斉明陵への合葬はこれ以前に行われていたが、天智六年二月戊午のこの日に、皇孫の大田皇女を斉明陵の前の墓に葬ったと解読すべきなのである。

前述のように、斉明陵は天智元年の年末までには造営され、間人皇女は天智四年の年末までに斉明陵に合葬されたと考えられる。したがって、斉明の遺命に従い、万民を憂恤するため「石槨の役」を起こさなかったというのは、大田皇女の墓を斉明陵の前に造営した際のことを述べているのであって、斉明陵の造営時や間人皇女の斉明陵への合葬時のことに直接関わるものではない。牽牛子塚古墳の東南に隣接する場所から最近発見された越塚御門古墳が墳丘の痕跡を残さず、横口式石槨の構造も牽牛子塚古墳に比較すると小規模で簡素な鬼の俎・雪隠タイプであったという事実は重要である。

「石槨の役」を起こさずとは、墓造りのために民衆を動員しなかったことを意味する。『日本書紀』大化二年三月甲申条のいわゆる大化薄葬令では、王以上の造墓には一〇〇〇人を七日まで役すことが許され、上臣の造墓には五〇〇人を五日まで役すことが認められていた。大田皇女墓の造営時にはこの民衆動員が行われなかったのであろう。ただし、造墓のために官司が組織され、朝廷所属の工人らが動員されたことは十分に想定できる。文武三年には越智・山科二陵の修造のために四等官と大工などが任命され、天平十四年には越智山陵を修繕するため、官人と雑工・采女・女孺らが派遣されている。大田皇女墓の造営時には民衆動員は行われなかったが、朝廷の直轄事業として、官司に所

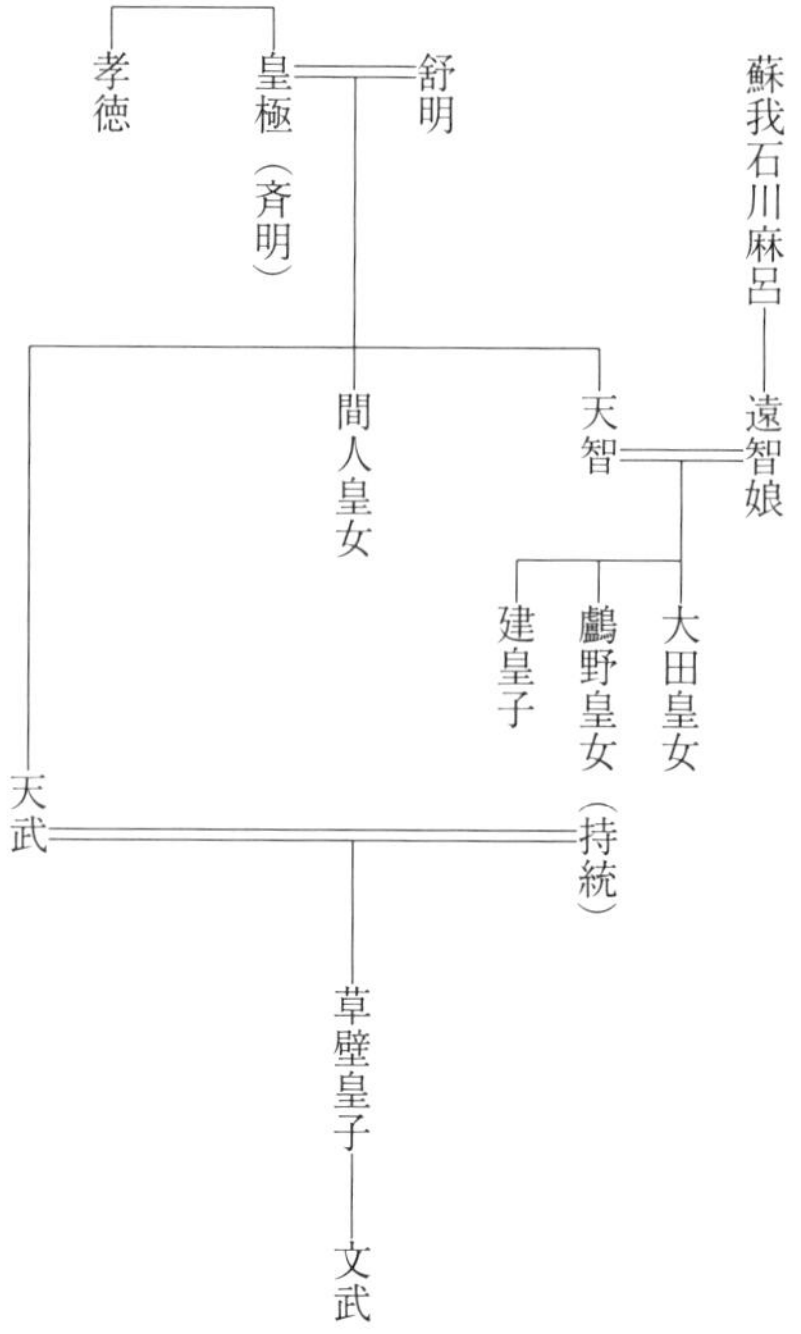

図4　関係系図

属する工人たちが墓造りに奉仕したものと推測される。

もちろん、斉明死去の前後は百済救援軍の派遣や白村江の戦いなどで緊迫した状況下にあり、斉明自身が「石槨の役」を起こさないよう遺言しているのであるから、斉明陵を大規模に造営したかどうかは疑問である。『日本書紀』天智六年二月条はあくまでも大田皇女墓の造営に関して「石槨の役」を起こさなかったと述べているのであるが、斉明陵の造営時にも民衆の大動員は見送られた可能性が高い。牽牛子塚古墳は外部施設を除けば対辺約二二メートルの墳丘であるが、これは南北約八〇メートル、東西約一一〇メートルの方形壇の上に直径約四二メートルの墳丘をもつ舒明陵や、約六〇メートル四方の下方部に直径約四〇メートルの上円部を載せる天智陵などと比べるとかなり小規模であるから、斉明陵の造営は通常の天皇陵よりもはるかに省力化して進められたということができよう。その斉明陵よりもさらに労力を節約して造営されたのが越塚御門古墳（大田皇女墓）であると考えられる。

大田皇女は中大兄皇子と蘇我倉山田石川麻呂の女遠智娘との間に生まれた皇女で、建王の姉にあたる（図4）。大海人皇子に嫁して大伯皇女と大津皇子を生んだ。大伯皇女は斉明七年（六六一）正月生まれで（『日本書紀』）、大津皇子は天智二年（六六三）生まれと推測される[31]。前述したように、斉明陵にはまず建王が合葬されたと思われるから、その後、陵内や陵前に追葬された人物を含めると、斉明の娘であり天智の妹である間人皇女、斉明の孫であり天智の子女である建王・大田皇女の姉弟が、母であり祖母である斉明の陵の内外に集めて葬られたのである。大田皇女は天武の妃でもあり、鸕野皇女（のちの持統天皇）の姉でもあったから、斉明陵とその周辺は天智・天武・持統の三天皇にとっても、祈りを捧げるべきゆかりの人物が合葬されている場所であったことになる。

『日本書紀』天武八年（六七九）三月丁亥条には、「天皇幸二於越智一、拝二後岡本天皇陵一」とあり、天武が越智に行幸して、斉明陵を拝している。天武にとっては母の陵であるが、その陵前には妃の大田皇女が眠っているので、大田皇女墓を拝すという意味あいもあったのであろう。また、同行していたであろう持統にとっても、斉明陵とその周辺には祖母と姉弟が眠っている。後述するように、文武三年に修造される以前の斉明陵は、陵ともみなせないほど粗末で不体裁なものであったという意見もあるが、天武や持統がゆかりの人物の奥津城をそのような状態のまま放置していたとは考えられない。

さて以上、斉明天皇陵に関わる文献史料を検討してきたが、斉明陵の造営・合葬などの過程は次のようにまとめることができる。斉明天皇は斉明四年（五五八）五月に薨じた建王をのちに斉明陵に合葬するよう命じ、斉明七年（六六一）七月に筑紫の朝倉宮で崩じた。その亡骸は同年十一月に飛鳥の川原で殯に付されたのち、少なくとも翌天智元年の年末までには越智岡上陵に葬られたものと思われる。このとき斉明の遺志に従って、建王が今城谷の墓から斉明陵に改葬されたであろう。その後、天智四年（六六五）の年末までに間人皇女を斉明陵に合葬したと推測され、天智六年（六六七）二月には陵前に大田皇女墓が造営された。斉明陵造営時にも民衆の大動員は控えられたであろうが、大田皇女墓の築造時には「石槨の役を起こさず」、とくに省力化した造墓が行われた。天武八年には天武が斉明陵に行幸して拝礼を行っており、天武・持統ゆかりの人物を葬った墓域は丁重に整備されていたと思われる。

三　文武三年における斉明陵・天智陵の修造

『続日本紀』によると、文武三年（六九九）十月甲午（一三日）に、越智・山科二山陵を営造するため、詔して天下の罪人を赦し、同月辛丑（二十日）には、使者を越智山陵と山科山陵に遣して、並びに功をわかちて修造させた。辛丑条の使者派遣記事を掲げると、次のようになる。

辛丑、遣二浄広肆衣縫王、直大壹当麻真人国見、直広参土師宿禰根麻呂、直大肆田中朝臣法麻呂、判官四人、主典二人、大工二人於越智山陵、浄広肆大石王、直大弐粟田朝臣真人、直広参土師宿禰馬手、直広肆小治田朝臣当麻、判官四人、主典二人、大工二人於山科山陵一、並分レ功修造焉、

このとき派遣された官人の顔ぶれをみると、それぞれ五位以上の官人四名、判官四名、主典二名、大工二名からなり、大規模な官司構成をとっていることがわかる。藤堂かほる氏は、文武天皇没後の造山陵司（『続日本紀』慶雲四年十月丁卯条）が五位以上官人五名からなることと対照しながら、文武三年の修陵は造山陵司と同格の官司構成で実施されており、このときの修陵が山陵造営なみに重視されたことを物語ると述べている(32)。斉明の死から三八年後、天智の死から二八年後の文武三年に、二つの山陵は大規模な修造を受けたのである。

その後、天平十四年（七四二）五月癸丑（十日）、越智山陵が長さ一一丈、広さ五丈二尺にわたって崩壊したため、五月丙辰（十三日）に知太政官事鈴鹿王ら一〇人を派遣し、雑工を率いて修繕させた。また、采女・女孺らを遣して、

その事に供奉させた。同月庚申（十七日）には内蔵頭路真人宮守らを派遣して、種々の献物を越智山陵に奉った（『続日本紀』）。越智山陵の崩壊は約半月前に起きた地震によるものであろう。[33]長さ一一丈、広さ五丈二尺はおよそ三三メートル×一五・六メートルになるので、牽牛子塚古墳の外部施設も一部含む広範囲にわたって崩落があったことになろう。修繕にあたる雑工とともに、采女・女孺らが現地で供奉しているのは、新たな副葬品を調製するためであろうか。内蔵頭が献上した「種々の献物」とは、延喜内蔵寮式諸陵幣条にみえる錦綾などの類と思われる。

さて、文武三年における越智・山科二山陵の営造・修造記事に注目して、本来の斉明陵や天智陵はきわめて小規模なものであったらしいと述べたのは時野谷滋氏であったが、[34]こうした見方をさらに進めて、文武三年に越智・山科二陵は新たに造営されたと説くのが藤堂かほる氏である。[35]藤堂説を要約すると次のようになろう。

① 天智天皇の山科陵は藤原宮中軸線の真北に位置しているので、山科陵は藤原宮よりのちに、その大極殿の真北に造営された可能性がある。

② 天智の死後半年でも天智陵は完成には程遠い段階にあり、この直後に壬申の乱が勃発したことで、工事は中断し、未完成のままであった。

③ 文武三年に越智・山科二陵が営造（修造）されているが、これは新たな陵墓祭祀を開始するために、不体裁の斉明陵と未完成の天智陵を新たに造るという事業であった。

藤堂説は天智天皇を重視する先帝意識が文武・元明朝にさかのぼるという見通しに立っており、この見通し自体は興味深いものであるが、上記にあげた①②③の結論については、全体的にこれを認めることができない。

(1) 天智陵が藤原宮造営後にその真北に配置されたとみるのは疑問である。柴田博子氏は、藤原京朱雀大路は国土座標軸から二六分西へ振れており、そのまま北へ延長すれば、山科陵の緯度では約二五〇メートル西へずれることになるので、両者の経度が秒まで一致していることは、むしろ藤堂説に不都合であると指摘した(36)。小澤毅・入倉徳裕両氏も、藤原京の中軸線は方眼北（座標北）から約三七分四〇秒西偏するので、これを延長すると、天智陵から西へ約六七〇メートルもずれてしまうことから、天智陵を意図的に藤原京の真北に配置したとは考えられず、天智陵が藤原宮のほぼ真北に位置するのは偶然とみなすほかはないと論じている(37)。

(2)　天智陵が文武三年まで未完成であったかどうかは議論のわかれるところである。研究史を参照しながら、のちに詳しく考えてみたい。

(3)　文武三年の越智・山科二陵の修造記事は「営造」とも記されるが、一方で「修造」とも明記されているので、あくまでも改修記事とみるべきで、これを新造の意味に解そうとする藤堂説には無理がある。前述のように、斉明陵とその周辺は斉明天皇・間人皇女・建王・大田皇女らを葬った聖域であり、天武・持統にとっても祈りを捧げる場所であった。天武八年三月に天武が越智に行幸して斉明陵を拝した際に、陵状が不体裁であったとすると、天武がこれをそのまま放置したとは考えられない。

以上から、天智陵が藤原宮中軸線の真北に位置することと、文武三年の修造記事を根拠に、斉明陵と天智陵が文武三年に新造されたとみる藤堂説は成立困難であるということができる。

そこで以下、天智陵が文武三年まで未完成であったとみてよいかどうか考えてみたい。問題となる史料は次の二つである。

（A）『日本書紀』天武元年五月是月条

朴井連雄君、奏㆓天皇㆒曰、臣以㆑有㆓私事㆒、独至㆓美濃㆒、時朝庭宣㆓美濃・尾張両国司㆒曰、為㆑造㆓山陵㆒、予差㆓定人夫㆒、則人別令㆑執㆑兵、臣以為、非㆑為㆓山陵㆒、必有㆑事矣、若不㆓早避㆒、当有㆑危歟、

（B）『万葉集』巻二、一五五番歌

近江大津宮御宇天皇代、天命開別天皇謚曰二天智天皇一

（中略）

従二山科御陵一退散之時、額田王作歌一首

やすみしし　わご大君の　恐きや　御陵仕ふる　山科の　鏡の山に　夜はも　夜のことごと　昼はも　日のことごと　音のみを　泣きつつありてや　ももしきの　大宮人は　行き別れなむ

藤堂氏は（A）から、天智の山陵の造営は死後半年のこの頃開始されたか、あるいはすでに着工していたとしても、完成には程遠い段階であったと考えられるとした。ただし、伴信友が「此時より前に、御葬の事は畢りて、御陵の山作りの人夫に託けて、兵士を喚集給ひたりしなるべし」というように[38]、兵士の召集に焦点を絞った解釈も可能である。その意味では、（A）が美濃・尾張両国に山陵人夫の徴発を命じた記事であることが注目されよう。山陵造営のための徴発範囲が判明する例では、称徳天皇陵の場合が京畿内・伊賀・近江・丹波・播磨・紀伊等（『続日本紀』宝亀元年八月癸巳条）、中宮高野新笠陵と皇后藤原乙牟漏陵の場合が京畿内・近江・丹波等（延暦八年十二月丙申条、同九年閏三月丁丑条）であった。山陵の多くは大和・山背に造営されたから、京畿内とその周辺の民衆が動員されるのが普通であったといえる。

したがって、（A）のように美濃・尾張から山陵人夫が差発されるのは異例であり、大海人皇子側が兵士としての徴発を疑ったのも無理のないところであろう。美濃・尾張などの東国はヤマト政権の軍事的基礎を担ったところである[39]。そうすると、（A）以前に京畿内を中心とする地域から人夫が差発され、天智陵の造営がはじまっていたとみるのが穏当である。（A）の史料から、この時期に天智陵の造営が未着手であったと結論づけるのは問題であろう。

一方、（B）について藤堂氏は、笹山晴生氏の解釈に全面的に依拠している。笹山氏は殯宮の儀と並行して、近親者が山陵造営のことに奉仕するなか、壬申の乱にともなう戦闘・防衛のため、人々は未整備の山陵にかたちだけの埋葬を済ませて退散しなければならなかったと説く(40)。笹山氏以前に久米常民氏も、殯宮儀礼や山陵造営が続くなか、壬申の乱の勃発によって、大宮人たちは心ならずも「退散」せざるをえない事態になったと論じている(41)。久米・笹山両氏によると、この歌が作られた場は、殯宮儀礼と並行して進められた山陵造営の場ということになる(42)。『万葉集全釈』や『万葉集精考』は「御陵仕ふる」を「御陵を造ること」、「御陵を造営する意」と解釈しているから、久米・笹山説はこうした学説を継承するものといえよう。

しかし、御陵造営説は孤立した解釈である。万葉集研究者の間では、この歌は殯宮の場で歌われたものか、御陵における埋葬後に歌われたものかが議論されてきた。たとえば、山田孝雄『万葉集講義』は「殯宮に昼夜分番交代して仕奉りしものが御陵の事も一段落つきて退散する時をいへる」と述べ、伊藤博氏はこの歌を天智殯宮歌群のしめくくり歌であるとする(43)。殯宮説は天智の殯宮が御陵と同地に設けられたという前提に立つが、曽倉岑・渡瀬忠則の両氏が指摘するように、天智の殯宮が設けられた「新宮」は大津京内の宮殿であろうから、殯宮・御陵同地説はきわめて疑わしい(44)。この歌は殯宮ではなく、山科御陵での埋葬終了後に詠まれたものとみる説が有力である(45)。

ただし、天智の没後半年ほどで壬申の乱がはじまっているから、それまでに山陵が完成していたとは考えにくく、この歌の詠まれた時期が問題となる。これに関して谷馨氏は、賀茂真淵『万葉考』以来の、「さて乱れ有て、天武天皇の三年に至て、此陵は造らせ給へり、御葬且此御陵づかへも此時有しなるべし」という指摘を採用して、天武三年造営説を主張し(46)、塚本澄子氏もこれを支持した(47)。しかし、天武三年に山科陵を造ったというのは、『続日本紀』にみえる文武三年の山科陵修造記事の年紀を読み誤ったもので、何の根拠もないものである。

　これに対して渡瀬昌忠氏は、天智の殯宮は壬申の乱の間も続けられたが、近江朝の敗北によって、大殯は終了を余儀なくされ、御陵への埋葬儀礼終了の後、大宮人たちは退散したとみる。[48]また平野由起子氏は、皇位継承に絡んで争いが起こったような場合は、争いが終結した後、先帝を葬ってから即位することが多いこと（推古即位時・舒明即位時・斉明即位時など）に注目し、天武は天智ではなく大友皇子と戦ったのであるから、先帝天智の埋葬を終えないと即位できなかったと考え、壬申の乱後、中断されていた山科御陵の造営は再開され、天武元年十二月の天智一周忌に殯を終え、埋葬が行われた後に、大宮人は退散したと推定した。[49]天武が飛鳥浄御原宮に即位したのは天武二年二月のことであるから、前年の冬に天智の埋葬を終えてから天武が即位したとみる平野説は説得的である。

　したがって、天智陵の造営と埋葬および寵臣の御陵仕えが壬申の乱後に行われていた可能性は十分ありうることと思う。その場合、問題となるのは天武元年の紀年である。『日本書紀』は壬申年（六七二）を天武元年としているので、山科御陵退散歌が「近江大津宮御宇天皇代」の歌とされている点と齟齬をきたすことになる。ただし、「薬師寺東塔檫銘」のような同時代史料は、薬師寺の創建を「清原宮馭宇天皇即位八年庚辰之歳」とするなど、天武元年を癸酉年（六七三）としているので、壬申年はいまだ近江朝とみることが可能となる。厳密にいえば壬申年は「後近江朝」（弘文朝）であるが、『万葉集』は弘文朝を認めない立場から、壬申年に詠まれた歌までを「近江大津宮御宇天皇代」のものとみなしたのではないだろうか。

　和田萃氏によると、[50]殯宮儀礼が終了して、柩が葬所へ移り、埋葬されたのちにも、一定期間、遺族たちは葬所の近くに建てられた仮屋に忌み籠もりして、喪に服したという。その依拠史料の一つとしてあげられているのが、『万葉集』巻二、一五五番の額田王歌である。このほかにも、『続日本紀』天平勝宝八歳五月壬申条には、聖武太上天皇を佐保山陵に葬ったとあるが、その三日後の乙亥条には、坂上犬養と鴨虫麿が久しく宮中に侍りて、深く聖武の恩渥を受けたため、悲情抑えがたいとして、山陵に奉仕せんことを乞い（天平宝字八年十二月乙亥条の坂上犬養の卒伝では「乞レ守二山陵一」とある）、許されている。また、宝亀元年八月丙午条には、称徳天皇を高野山陵に葬ったのち、道鏡法師は「梓宮（天子の柩）に奉りて、陵下に留り廬す」（宝亀三年四月丁巳条の道鏡伝では「御葬礼畢、奉レ守二山陵一」）とある。

これらの例から、先帝が崩御し、山陵に葬られたのち、先帝に仕えた寵臣が山陵を奉守するため、陵下に仮屋をつくって陪侍することが行われたことがわかる。額田王の山科御陵退散の歌もこれと同様に、天智が山陵に葬られたあと、恩寵をこうむった人々が日夜宿侍したことを示すものであろう。その意味でも、この歌は殯宮儀礼や山陵造営の途中における奉仕を伝えるものではなく、山陵への埋葬後における陵下奉守を物語るものとみるべきなのである。

歌中にみえる「退散」の語義については、澤潟久孝氏が指摘するように、(51)『日本書紀』大化二年二月戊申条に「其欲レ決レ疑、入レ京朝集者、且莫二退散一、聚二侍於朝一」とあることが注目される。訴えのため上京した朝集者は、しばらく「退散」することなく、朝庭に「聚侍」せよというのである。「退散」は「聚侍」の対義語として使用されており、あわただしく「退散」する意味は認められない。(52)『日本三代実録』天安二年八月二十七日条に、文徳天皇が冷然院に崩じ、左右近衛少将が皇太子直曹に陣を引くと、春宮帯刀舎人が陣を解き「退散」したとあるのも同様である。

以上のように考えて大過ないとすると、額田王の山科陵退散歌は、天智天皇が山科陵に埋葬されたのち、御陵に仕えるため集まってきた人々が、その奉守期間を終えて、なごり惜しい気もちを残しながらも、粛々と「退散」するさまを歌ったものと考えられる。したがって、額田王の歌からは天智がすでに山陵に埋葬され、側近者たちが陵下に奉侍していることが読みとれる。墳丘基壇の築成や貼石の装備などには一部未完成のところもあったであろうが、天智陵は天武元年十二月頃にはおおむね完成していたとみるのが妥当である。

以上、天智の山科陵は壬申の乱後の天武元年十二月頃にひとまず完成し、ここに埋葬が行われたのちに、側近官人らの御陵奉守が行われたことを述べてきた。したがって、文武三年まで天智陵が未完成であったとは考えられないのである。斉明陵は少なくとも天智元年の年末までに、天智陵は天武元年の年末までにひとまず完成し、埋葬あるいは合葬が行われたが、文武三年に至って何らかの事情から改修が行われたとみるべきであろう。

文武三年に斉明陵と天智陵に修造が加えられた事情については、藤堂氏の指摘がおおいに参考になる。藤堂氏は持統五年（六九一）の陵戸制の創始により、国家による陵墓の維持・管理が制度化されたことに注目し、斉明―天智―天武と続く近代先帝の系譜を陵によって具現化することが、大宝令にもとづく新たな陵墓祭祀を開始する上で不可欠であったと論じている。大宝令制定前後の新陵墓制創始との関わりで、文武三年の二陵修造を位置づける藤堂説には共感を覚える。

持統朝初年には特定の天皇の忌日にゆかりの寺院で法会を行う国忌の制度が成立した。すなわち、持統元年九月に天武崩後一年の「国忌斎」が諸寺に設けられたのち、翌二年二月に「自レ今以後、毎レ取二国忌日一、要須レ斎也」と命じられたのである（『日本書紀』）。『伊呂波字類抄』七、古所引「本朝事始」には、

　高天原広野姫天皇二年戊子春二月、詔、自レ今以後、常以二近代天皇崩日一、為二国忌一

とあるので、[53]持統二年の国忌斎会創始時には、天武以外にも何人かの「近代天皇崩日」が国忌に指定された可能性がある。そうした近代天皇として想定しうるのは、舒明―皇極（斉明）―天智―天武と続く直系皇統であろう。『公事根源』が十二月三日の天智国忌について、「崇福時にて行はる、朱鳥二年はじめらる」と述べていることも参考になる。ここにいう「朱鳥二年」とは持統二年のことをさす。[54]

中村一郎氏は、大宝二年十二月に天武・天智の忌日を廃務国忌としていることから、天智以前の斉明などの国忌は置かれたことがなかったと判断したが、[55]大宝令を境に陵と墓の呼称に大きな変更が加えられたことを思うと、[56]持統朝

の国忌制度は大宝以降の廃務国忌とは若干異なり、舒明や斉明をも含めるものであった可能性はあろう。大宝二年にはそのうちの天智・天武国忌のみ廃務が定められたとみるのである。平安時代には国忌と近陵（別貢幣）の対象者はほとんど一致し(57)、この原則は奈良時代までさかのぼるものとみられる(58)。こうした事実を踏まえると、持統朝初年には国忌とともに特定山陵に遣使奉幣する荷前別貢幣の前身制度も成立していた可能性が高い(59)。舒明・斉明・天智・天武を対象とする国忌・荷前の制度が持統二年に創始されたと考える。

斉明陵と天智陵はひとまず完成していたとはいえ、天武陵造営後の持統・文武朝においては、天武陵と並ぶ荷前対象の「近代天皇」陵としては不十分とみられる側面があったのではないか。このため、文武三年に至って、斉明・天智の二陵には修造の手が加えられ、天武陵と並ぶ直系先帝陵としてふさわしい威容が整えられたのであろう。最近の発掘調査で判明した牽牛子塚古墳の外部施設（バラス敷）は中尾山古墳（文武陵）のそれと類似しているので、その部分は文武三年の修造を受けたものである可能性が高い。文武三年における斉明陵と天智陵の大規模修造は、この二陵が未完成であったためではなく、新たな陵墓祭祀を受けるにふさわしい外貌に改造するために行われたと考えられるのである。

おわりに

牽牛子塚古墳における最近の発掘成果をうけて、斉明天皇陵の所在地論を再確認したのち、斉明陵への埋葬・合葬の過程や、文武三年に斉明陵と天智陵が修造された意味などについて考えてきた。以上に述べてきたところを要約すると、次のようになる。

一、江戸時代の山陵探索や現在に至る考古学的研究によって、斉明天皇陵については、現在の治定陵である車木天皇山のほか、小谷古墳・牽牛子塚古墳・岩屋山古墳・鬼の雪隠・俎古墳などに比定する案が出されている。このうち牽牛子塚古墳説が石槨の構造、出土遺物、地名比定などの点からみて、もっとも有力であるとされてきたが、二〇一〇年に行われた発掘調査の結果、牽牛子塚古墳が八角墳であることが確認され、さらにこれに隣接する場所から、大田皇女墓と思われる越塚御門古墳が発見されたことによって、牽牛子塚古墳が斉明陵であることはほぼ確定的となったといってよいであろう。

二、斉明七年（六六一）に崩じた斉明天皇は、翌天智元年の年末までには越智岡上陵（小市岡上陵・越智崗上陵）に葬られたものと思われる。このとき斉明の遺命に従い、孫の建王が今城谷の墓から移されて、斉明陵に合葬されたであろう。その後、天智四年の年末までには娘の間人皇女が斉明陵に合葬されたと推測され、天智六年二月には陵前に孫の大田皇女墓が造営された。斉明陵（牽牛子塚古墳）は通常の天皇陵よりも小規模に造られたが、大田皇女墓の造営時には「石槨の役を起こさず」、斉明陵以上に省力化した墓造りが行われた。天武八年に天武は行幸して斉明陵を拝しているが、天武・持統ゆかりの人物を葬ったその墓域は、聖地として整備されていたことであろう。

三、斉明陵と天智陵は文武三年（六九九）に修造されたが、藤堂かほる氏はこの修造記事を二陵の新造を示すものと解釈した。しかし、前述したような理由から、斉明陵とその周辺が文武三年まで未整備であったとは考えられない。また藤堂氏は、『万葉集』の山科御陵退散歌を、壬申の乱の勃発により大宮人はあわただしく御陵から退散したと解釈する説に依拠して、天智陵は文武三年まで未完成であったと説くが、先帝の埋葬後に新帝が即位するという前例や、寵臣による陵下奉守の慣例、「退散」の語義などを勘案すると、天智陵は壬申の乱後の天武元年十二月頃には完成し、埋葬が行われて、寵臣が御陵仕えを行ったのちに退散したと想定することが可能である。斉明陵と天智陵は文武三年以前に完成していたが、天武陵の造営後、持統朝初年に国忌と荷前の制度が創始され、特定の「近代天皇」の崩日と陵墓が特別視されるようになると、天武陵と並ぶ格式を備えるため、修造の手が加えられるようになったものと思われる。

要するに、斉明天皇陵は当初から斉明と建王を合葬する双室墓として、現在の牽牛子塚古墳の場所において造営され、斉明が没した斉明七年（六六一）か翌天智元年に二人の合葬が行われたものと考えられる。その後、間人皇女や大田皇女が斉明陵内や陵前に葬られ、天武・持統にとってもゆかりの人物が眠る奥津城として整備されたが、文武三年（六九九）に至って、陵墓祭祀制度を整備する必要から、天智天皇陵とともに大規模な修造の手が加えられたとみられるのである。

渡瀬昌忠氏は、持統六年閏五月に筑紫大宰河内王らに詔して、かつて大唐大使郭務悰が天智天皇のために造った阿弥陀像を「上送」させていることに注目し、持統朝には近江朝慰霊がなされるにいたったと論じている(60)。『万葉集』巻二、一一五番歌は持統朝に持統が穂積親王に勅して近江の志賀山寺（崇福寺）に派遣したときのものである。この歌を根拠の一つとして、持統の志賀行幸を想定する説(61)や、草壁皇子の一周忌法会を志賀山寺で挙行したとする説(62)があるが、いずれにしても、持統朝に入ると、持統が父天智ゆかりの仏像や寺院を尊重していることが確認できる。持統二年に創始された国忌の「近代天皇崩日」に天智が入り、天智国忌が同年にはじまると推測することも、必ずしも根拠のないことではない。

『大安寺縁起』によると、天智天皇は丈六釈迦仏像並びに脇士菩薩などの像を造り、これを百済大寺に安置したが、のちに文武天皇は天智の御願を追感して、新たな丈六尊像を造らんとしたという。結局、文武の造像は完成することなく、天智造像の丈六仏が平城京の大安寺へ移されることになるが(63)、文武が天智の業績を回顧し、それを発展させようとしたことは注目される。文武三年に斉明陵と天智陵の修造が行われ、天智が天武と並んで廃務国忌の対象となるのは、大安寺仏の新造に関する動きとも通底するものであり、その端緒はさらに持統二年における天智国忌の開始にさかのぼると考えられる。

大宝令制定前後における天智天皇重視の動きから、藤堂氏は天智が律令国家の初代皇帝として位置づけられたと評価した。たしかに壬申の乱から一五年以上を経過した持統・文武朝には、父あるいは外祖父である天智に対する再評価が行われた可能性はあろう[64]。ただし、斉明陵や天智陵が修造されたのは、天武陵の完成を受けてのことだったと思われる。また、国忌がはじめて設定されたのも天武の一周忌のときであった。その意味では、天智は天武を超える存在として重視されたのではなく[65]、あくまでも天武に次ぐ近代先帝として尊重されたと考えざるをえない。

斉明陵や天智陵が修造された理由について、本章では新たな陵墓祭祀の成立にともない、天武陵と並ぶ直系先帝陵にふさわしい威容を整えるためと推測した。詳細は八角墳の成立・展開に関する研究を参照した上で、あらためて論じることにしたい。

注

（1）斉明陵の比定地については、上野竹次郎『山陵』（山陵崇敬会、一九二五年）。小池香津江「斉明（皇極）天皇陵」（『「天皇陵」総覧』新人物往来社、一九九四年）などを参照した。

（2）『歴代廟陵考』については、国立公文書館所蔵の『歴代廟陵考』二冊（一四四―二四六）を参照した。

（3）文久の修陵については、戸原純一「幕末の修陵について」（『書陵部紀要』一六、一九六四年）、堀田啓一ａ「谷森善臣の山陵研究」（森浩一編『考古学の先覚者たち』中央公論社、一九八五年）、同ｂ「江戸時代『山陵』の捜索と修補について」（『日本古代の陵墓』吉川弘文館、二〇〇一年）、外池昇『幕末・明治期の陵墓』（吉川弘文館、一九九七年）などを参照した。
（4）前掲上野竹次郎注（1）書八九頁。
（5）藤井利章「三骨一廟式古墳の一考察」（『龍谷史壇』七三・七四、一九七八年）。
（6）高橋三知雄「さまよえる古代学」（『講座飛鳥を考える』Ⅱ、創元社、一九七七年）。
（7）有坂隆道「桧前に葬られた貴人たち」（『講座飛鳥を考える』Ⅲ、創元社、一九七八年）。
（8）猪熊兼勝a「益田岩船考証」（関西大学考古学研究室開設参拾周年記念『考古学論叢』一九八三年）、同b「石宝殿と牽牛子塚」（『季刊明日香風』七、一九八三年）。
（9）米田文孝「牽牛子塚古墳に眠るのは斉明天皇か」（『歴史と旅』二六―四、一九九九年）。なお、前園実知雄「マルコ山古墳に眠るのは川島皇子か」（同前書所収）は、牽牛子塚古墳は天武朝以降に改葬もしくは改修された斉明陵と考えている。
（10）白石太一郎「畿内における古墳の終末」（『古墳と古墳群の研究』塙書房、二〇〇〇年）七六～七八頁。
（11）今尾文昭a「ふたつの斉明天皇陵」（『律令期陵墓の成立と都城』青木書店、二〇〇八年）、同b「畿内における八角墳の出現と展開」（同前書所収）。
（12）菱田哲郎「畿内の初期瓦生産と工人の動向」（『史林』六九―三、一九八六年）一三頁、一瀬和夫「終末期古墳の墳丘」（網干善教先生華甲記念『考古学論集』一九八八年）六一九頁。
（13）白石太一郎「岩屋山式の横穴式石室について」（『ヒストリア』四九、一九六七年）。
（14）西光慎治「飛鳥地域の地域史研究（三）　今城谷の合葬墓」（『明日香村文化財調査研究紀要』二、二〇〇二年）、同「今城谷の合葬墓」（『明日香風』八三、二〇〇二年）。
（15）佐藤小吉『飛鳥誌』（天理時報社、一九四四年）、網干善教「牽牛子塚遺物出土の顛末」（『青陵』二二、一九七三年）。
（16）明日香村教育委員会『史跡牽牛子塚古墳』（網干善教編、一九七七年）。
（17）宮川渉「牽牛子塚古墳の歯牙について」（同上書所収）。
（18）前掲猪熊兼勝注（8）a論文、藤井利章「牽牛子塚古墳の諸問題」（伊達先生古希記念論集『古文化論叢』一九九七年）。

(19) 前掲藤井利章注（18）論文。
(20) 明日香村教育委員会「牽牛子塚古墳」（現地説明会資料、二〇一〇年九月）、西光慎治「牽牛子塚古墳の調査成果」（『明日香風』一一七、二〇一一年）。
(21) 明日香村教育委員会『史跡中尾山古墳環境整備事業報告書』（一九七五年）。中尾山古墳は八角五段築成の古墳と考えられるが、外側の一段目と二段目は一面にバラスを敷きつめた外部施設で、その高低差はほとんどない。
(22) 明日香村教育委員会「越塚御門古墳」（現地説明会資料、二〇一〇年一二月）。
(23) 折口信夫「万葉集講義」（『折口信夫全集』九、中央公論社、一九五五年）一三四頁、同「大和時代の文学」（『折口信夫全集』八、中央公論社、一九五五年）一五六～一五七頁、山本健吉『柿本人麻呂』（新潮社、一九六二年）一二三頁、二八二～二八三頁、中西進「近江朝作家素描」（『万葉集の比較文学的研究』上、講談社、一九九五年）。
(24) 稲岡耕二「舒明天皇・斉明天皇（その五）」（『国文学解釈と鑑賞』一九七一年三月号）、坂下圭八「斉明天皇」（『初期万葉』平凡社、一九七八年）一二〇頁。
(25) 居駒永幸「斉明紀建王悲傷歌の場と表現」（『上代文学』四七、一九八一年）、青木生子「挽歌の源流」（『青木生子著作集』四、おうふう、一九九八年）、塚本澄子「斉明天皇」（『万葉挽歌の成立』笠間書院、二〇一一年）。
(26) 前掲稲岡耕二注（24）論文一九六頁。
(27) 益田勝美『日本詩人選1　記紀歌謡』（筑摩書房、一九七二年）二八頁。
(28) 和田萃a「殯の基礎的考察」（『日本古代の儀礼と祭祀・信仰』上、塙書房、一九九五年）一八頁、同b「飛鳥の陵墓」（『古代を考える　終末期古墳と古代国家』吉川弘文館、二〇〇五年）二四五頁。
(29) 前掲高橋三知雄注（6）論文四九頁、前掲有坂隆道注（7）論文一一六頁、前掲和田萃注（28）b論文二四六頁。
(30) 前掲有坂隆道注（7）論文一一四頁。
(31) 直木次郎『持統天皇』（吉川弘文館、一九六〇年）八四頁。
(32) 藤堂かほる「天智陵の造営と律令国家の先帝意識」（『日本歴史』六〇二、一九九八年）七頁。

（33）長山泰孝「六国史にみえる地震記事」（『帝塚山学術論集』二、一九九五年）一七頁。
（34）時野谷滋「諸陵式の成立の過程と帝系譜」（『飛鳥奈良時代の基礎的研究』国書刊行会、一九九〇年）一〇九～一一〇頁。
（35）前掲藤堂かほる注（32）論文。
（36）柴田博子「書評　藤堂かほる著『天智陵の造営と律令国家の先帝意識』」（『法制史研究』四九、二〇〇〇年）。
（37）小澤毅・入倉徳裕「藤原京中軸線と古墳の占地」（『明日香風』一一一、二〇〇九年）。なお、吉川真司「近江京・平安京と山科」（上原真人編『皇太后の山寺』柳原出版、二〇〇七年）六八～六九頁、同『飛鳥の都』（岩波書店、二〇一一年）一七七～一七八頁も、天智陵と藤原京大極殿の南北軸の一致は「恐るべき偶然」であると述べている。
（38）伴信友「長等の山風附録」（『伴信友全集』四、国書刊行会、一九〇七年）五二八～五二九頁。
（39）井上光貞「大和国家の軍事的基礎」（『日本古代史の諸問題』思索社、一九七二年）。
（40）笹山晴生「『従山科御陵退散之時額田王作歌』と壬申の乱」（『国文学　解釈と教材の研究』二三―五、一九七八年）。
（41）久米常民「『額田王』山科御陵退散歌の背景」（『愛知県立大学説林』二四、一九七五年）。
（42）鉄野昌弘「額田王『山科御陵退散歌』の〈儀礼〉と〈主体〉」（『国語と国文学』七八―一一、二〇〇一年）も、久米・笹山説に近い立場をとる。
（43）伊藤博「代作の問題」（『万葉集の歌人と作品』上、塙書房、一九七五年）一七四頁。
（44）曽倉岑「天智挽歌群続考」（『論集上代文学』五、笠間書院、一九七五年）、渡瀬昌忠「近江朝挽歌とその場」（石井庄司博士喜寿記念論集『上代文学考究』塙書房、一九七八年）。
（45）賀茂真淵『万葉考』、岸本由豆流『万葉集攷證』、鴻巣盛広『万葉集全釈』、橋本達雄「初期万葉と額田王」（『万葉宮廷歌人の研究』笠間書院、一九七五年）、前掲渡瀬昌忠注（44）論文、身崎壽「額田王『山科御陵退散』挽歌試論」（『国語と国文学』六二―一一、一九八六年）、曽倉岑ａ「額田王―従山科御陵退散之時の歌―」（『論集万葉集』笠間書院、一九八七年）、同ｂ「額田王山科御陵退散の歌」（『万葉の歌人と作品』一、和泉書院、一九九九年）。
（46）谷馨『額田王』（早稲田大学出版部、一九六〇年）一三九頁。

(47) 塚本澄子「額田王―その挽歌の性格について―」(『北大古代文学会研究論集』二、一九七二年) 六五頁。
(48) 前掲渡瀬昌忠注(44)論文二六七～二七〇頁。
(49) 平野由起子「額田王の『従山科御陵退散之時』歌」(『駒沢大学大学院国文学会論輯』二〇、一九九二年)。
(50) 和田萃「飛鳥・奈良時代の喪葬儀礼」(『東アジアにおける日本古代史講座』九、学生社、一九八二年)。
(51) 澤潟久孝『万葉集注釈』二(中央公論社、一九五八年)二二二頁。
(52) 前掲曽倉岑注(45)b論文二九二頁。
(53)『扶桑略記』持統二年条にも「始定二国忌一、近代天皇崩日也」とある。
(54) 前掲渡瀬昌忠注(44)論文二七二頁。
(55) 中村一郎「国忌の廃置について」(『書陵部紀要』二、一九五二年)。
(56) 仁藤敦史「藤原京と官員令別記」(『明日香風』一〇〇、二〇〇六年)、二星祐哉「大宝令施行と荷前常幣」(『古代史の研究』一五、二〇〇九年)。
(57) 前掲中村一郎注(55)論文一頁。
(58) 服藤早苗「山陵祭祀より見た家の成立過程」(『日本史研究』三〇二、一九八七年)。
(59)『師光年中行事』十二月荷前事に「朱鳥元年始レ之緑」とある。西尾市岩瀬文庫所蔵の柳原家本『年中行事秘抄』(一三五―四三)や東山御文庫本『年中行事』(勅一四四―七)は『師光年中行事』の写本であるが、この二本では問題の記事は朱筆で「朱鳥元年始之緑」と書かれているので、奥書に校合本としてあげられた「後堀河院御本」の記載(緑青筆で表記)にさかのぼるものであることがわかる。また、京都大学附属図書館寄託の菊亭文庫本『年代記』(菊―ネ―五)は、持統天皇条の頭書に「荷前事、初二此代一云々」と書いている。
(60) 前掲渡瀬昌忠注(44)論文二六四頁。
(61) 北山茂夫「『近江の荒れたる都を過ぐる時』の作品の成立事情」(『柿本人麻呂論』岩波書店、一九八三年)。
(62) 渡瀬昌忠「島の宮の歌人」(『柿本人麻呂研究　島の宮の文学』桜楓社、一九七六年)。

(63) 毛利久「大安寺安置仏の復元」(『日本史研究』三、一九四六年)、服部匡延「大安寺縁起の成立について」(『早稲田大学図書館紀要』三、一九六一年)、片岡直樹「大安寺釈迦像の像容について」(『新潟産業大学人文学部紀要』六、一九九七年)。

(64) 倉本一宏『持統女帝と皇位継承』(吉川弘文館、二〇〇九年)一五七頁は、斉明陵と天智陵の修造が行われたことを、持統は自己と文武の皇統の始祖として、この二人の顕彰をはじめたと評価するが、文武が祖父の天武をさしおいて、外祖父の天智を始祖と位置づけるとは考えにくい。

(65) 渡辺瑞穂子「持統・文武朝の山陵祭祀と国忌」(『古代史の研究』一六、二〇一〇年)二〇〜二一頁は、藤堂説を批判して、天智はあくまでも天武と並ぶ存在として顕彰されたと論じている。

第二章　建王の今城谷墓と酒船石遺跡

はじめに

斉明天皇の孫で、中大兄皇子の子である建王は、斉明四年（六五八）に八歳で薨去した。斉明は今城谷の上に殯宮を起こして、ここに孫王を葬り、ゆくゆくは斉明の山陵に建王を合葬するように命じた。

建王の今城谷墓は大和国吉野郡今木村（現在の奈良県吉野郡大淀町今木）にあてるのが通説であるが、斉明が最愛の孫王をそのように王宮から離れた地に埋葬したとは考えにくい。本章では、この今城谷墓の位置について再検討を加え、これが後飛鳥岡本宮の近傍の酒船石遺跡に比定できることを論じたい。

一　建王の今城谷墓

『日本書紀』斉明四年五月条には、

皇孫建王、年八歳薨、今城谷上、起レ殯而収、天皇、本以二皇孫有順一、而器重之、故不二忍哀一、傷慟極甚、詔二群

臣一曰、万歳千秋之後、要合二葬於朕陵一、

とあり、皇孫建王が八歳で薨去した。斉明天皇は今城谷の上に殯を起こし、ここに孫王を葬った。建王は中大兄皇子と蘇我倉山田石川麻呂の女遠智娘との間に生まれた男子で、生まれつき言葉を発することができなかった（『日本書紀』天智七年二月条）。建王の同母姉に大田皇女と鸕野皇女（のちの持統天皇）がいる。斉明は建王の死に接して嘆き悲しみ、群臣に詔して「万歳千秋の後に、要《かなら》ず朕が陵に合せ葬れ」と命じたという。

『日本書紀』にはこのあと、斉明が詠んだ次の歌三首が掲げられ、「天皇、時時に唱いて悲哭す」とある。

今城《いまき》なる　小丘《おむれ》が上に　雲だにも　著《しる》くし立たば　何か歎かむ、其一、
射ゆ鹿猪を　認《つな》ぐ川上の　若草の　若くありきと　吾が思はなくに、其二、
飛鳥川　張《みなぎら》ひつつ　行く水の　間も無くも　思ほゆるかも、其三、

さらに、その約半年後の斉明四年十月甲子条には、「幸二紀温湯一、天皇、憶二皇孫建王一、愴爾悲泣、乃口号曰」とみえ、紀の温湯への行幸に際して、天皇は皇孫建王を追憶して悲泣すること甚だしく、次の三首を詠んだという。

山越えて　海渡るとも　おもしろき　今城《いまき》の中《うち》は　忘らゆましじ、其一、
水門の　潮のくだり　海くだり　後も暗に　置きてか行かむ、其二、
愛しき　吾が若き子を　置きてか行かむ、其三、

以上の記事と計六首の歌より、斉明は最愛の皇孫建王を失った大きな悲しみから、建王が殯に付され葬られた今城谷の小丘上をたびたびながめ、紀伊行幸の間も後ろ髪を引かれる思いで、追憶の日々を送っていたことがうかがわれる。

それでは、建王の今城谷墓はどこに位置するのか。『大和志』は吉野郡に「建王殯冢」の項目を立て、「今日二法具良《ホクラ》

冢ト一」とし、斉明陵への合葬のことを述べたのち、「倶在ニ二今木村一」とする。『大和名所図会』はこれをうけて、「法具良塚　今木村にあり」と記し、『日本書紀通証』も「殯冢在二吉野郡今木村一レ」と書いている。これに対して吉田東伍『大日本地名辞書』は、吉野郡大淀村の今木の項に雄略即位前紀の新漢槻本南丘墓、皇極紀元年是歳条の今木〔来〕双墓、斉明紀の今城谷墓の各史料を掲げながらも、今木〔来〕の諸墓は大淀の今木ではなく、南葛城郡の葛村や高市郡の越智岡村・坂合村などに求めるべきであると論じている。

　一方、日本古典文学大系『日本書紀』下の頭注は、斉明紀の「今城谷」について、

　大和志は今木村（奈良県吉野郡大淀町今木）の法具良塚（ほぐらのつか）を建王の墓に擬するが、次の詔によれば斉明天皇の陵に合葬されたはず。しかし天智六年二月二十七日条によると陵前に葬られたのは建王の姉の太田皇女であった。今城は曾我川上流一帯の古名で斉明陵のある奈良県高市郡高取町もふくむ。

と述べ、今城を曾我川上流一帯の古名とみなし、今城には宮内庁が治定する斉明天皇陵も含まれると論じている。新編日本古典文学全集『日本書紀』三の頭注も、「今城」については、吉野郡大淀町今木とする説や御所市古瀬にあてる説、曾我川上流の地とする説があるが、第三説が妥当か、と説いている。曾我川上流説は、建王がのちに斉明陵に合葬されたことを論拠の一つとするが、今城谷は建王の初葬地であり、のちに造営された斉明陵と同地であったという保証はない。したがって、今城谷墓を斉明陵付近に求める意見には従えない。

　皇極紀元年条の「今来の双墓」に関する諸説を検討した和田萃氏は、今来の「来」はキ音の甲類であるのに対して、今木・今城の「木」「城」は乙類であることを重視し、今来と称された範囲は、石舞台古墳周辺から坂田・稲淵・檜前・身狭・軽・久米などの範囲であるが、斉明紀の今城は、大淀町今木に求めるべきであると結論づけた[1]。このように、「今来」について詳論した和田氏も、「今城」については旧説通りの大淀町今木でよいとしている。その後、日本歴史

地名大系『奈良県の地名』は、吉野郡今木村の項に斉明紀の今城谷墓の記事を引いており、角川日本地名大辞典『奈良県』は、今来（今木・今城）を現在の明日香村檜前から高取町、大淀町今木、御所市古瀬あたりに及ぶ地域の総称とした。

しかし、吉野郡今木村（大淀町今木）は斉明天皇の後飛鳥岡本宮（飛鳥宮跡周辺）から直線距離で約九キロも離れた場所である。斉明が最愛の孫をそのような遠い土地で殯に付し、埋葬するとは考えにくい。たとえば、斉明は飛鳥の川原で殯に付され、小市岡上（越智崗上）に葬られ、大田皇女は斉明陵前に埋葬された。十市皇女は赤穂（檜隈の安古）(2)に葬られた。天武は南庭に殯宮を立て、檜隈の大内陵に葬られ、持統は西殿で殯し、飛鳥岡で火葬ののち、大内山陵に合葬された。文武も飛鳥岡で火葬後、檜隈安古山陵に葬られた。こうした事例をみると、斉明以降の天皇・王族については、殯は宮内の殿舎か王宮の近傍で行われ、陵墓も王宮の近くに定められた。おおむね飛鳥・檜隈・越智の範囲内に葬られたとみてよい。

したがって、建王の今城谷墓も後岡本宮の近傍に存在したとみる方が穏当であろう。西光慎治氏は建王が直系の皇位継承者であり、斉明が溺愛していたことから、建王は都より遠く離れた場所に葬られたとは思えず、その墓は飛鳥（檜隈）の地にあったと考えた方がよいと述べる(3)。居駒永幸氏も大淀町今木では斉明の後岡本宮から遠すぎるので、今城谷は飛鳥の地域内で飛鳥川沿いの谷とみられると説く(4)。最近においても、建王の今城谷墓は大淀町今木にあったとする認識が根強いが(5)、飛鳥の地域内に比定する説が出てきていることは注目すべきで、私もこの考え方に賛成である。

斉明が建王没後に詠んだ、

今城《いまき》なる　小丘《おむれ》の上に　雲だにも　著くし立たば　何か歎かむ、

という歌は、今城谷墓の小丘上にせめて雲だけでも立ってほしいと願うものであるが、益田勝実氏が指摘するように(6)、古代人にとって雲は人の顔形を思わせるものであった。『万葉集』に次の歌がある。

我が面の忘れむしだは国溢り嶺に立つ雲を見つつ偲はせ（巻一四、三五一五）

面形の忘れむしだは大野ろにたなびく雲を見つつ偲はむ（巻一四、三五二〇）

斉明は今城谷墓の上に立つ雲をみて、亡き建王の面影を思い起こそうとしていたのである。この今城谷墓が大淀町今木にあったとすると、斉明の後岡本宮からは遠く離れすぎていて、その上に立つ雲をみわけることは困難であろう。また、紀伊行幸に際して斉明が建王を偲んで詠んだ歌に、「置きてか行かむ」という表現が二度あらわれることも見逃せない。これも建王の今城谷墓が後岡本宮の近くにあったため、王宮を離れることが、すなわち建王を「置きてか行かむ」ことにつながることを意味するとみなせよう。

以上、七世紀後半の天皇・王族の殯宮・葬地のあり方からみても、斉明が建王を偲んで詠んだ歌の内容からみても、建王が葬られた今城谷墓は後岡本宮の近くにあったと考えるべきであることを述べた。

二「おもしろき今城の中」

今城谷墓の位置を考える上で注目すべきは、紀伊行幸時に斉明が詠んだ次の歌である。

山越えて　海渡るとも　おもしろき　今城《いまき》の中《うち》は　忘らゆましじ、

山を越え、海を渡って紀伊に行幸しても、「おもしろき今城の中は」忘れられないだろう、というのである。

鉄野昌弘氏によると、(7)この歌のなかの「おもしろき今城の中は」の解釈をめぐっては、次のような説が唱えられている。

〔墓所説1〕

近世の諸注釈書は、「今城の中」を建王の今城の墓所とみて、「懐かしく慕わしき今城の墓所は」の意味に解した。

〔宮殿説〕

武田祐吉氏(8)は「今城の中」は新しい城で、新築の宮殿をさし、建王とともに暮らした楽しかった生活の忘れられないことを想像していると述べ、土橋寛氏(9)もこれに従った。この考え方は近年に至るまで広く行われている。(10)

〔墓所説2〕

渡瀬昌忠氏(11)は、高松塚古墳のように心をこめて飾られた墓室を「おもしろき今城の中」と詠んだとし、秋間俊夫氏(12)は、死者が陵墓で受ける祭礼歌舞の「おもしろさ」をさすと考えた。一方、稲岡耕二氏(13)は、建王の殯宮が立てられた今城は、皇孫と女帝との、明るく楽しい思い出の土地であったのだろうとし、益田勝実氏(14)は、なつかしい回想の楽しさを述べながら、建王の殯宮から遠く離れる心惜しさを歌ったものであると論じた。

これらのうち宮殿説については、斉明と建王が暮らした後飛鳥岡本宮の宮殿をなぜ「今城の中」と呼ぶのかが説明できず、説得力に乏しい。建王が葬られたのは今城谷墓であったから、「今城の中」はやはり建王の墓所の地と考えるべきである。

この歌の意味を考える際に、大きな示唆を与えるのは稲岡耕二氏と鉄野昌弘氏の指摘であろう。稲岡氏は「おもしろし」が主として「外形的な事象に向かって用いられている」(『時代別国語大辞典』)言葉で、

生ける代に吾はいまだ見ず言絶えてかくおもしろく縫へる袋は（巻四、七四六）
ぬばたまの夜渡る月をおもしろみ我が居る袖に露ぞ置きにける（巻七、一〇八一）
おもしろき野をばな焼きそ古草に新草まじり生ひば生ふるがに（巻一四、三四五二）

など、『万葉集』にもみえることに注目した。また、鶴久氏が「おもしろし」という形容詞について、

対象が興趣あると感じられ、楽しい感情をかもし出すような美しさはオモシロシといった。それは眼前が明るく開けるような感じを意味した。（中略）パッとみて美しいと感じるオモシロシは明らかに感性でうけとられている美である。

と述べていることを踏まえて、[15]

「おもしろき今城のうち」とは「おもしろかりし今城のうち」なのであり、建王との思い出をともなった土地が鮮明に思い浮かべられているものと受け取れる。今城を、新しい宮殿などとするには及ばない。建王の殯宮のたてられた今城は、皇孫と女帝との、明るく楽しい思い出の土地であったのだろう。

と結論づけている。[16]

これに対して鉄野昌弘氏は、『日本霊異記』上巻、三〇縁に、

路の中に大河有り、橋を度し、金を以て塗り厳れり。其の椅より行きて彼方に至れば、甚だ譧《おもしろ》き国有り。

とある例などをあげながら、上代から王朝期にかけてのオモシロシは、対象の「特異性・卓越性」「知巧性・情趣性」を誉めるという点に本質があり、「おもしろき今城の中」とは、今城谷一帯の景を勝れて美しいと讃えるのであり、追憶ではなく、殯宮の立てられた現在の「今城の中」の佳景を忘れがたいと歌ったものであると考えた。[17]

古代における「おもしろし」の語義を踏まえた稲岡・鉄野両氏の解釈は説得的であり、従うべき見解であろう。両氏の意見は「おもしろき」を過去形とみるか現在形とみるかでわかれているが、実際には両者を統合した考え方が可能ではないか。すなわち、「おもしろき今城の中」とは、斉明と建王との明るく楽しい思い出の地であるとともに、建王の殯宮と墓所が設けられた地でもあり、建王の埋葬後も、かつての姿をとどめる佳景の地であることに変わりはな

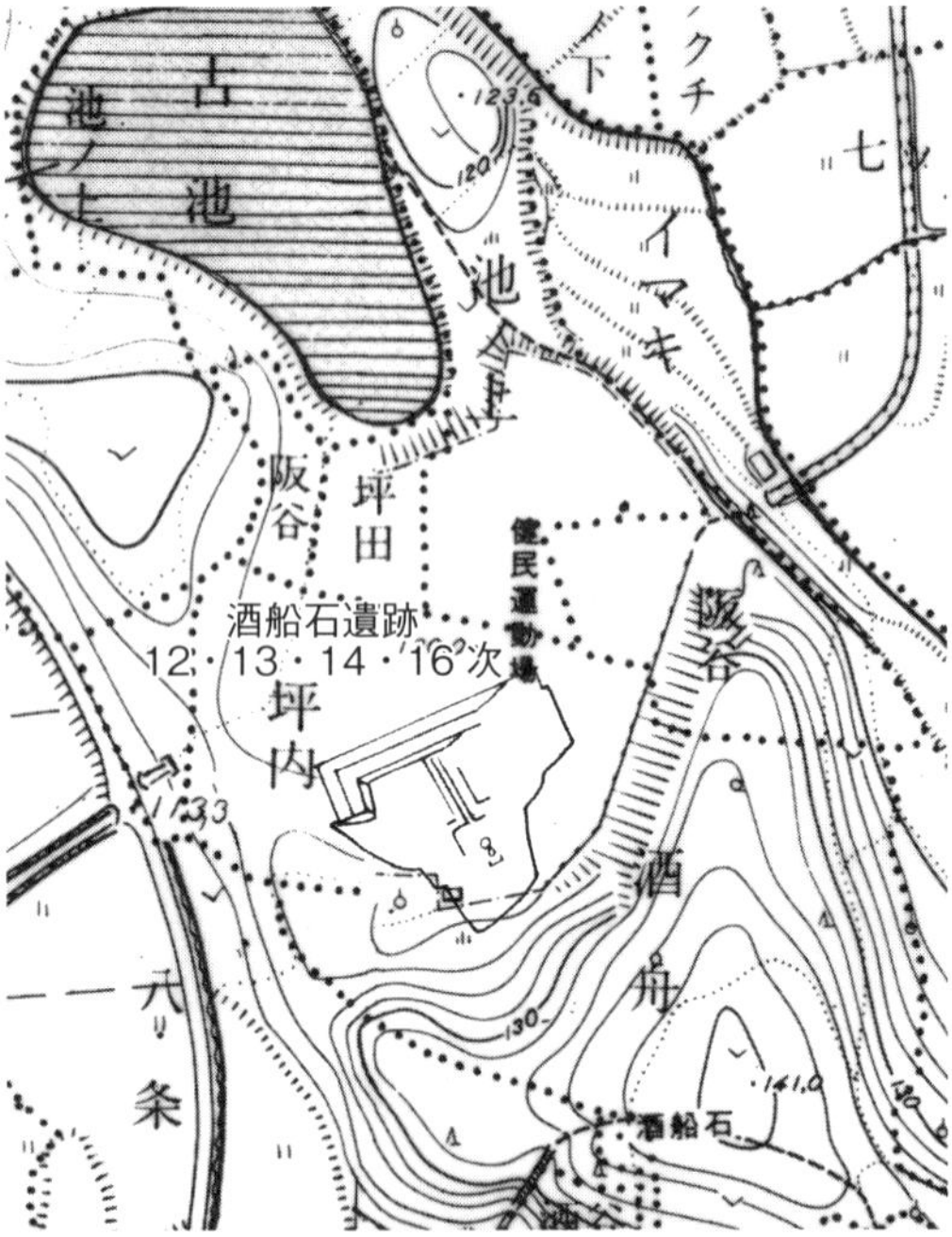

図5　酒船石遺跡と小字「イマキ」（橿原考古学研究所編『大和国条里復原図』No 88 図に加筆）

かったと想定するのである。

さて、このように考えてくると、「今城の中」とは後飛鳥岡本宮の近傍に造られた庭園のような場所だったのではないかと思われてくる。八歳で亡くなった建王が祖母らとともに散策し、遊び楽しんだ庭園が、後岡本宮の近くに存在しなかったであろうか。ただちに思い浮かぶのは、後岡本宮の東の山である。河上邦彦氏は、今城谷の今城を新しく作った城の意に解し、斉明天皇の宮東山の石垣が今城であり、その内側にあった離宮が両槻山であったと論じている。(18) 今城を吉野郡今木村と関わらせない説であり、西光慎治氏や居駒永幸氏の見解とともに、新たな見方として共感を覚える。

宮の東の山とは酒船石のある丘陵をさすが、この丘陵の東北に接して「イマキ」の小字が残っていることが注目される（図5）。明日香村の大字飛鳥と大字東山にまたがる地で、一九九九年に発見された亀形石造物から一〇〇メートルほど東北方にあたる。(19) この付近であれば、後岡本宮のすぐ東方となり、斉明が建王を殯に付し葬る地としてふさわしい。建王の今城谷墓は大淀町の今木ではなく、明日香村飛鳥・東山の字「イマキ」に比定すべきである。

三 酒船石遺跡の亀形石造物・船形石造物

飛鳥の石造物として有名な酒船石のある丘陵では、一九九二年以来、明日香村教育委員会によって発掘調査が進められている。[20] 一九九二年の酒船石遺跡第一次調査では、丘陵北斜面を版築で固めた上に花崗岩と天理砂岩の石垣が築かれていることが確認された。一九九四年の第三次調査では、丘陵西側斜面に三重の花崗岩製石垣がめぐっていることが判明した。酒船石のある丘陵には三、四重の石垣が張りめぐらされており、石垣の基礎は版築によって固められていることが明らかになったのである。

『日本書紀』斉明二年是歳条には、次のようにある（内容により四つに区分した）。

Ⓐ於二飛鳥岡本一、更定二宮地一、時、高麗・百済・新羅、並遣レ使進レ調、為張二紺幕於此宮地一、而饗焉、遂起二宮室一、天皇乃遷、号曰二後飛鳥岡本宮一、

Ⓑ於二田身嶺一冠以二周垣一、田身山名、此云二大務一、復於二嶺上両槻樹辺一起レ観、号為二両槻宮一、亦曰二天宮一、

Ⓒ時好二興事一、廼使二水工穿レ渠、自二香山西一、至二石上山一、以二舟二百隻一、載二石上山石一、順レ流控引、於二宮東山一、累レ石為レ垣、時人謗曰、狂心渠、損二費功夫一、三万余矣、費二損造レ垣功夫一、七万余矣、宮材爛矣、山椒埋矣、又謗曰、作二石山丘一、随レ作自破、若拠二未レ成之時一、作二此謗一乎、

Ⓓ又作二吉野宮一、

まずⒶには、斉明天皇が後飛鳥岡本宮を造営したことが記される。当初は紺色の幕を張って高句麗・百済・新羅の使者を饗応したが、のちに宮室が出来上がって、天皇が遷居したという。Ⓑには、田身嶺に周垣をめぐらし、嶺上に

観（高殿）を建てて、両槻宮（天宮）と称したとある。Ⓒには、興事を好んだ斉明が、水工に命じて香山（香具山）の西から石上山まで渠を掘らせ、二〇〇隻の舟で石上山の石を運び、宮の東の山に石垣を造ったとある。時の人は渠（狂心の渠）と石垣の造営に巨費を浪費したことを非難し、「宮の材が爛れ、山頂が埋もれる」と噂したという。また、「石の山丘を作る。作ると同時に自ずから壊れた」とも謗難したという。最後にⒹには、吉野宮を造営したことを記す。

すでに指摘されているように、斉明二年是歳条は一年間の出来事を記録したものではなく、斉明朝の造営事業をまとめてここに列挙したものとみるべきである。その意味では、Ⓐから Ⓓに至る記事は、後岡本宮の建設開始を端緒にした、飛鳥地域を中心とする王宮・離宮・庭園の整備を示すものと理解することが可能である。Ⓑの両槻宮とⒸにみえる「宮東山」とを同一視する意見もあるが、私は両者は別個の記事で、前者は多武峰の離宮、後者は酒船石のある丘陵をさすとみる立場をとる。

さて、近年発見された酒船石遺跡の石垣遺構が、『日本書紀』にみえる「宮東山」の石垣や、作ると同時に自ずから崩れたという「石山丘」に相当することは疑いないであろう。文献史料と考古遺跡とが合致した貴重な事例であり、斉明が巨費を投じた王宮東方の造営事業の一端が明らかになったことは喜ばしい。さらに、一九九九年の酒船石遺跡の第一二次調査以降、第一三次・第一四次・第一六次調査などでは、王宮東方のこの丘陵北側の谷底から　亀形石造物・船形石造物などの導水施設が発見され、大きな注目を集めた。

すなわち、丘陵から延びる東西の尾根にはさまれた斜面に石垣を施し、その内側に石敷広場を設ける。石敷広場のほぼ中央に基幹排水路である南北石組溝があり、この石組溝の南端に、北から順に石英閃緑岩製の亀形石造物と船形石造物、砂岩切石製の湧水施設が設けられていた。南側の湧水施設から流れる水を船形石造物・亀形石造物に導き、亀形石造物の尾部から排水する仕組みをもった施設である。これらの遺構群は数回にわたって改修されており、Ⅰ〜

図6　酒船石遺跡の導水施設（北から、明日香村教育委員会『酒船石遺跡発掘調査報告書』より転載）

Ⅴ期の五時期にわたる変遷が明らかになった。このうち最古のⅠ期は七世紀中頃（斉明朝頃）、二期は七世紀後半（天武・持統朝頃）に相当する。船形石造物のバラス層より平安期の黒色土器片や饒益神宝（貞観元年〔八五九〕初鋳）一点が出土したため、導水施設は少なくとも九世紀中葉までは機能しており、十世紀代に埋まったと考えられている。

第一四次調査では、亀形石造物から十数メートルほど北側にある石段上の平坦面から八基の柱穴（ＳＢ一四〇一）が検出されたが、うち四基には樹皮が付いたままの黒木の柱根が遺存していた。樹皮付きの建築部材は近くの石組溝からも出土している。これらの柱穴・石組溝はもっとも古いⅠ期に属するもので、この時期には亀形石造物・船形石造物などの導水施設も設置されていたとみられるが、Ⅱ期になるとこの空間全体の大改造が行われ、亀形石造物なども現在の高さに据え直されたと考えられている。

それでは、こうした亀形石造物を中心とする導水施設は何のために造られたものなのか。亀形石造物の用途や酒船石遺跡の意味については、大きくわけると祭祀場説と庭園説が唱えられている。

〔祭祀場説〕

酒船石遺跡は水に関わる祭祀空間であるというのが大方の一致した見方であるが、(21) さらに一歩を進めて、網干善教氏は宮の東山を両槻宮とみなし、石垣をめぐらす山全体と酒船石は道教的な祭祀の場であり、亀形石造物は「聖なる地」の祭祀に身を潔めるための禊に用いたものであるとした。(22) また門脇禎二氏は亀形石槽は斉明女帝がその水流に政策の是非や戦争の勝利を占う水占いの場であったと説いた。(23) 猪熊兼勝氏も亀形石造物の水槽に水を張り、水面に映る星座で戦勝を占ったのではないかと推測している。(24) これに対して、相原嘉之氏は樹皮付きの黒木を使った建築物の存在から、天皇の祭祀・儀式に関わる空間であるとし、(25) 河上邦彦氏は酒船石遺跡は天皇の水に関わる祭祀場であり、毎年春先に行う祈年祭の水口祭の場所であったという。(26) さらに、水野正好氏は「宮の東の山」の台地上には斉明の離宮

図7　亀形石造物などの導水施設（南から）遠景の石段上平坦面（左側）に柱穴がみえる（明日香村教育委員会『酒船石遺跡発掘調査報告書』より転載）

図8　石段上平坦面の八基の柱穴（SB1401、明日香村教育委員会『酒船石遺跡発掘調査報告書』より転載）

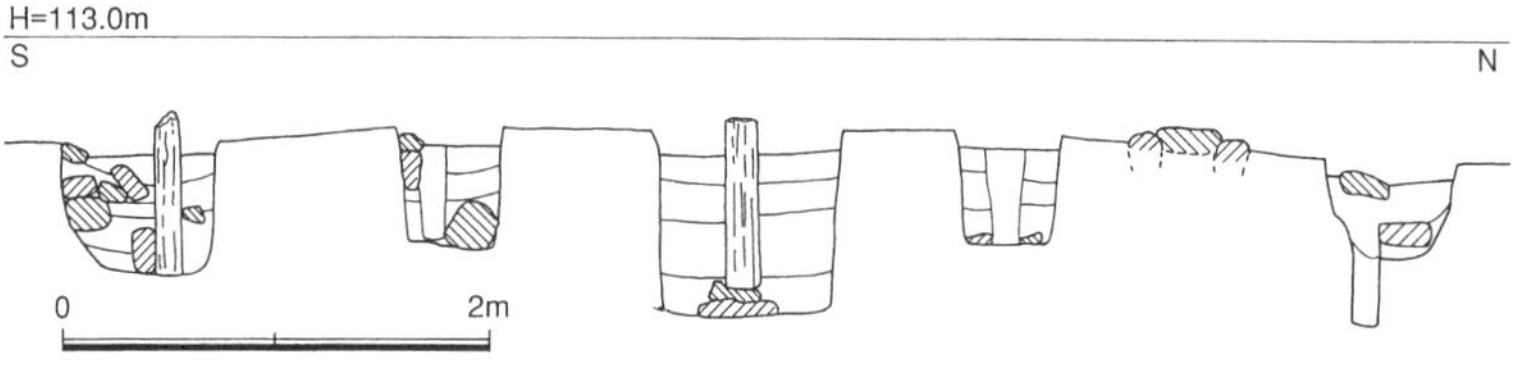

図9　SB1401 断面図（明日香村教育委員会『酒船石遺跡発掘調査報告書』より転載）

が営まれ、台地北裾の低地には北門や広場と聖化の空間（亀井水）が設けられたと想定する。[27] このほかにも、千田稔氏は亀形石造物を蓬莱山を背負う大亀という道教のモチーフと関係すると[28]し、辰巳和弘氏は亀形石造物に導き入れられた水は、天皇の長命を祈る「変若水」であったと考えた。[29]

〔庭園説〕

岩本圭輔氏は、酒船石のある丘陵を両槻宮であるとみ、両槻宮は山頂には酒船石と車石を連ねた導水施設、北裾には亀形と小判形の石槽を組みあわせた導水施設をそなえた庭園をもっていたとする[30]。また直木孝次郎氏は、宮東山の石垣を軍事的防壁とみたかつての自説[31]を撤回して、山頂の酒船石や山裾の亀形石などは立体的な庭園を飾る施設であり、日本古代に前例のない見事な庭園が斉明朝に造られたと評価した[32]。さらに和田萃氏は、後岡本宮の東の山に築かれた壮大な庭園施設ととらえ、酒船石丘陵は蓬莱山に見立てられ、その北麓には醴泉が湧き出しており、ここでは斉明が秘儀を実修し、饗宴の場としても利用されたと論じている[33]。

以上、亀形石造物を中心とする酒船石遺跡の性格については、祭祀場説と庭園説が唱えられ、とくに祭祀場説を中心に、神仙思想や道教祭祀と関わる点を強調する説や、祈年祭・天皇祭祀などの伝統祭祀に引きつけて考える意見が出されている。また、祭祀場説のなかには、両槻宮の一角における祭祀場という見方が含まれ、庭園説のなかには祭儀場説や饗宴場説を包含するものがある。亀形のもつ意味に関する考察は詳細で、いずれの見方も成立する可能性を秘めているが、私が注目したいのは、諸説を通じた基底に位置づけることが可能な庭園説である。そして前述したように、酒船石遺跡の近傍には「イマキ」の小字が残るので、建王の殯宮と墓所が営まれた「今城谷」はこの周辺に比定することができる。

この「今城谷」はまた、斉明が建王とすごした明るく楽しい思い出の地であり、建王の没後に斉明は「おもしろき今城の中」を回想している。前述のように、「おもしろき」は「対象が興趣あると感じられ、楽しい感情をかもし出すような美しさ」を意味する言葉で、対象の「特異性・卓越性」「知巧性・情趣性」を誉める用語であった。斉明の王宮である後飛鳥岡本宮の近傍で、このような「おもしろき」場所といえば、それは亀形石造物や船形石造物の周辺をおいて他にない。亀形石造物を中心とする酒船石遺跡は斉明が造営した庭園遺構であり、斉明や中大兄皇子らが建王をはじめとする王族らとともに、興趣ある風景や知恵と技巧をこらした造形を楽しむ王室庭園であったと考えられる。

建王が亡くなると、斉明は思い出の深い庭園の地に殯宮を起こし、その地に建王を葬った。斉明は建王をゆくゆくは自分の山陵に合葬せよと命じているので、建王をしばらくの間、思い出の地にとどめたいと考えたのであろう。建王が斉明陵に合葬されたあとは、今城谷の庭園は再び王族らの憩いの場として利用されたことと思われる。天武・持統朝には大規模な改修が行われた。亀形石造物や船形石造物が少なくとも九世紀中葉まで存続したことは、斉明の造営にかかるこの庭園が長く利用されたことを示している。亀形石造物を中心とする一帯は、斉明が造営した今城谷の王室庭園とみなすことができよう。

酒船石のある丘陵は北で二つの尾根に分かれるが、二つの尾根にはさまれた谷底の一番奥に亀形石造物などが造られている(34)。一方、「イマキ」の小字は東側の尾根の東南から西北にかけて残っているが、二つの尾根の周辺には「谷田」「阪谷」などの小字が存在するので、丘陵北裾の谷地形を「今城谷」と称したものと推測できる。この場合、酒船石のある丘陵上までを「今城谷」と称したかどうかは微妙である。酒船石のある丘陵全体が「宮の東の山」と称されたことはたしかなので、その「宮の東の山」の北裾に入り込んでいる谷地形の一帯を「今城谷」と呼んだと考えておきたい。

四　黒木造建物と大嘗宮・殯宮

前述したように相原嘉之氏は、酒船石遺跡において樹皮付きの柱根を残す柱穴が検出されたことから、ここには黒木の柱をもつ仮設の儀式用建築物が建てられていたと考え、酒船石遺跡は天皇の祭祀・儀式に関わる空間であった可能性が高いと結論づけた。相原氏は酒船石遺跡の報告書においても、樹皮のついた黒木を使用する建築物には、たとえば大嘗宮のような儀式・祭祀用の仮設建物があることから、酒船石遺跡の北部地域は斉明〜天武・持統朝にかけての天皇祭祀に関わる空間であったと論じている。(35)

酒船石遺跡の北部地域に黒木の建物が建っていたことに着目した相原説は卓見であると思う。延喜践祚大嘗祭式には、大嘗祭の準備から実施に至る過程において、黒木造の建物が建てられたことが、次のように記されている。

① 悠紀・主基の国郡に建てる八神殿・稲実斎屋などは、黒木で構築し、草を葺いた。

② 京の斎場に建てる悠紀・主基の神服殿などは、黒木で構築し、草を葺いた。

③ 大嘗宮の悠紀・主基の正殿は、黒木で構築し、青草を葺いた。

④ 廻立宮正殿（廻立殿）は、黒木で構築し、苫を葺いた。

『儀式』巻二・巻三にも、ほぼ同様の記述がみえるが、①に対応する箇所では、八神殿のことを「八間神座殿」と表記し、「神坐〔座〕殿は、構えるに黒木を以てし、萱を以て倒《さかさま》に葺く」とある。大嘗祭においては、大嘗宮の悠紀殿・主基殿をはじめとして、悠紀・主基両国の稲田に建てられた八神殿などは、いずれも黒木で造り、草（苫・萱）を葺いたのである。その葺き方についても、萱を逆さまに葺くなど、一定のきまりがあった。なお、新嘗祭においても、神酒造りのための酒殿・臼殿・麹殿は黒木で建てられた（延喜造酒司式）。

ただし、黒木造りの建物は大嘗祭・新嘗祭のような天皇祭祀に限って用いられたものではない。『万葉集』巻八、一六三七・一六三八番歌には次のようにある。

　　太上天皇御製歌一首
はだすすき尾花逆葺き黒木もち造れる室は万代までに
　　天皇御製歌一首

あをによし奈良の山なる黒木もち造れる室は座せど飽かぬかも

右、聞之、御二在左大臣長屋王佐保宅一肆宴御製

元正太上天皇と聖武天皇が左大臣長屋王の佐保宅で開かれた宴席において、「尾花逆葺き黒木もち造れる室」を誉めた歌であり、長屋王が佐保宅に太上天皇と天皇を迎え、宴会を設けた殿舎が、尾花を逆さまに葺き、黒木で造った建物であったことがわかる。長屋王は特別の賓客を歓待するため、邸宅内の殿舎とは別に庭園内などに黒木で仮設の建物を造営したのであろう。黒木造の建物はすすきを逆に葺くなど、きわめて質素な伝統的建築であったとされている(36)。

このように、特別の賓客を迎える際にも、黒木造りの建築物が造営されたことは重要である。大嘗祭や新嘗祭の祭儀の核心をなすのは、大嘗宮内や神嘉殿内の神殿で天皇が神に酒食を供進する儀礼であったが、これは天皇が賓客としての神を神座上に迎えて、最高の接待を尽くすことを意味した(37)。大嘗宮が黒木で造られたのは、大嘗祭が天皇が遠来の神を賓客としてもてなすことに大きな意義のある祭祀であったからであろう。

そこで注目すべきは、中国における殯の意義に関する西岡弘氏の指摘である(38)。西岡氏は『説文解字』に「殯は、死して棺に在り、将に葬柩に遷さんとして之を賓遇するなり。（中略）夏后は阼階に殯し、殷人は両楹の間に殯し、周人は賓階に殯す」とあることなどを理由に、殯とは、死者の棺を平素は賓客の昇降する階段のほとりに埋めることで、死者を賓（来訪する神）として遇し、死者を主人の位置から賓客の位置へと移行させる儀礼であったという。

このように、殯が死者の立場を主人のそれから賓客のそれへと変化させる儀礼であったとすると、殯宮儀礼と大嘗祭とは基本的に共通する儀礼であることになり(39)、殯宮は大嘗宮と同じく黒木の建材で構築された可能性が高いということになろう。また、殯宮が外国使節などの賓客を迎える庭園内に設けられる場合があったことも容易に想定できる。

推古二十年（六一二）には、百済から来帰した路子工が小墾田宮の「南庭」に須弥山の形と呉橋を造ったが、同三十

六年には推古天皇の殯がその「南庭」で行われた。これも普段は賓客をもてなす「南庭」において、殯がとり行われた例といえよう。

以上のように考えて大過ないとすると、酒船石遺跡で検出された黒木造りの建築物の痕跡は、大嘗宮ではなく殯宮の喪屋である可能性が高い。斉明皇孫の建王は今城谷の上で殯に付されており、前述のように、酒船石遺跡が建王の今城谷墓にあたるとすると、建王の殯宮の遺構が一部発見されたということになる。そして、殯宮は賓客をもてなす庭園などの施設内に造られたから、今城谷の庭園は通常は王室庭園として貴族や賓客をもてなす場所であったとみることができるのである。

おわりに

斉明天皇が建王と楽しい日々をすごし、のちに建王の殯宮と墓所が営まれた「今城谷」は、明日香村の大字飛鳥と大字東山にまたがる小字「イマキ」周辺に比定できることを論じてきた。後飛鳥岡本宮のすぐ東方に位置する酒船石遺跡の亀形石造物などは、この「今城谷」の王室庭園の一部であり、柱穴などから検出された黒木造建築物の痕跡は、建王の殯宮遺構に相当するであろう。

その意味では、岩本圭輔氏が酒船石遺跡は二つの導水施設をそなえた庭園であるとし、直木孝次郎氏が日本古代に前例のない見事な庭園が斉明朝に造られたと指摘している点が注目される。亀形石造物などは庭園を構成する造形物であると同時に、技巧をこらした導水装置でもあったから、とくに年少の王族たちを楽しませたことであろう。斉明は後岡本宮の造営と並行して、宮の東に巨費を投じて先進的で娯楽性に富んだ庭園を築造し、ここを建王をはじめとする王族らとの慰安と遊興の場としたのであろう。
ただし、平安京の神泉苑がそうであったように、庭園は饗宴の場ともなり、伝統祭儀や仏教修法の会場にもなった。したがって、庭園説は饗宴場説や祭祀場説を排除するものではない。また前述したように、庭園には殯宮が設けられることもあった。今城谷の庭園の具体的な利用法は、発掘調査成果などを精査しながら、今後とも慎重に検討すべき課題である。

四天王寺境内の亀井堂には二基の亀形石造物が存在し、亀甲文様をもつ亀形石の尾から入った水が、口を通して東隣りの亀形水槽に排出されている。(40)千田稔氏は飛鳥と四天王寺の亀形石造物が造形的にも機能的にも類似することを指摘しながら、神仙郷を背負う亀という本来のモチーフが、仏教的な変容を受けて四天王寺のものになったと説く。(41)しかし、天寿国繡帳にも文字を背負った亀形が刺繡されているので、亀形は古くから仏教的なモチーフとして使われていたとみることも可能である。

藤原道長は四天王寺に参って聖徳太子を偲び、亀井の水に手をすまして（洗い清め）拝み奉った（『栄花物語』巻一五）。また、藤原頼通は永承三年（一〇四八）十月十九日、高野山参詣の帰途に四天王寺に参り、亀井の水をみている（『永承三年高野御参詣記』）。さらに、女流歌人相模の家集『相模集』によると、「寛弘の御時ばかり」（一条天皇の時代、九八六〜一〇一一年）に人々が「天王寺」の歌を詠んだときに、相模が「亀井」と題して「千代すぎてはちすのうへにのほるべき亀井の水にかげはやどさん」と歌ったという。(42)四天王寺の亀井は平安中期には存在し、亀井の水に仏（または聖徳太子）の影が宿るという信仰があったことがわかる。

井泉から湧き出る清浄な水を亀形石造物が受け、その水で手を清めて、尊いものに拝礼を捧げるという思想は、仏教思想でも採用しうるものであったといえよう。神仙思想だけではなく仏教思想でも、亀と水・井泉は不可分のものとして認識されていたのであり、飛鳥の亀形石造物についても、こうした視点からの追究が求められる。なお、四世紀初頭から五世紀末にかけて畿内を中心に確認される導水施設と覆屋をもつ遺構を殯所とみる説も出されており[43]、こうした遺構と酒船石遺跡との関わりも検討する必要がある。

亀形石造物などを配した今城谷の庭園の背景にどのような思想を読み取るにしても、斉明と建王らがともに時間をすごしたであろう「おもしろき」庭園遺構が地上に姿をあらわし、建王の殯宮の一部と思われる遺構も発見されたことは、飛鳥地域の古代史像を豊かにする上で大きな意義をもつことであろう。

注

（1）和田萃「今来の双墓をめぐる臆説」（『日本古代の儀礼と祭祀・信仰』上、塙書房、一九九五年）。

（2）和田萃「飛鳥の陵墓」（白石太一郎編『古代を考える　終末期古墳と古代国家』吉川弘文館、二〇〇五年）二四四頁。

（3）西光慎治「飛鳥地域の地域史研究（3）　今城谷の合葬墓」（『明日香村文化財調査研究紀要』二、二〇〇二年）二七頁、同「今城谷の合葬墓」（『明日香風』八三、二〇〇二）三五頁。ただし、鬼の俎・雪隠古墳（西槨・東槨）を斉明陵と建王墓に比定する西光説には従うことができない。詳しくは本書第一章五～六頁を参照。

（4）居駒永幸「斉明紀建王悲傷歌と散文」（『明治大学人文科学研究所紀要』六〇、二〇〇七年）一七頁、大久間喜一郎・居駒永幸編『日本書紀［歌］全注釈』（笠間書院、二〇〇八年）四二三～四二六頁、四三一頁。

（5）猪熊兼勝「牽牛子塚古墳の世界」（『明日香風』一一八、二〇一一年）など。

（6）益田勝実『日本詩人選1　記紀歌謡』（筑摩書房、一九七二年）二五～二六頁。

（7）鉄野昌弘「斉明紀建王悲傷歌の抒情について」（『帝塚山学院大学研究論集』二六、一九九一年）。

（8）武田祐吉『記紀歌謡集全講』（明治書院、一九五六年）三五一頁。

（9）　土橋寛『古代歌謡全注釈』日本書紀編（角川書店、一九七六年）。
（10）　相磯貞三『記紀歌謡全註解』（有精堂出版、一九六二年）五四一頁、山路平四郎『記紀歌謡評釈』（東京堂出版、一九七三年）四六二頁、日本古典文学大系『古代歌謡集』（岩波書店、一九五七年）、『日本書紀』（中央公論社、一九八七年）など。
（11）　渡瀬昌忠「高松塚壁画と人麻呂の世界」（『渡瀬昌忠著作集』おうふう、二〇〇三年）五五～五六頁。
（12）　秋間俊夫「死者の歌」（『文学』四〇―三、一九七二年）三四六頁。
（13）　稲岡耕二「舒明天皇・斉明天皇（その五）」（『国文学解釈と鑑賞』一九七一年三月号）一九六頁。
（14）　前掲益田勝実注（6）書三〇～三一頁。
（15）　鶴久「美とことば」（『国文学解釈と教材の研究』一四―九、一九六九年）七一頁。
（16）　前掲稲岡耕二注（13）論文一九六頁。
（17）　前掲鉄野昌弘注（7）論文二〇～二一頁。
（18）　河上邦彦『飛鳥を掘る』（講談社、二〇〇三年）一八六～一八七頁。
（19）　大和地名研究所編『大和地名大辞典』（一九五二年）一二五～一二六頁、橿原考古学研究所編『大和国条里復原図』（吉川弘文館、一九八一年）第88図。
（20）　以下、酒船石遺跡や亀形石造物などに関する発掘調査所見については、明日香村教育委員会『酒船石遺跡発掘調査報告書』本文編（二〇〇六年）、西光慎治「酒船石遺跡―亀形導水石造物―」（『考古学ジャーナル』四六五、二〇〇〇年）、同「酒船石遺跡の調査」（『明日香風』七三、二〇〇〇年）、同「酒船石遺跡と石上山石」（『歴史と地理』五四七、二〇〇一年）、相原嘉之a「酒船石遺跡」（『別冊歴史読本　日本史研究最前線』新人物往来社、二〇〇〇年）、同b「酒船石遺跡研究の一視点」（『明日香風』七八、二〇〇一年）、同c「酒船石遺跡の発掘調査成果とその意義」（『日本考古学』一八、二〇〇四年）、納谷守幸「酒船石遺跡の調査」（直木孝次郎・鈴木重治編『飛鳥池遺跡と亀形石』ケイ・アイ・メディア、二〇〇一年）、飛鳥古京顕彰会『新出土亀形石造物遺跡』（二〇〇〇年）などを参照した。
（21）　西光慎治「『聖なる水』と湧水施設」（『明日香風』七七、二〇〇一年）、黒崎直『飛鳥の宮と寺』（山川出版社、二〇〇七年）

七五頁。

(22) 網干善教a「禊身の施設か」(『歴史と旅』平成十二年七月号)、同b「新出土の亀形石造物」(『古都・飛鳥の発掘』学生社、二〇〇三年)。

(23) 門脇禎二「飛鳥の亀形石槽と斉明女帝」(『明日香風』七六、二〇〇〇年)、同『飛鳥と亀形石』(学生社、二〇〇二年)一八二〜一八六頁。

(24) 猪熊兼勝「飛鳥の石造物」(別冊太陽『飛鳥―古代への旅―』平凡社、二〇〇五年)七七頁。

(25) 相原嘉之a「水利用の石造物をめぐる三つの空間」(『明日香風』七五、二〇〇〇年)、同b「飛鳥の石造物」(『季刊考古学』九九、二〇〇七年)前掲相原注(20)b論文。

(26) 河上邦彦注(18)著書一九八〜二〇〇頁。

(27) 水野正好「古代庭園の成立とその過程」(金子裕之編『古代庭園の思想』角川書店、二〇〇二年)一七九〜一八〇頁。

(28) 千田稔a「斉明天皇と古代の国家構想」(『歴史と旅』平成十二年七月号)、同b「飛鳥の亀形石造物を考える」(『東アジアの古代文化』一〇五、二〇〇〇年)、同『飛鳥―水の王朝―』(中央公論新社、二〇〇一年)一八九〜一九一頁。

(29) 辰巳和弘「祭儀場か」(『歴史と旅』平成十二年七月号)。

(30) 岩本圭輔「庭園か」(『歴史と旅』平成十二年七月号)。

(31) 直木孝次郎『日本の歴史2 日本国家の成立』(中央公論社、一九六五年)二三二頁。

(32) 直木孝次郎「土木・造園と斉明天皇の素顔」(『歴史と旅』平成十二年七月号)。

(33) 和田萃「二つの亀石」(『東アジアの古代文化』一〇五、二〇〇〇年)、同「奈良時代の飛鳥の苑池」(『明日香風』七八、二〇〇一年)、同『飛鳥』(岩波書店、二〇〇三年)一六〇頁。

(34) 前掲相原注(25)a論文三四頁、前掲納谷注(20)論文六〇頁、前掲網干注(22)b論文一〇二〜一〇三頁、吉川聡「酒船石遺跡」(鎌田元一編『古代の人物 日出づる国の誕生』清文堂出版、二〇〇九年)。

(35) 相原嘉之「北部地域をめぐる諸問題」(明日香村教育委員会『酒船石遺跡発掘調査報告書』本文編、二〇〇六年)二〇八〜

二〇九頁。

(36) 関野克「奈良時代に於ける黒木造」(村田治郎編『建築史論叢』高桐書院、一九四七年)二〇頁。なお、平林章仁「逆葺き攷」(『日本書紀研究』二九、二〇一三年)は、民俗学や宗教学の研究成果を参照して、祭祀や喪葬は日常とまったく別の時空、すべてが逆転した世界の仕方で行われねばならなかったため、大嘗祭などでは逆葺きの黒木造建物が構作されたのであると論じている。

(37) 西本昌弘「九条家本『神今食次第』所引の「内裏式」逸文—神今食祭の意義と皇后助祭の内実—」(『日本古代の年中行事書と新史料』吉川弘文館、二〇一二年)一八二～一八四頁。

(38) 西岡弘『中国古代の葬礼と文学』改訂版(汲古書院、二〇〇二年)二二八～二三四頁。

(39) 大前栄美子「原新嘗祭と殯宮儀礼」(横田健一編『日本書紀研究』一四、一九八七年)八〇～八五頁は、殯宮儀礼と大嘗祭の間には、仮設殿で営まれる点、食物供進が行われる点などに、共通点がみられることを指摘している。

(40) 前掲千田(28)b論文三六頁、清水俊明「〝飛鳥の石〟『亀石』と『亀形石造物』」(『明日香風』一〇六、二〇〇八年)二六～二七頁。

(41) 前掲千田(28)b論文三六頁。

(42) 武内はる恵ほか『相模集全釈』(風間書房、一九九一年)七四～七五頁。

(43) 穂積裕昌「いわゆる導水施設の性格について—殯所としての可能性の提起—」(『古代学研究』一六六、二〇〇四年)。

第三章　川原寺の古代史と伽藍・仏像—筑紫観世音寺との比較を通して—

はじめに

川原寺（河原寺・弘福寺）は奈良県高市郡明日香村大字川原にある古代寺院で、中金堂跡に建てられた弘福寺が現在に法燈を伝えている。この川原寺は飛鳥岡本宮や飛鳥浄御原宮に近接して造営された勅願の大寺院で、その伽藍は飛鳥の中枢部にあり、飛鳥寺に次ぐ好立地を占めているといってよい。川原寺の創建を示す記事は『日本書紀』にはみえず、それ以外の史料には、敏達朝・斉明朝・天智朝・天武朝などに創建されたとの説が書かれているが、福山敏男氏の先駆的な研究によって、天智朝初年創建説がほぼ定説になっている。

一九五七～五八年には奈良国立文化財研究所による発掘調査が行われて、中枢部の伽藍配置が明らかにされるとともに、創建年代についても福山説の妥当性がほぼ確認された。その後、一九七四年には明日香村と奈良県が川原寺裏山遺跡を共同調査して、火災にあって投入・埋納された塑像・塼仏・緑釉塼などを大量に発掘した。これらの遺物は創建時の安置仏像や堂内装飾を考える際に、大きな手がかりを与えるものである。

本章では、主として文献史料を集成して分析することで、古代における川原寺の歴史を跡づけるとともに、川原寺裏山遺跡の出土遺物や筑紫観世音寺の安置仏像などを参照しながら、川原寺の伽藍配置や安置仏像についても考察を加えてみたい。

一　川原寺の創建時期と創建事情

川原寺の創建時期と創建事情については、福山敏男氏の見解が通説の地位を占めている。(1) 福山氏が注目するのは、次のような史料である。

①『日本書紀』天武天皇二年（六七三）三月是月条に「書生を聚めて、始めて一切経を川原寺に写す」とあるのが、確実に川原寺の存在を示す最古の史料といえる。

②『新抄格勅符抄』寺封部に「川原寺　五百戸〈癸酉年に施す。常陸百戸、上野百五十戸、武蔵百五十戸、紀伊百戸〉」とあり、癸酉年（天武二年〈六七三〉）に川原寺に封戸が施入されている。

③『扶桑略記』斉明天皇元年（六五五）条に「天皇、飛鳥川原宮に遷幸し、川原寺を造る」とあるのは、斉明天皇の川原宮の宮地を捨てて寺を造ったことを意味する。

④『日本書紀』斉明天皇七年（六六一）十一月条によると、斉明の殯が「飛鳥川原」で行われているが、寺をもって殯宮に当てたとは考えられないから、この時まで川原宮の宮地はいまだ寺となってはいなかったとみられる。

以上の諸点から福山氏は、川原寺は大津宮時代以前の天智天皇初年頃に川原宮の旧地に勅願によって建てられたものと考えた。さらに福山氏は、東に塔を、西に金堂を、北に講堂を置く川原寺の伽藍配置は、筑紫観世音寺や崇福寺と同様であり、天智天皇が斉明天皇のために誓願して草創した筑紫観世音寺は、草創の時代や事情において川原寺と類似したものがあることにも注意を喚起している。

文献史料を博捜し、建築史学の手法を駆使した福山説には説得力があり、本章でも基本的には福山説を支持する。一九五七～五八年に奈良国立文化財研究所が行った発掘調査では、川原寺伽藍の下層から石敷と二条の暗渠が検出された。また、この地域にはかつて中島をもつ大きな池が存在したが、寺院創建以前にこの池を埋め立てる大規模な土木工事が行われていたことが判明した。報告書では、この土木工事が川原宮の造営にともなうものであり、検出された石敷と暗渠は川原宮の遺構である可能性が高いと結論づけている。(2) 斉明の川原宮を捨てて川原寺が造営されたとする福山説が考古学的にも裏付けられたことになる。

最近、天智朝に創建された「天皇発願寺」に検討を加えた中野高行氏は、川原寺のみならず筑紫観世音寺や崇福寺についても、『日本書紀』には創建記事が掲載されておらず、これは意図的に削除された可能性があると指摘している。(3)『日本書紀』編纂時点における川原寺の地位をよく示すものであるといえよう。

ところで、『日本書紀』の孝徳天皇紀には、川原寺に仏菩薩像を安置する次のような記事がみえている。

⑤『日本書紀』白雉四年（六五三）六月条

天皇、旻法師命終ると聞きて、使を遣して弔わしむ。并せて多く贈を送る。皇祖母尊及び皇太子等、皆使を遣し、旻法師の喪を弔う。遂に法師の為に、画工狛竪部子麻呂・鯽魚戸直等に命じて、多く仏菩薩の像を造り、川原寺に安置す。〈或本に云わく、山田寺に在りと。〉

一見すると、大和の川原寺の初見記事のようにもみえるが、僧旻は難波の安曇寺で病臥し〈白雉四年五月是月条分注〉、おそらく難波で没したので、難波宮周辺にあった川原寺の記事と考えるべきであろう。現在、大阪市中央区に瓦町の地名がある。

画工の狛竪部子麻呂は高麗画師子麻呂と同一人物であろう。(4) 彼らが製作した多くの仏菩薩像については、画像とみる説(5)と、塼仏とみる説(6)とがあるが、塑像とみる説があってもよいかもしれない。隋唐代には画工が塑像を造る塑士に転向する場合が多かったという。(7) これらの仏菩薩像が山田寺に移されたとの一説が存在するのは、山田寺で出土した塼仏との関わりからも興味深い。

二　川原宮・川原寺と朝倉宮・筑紫観世音寺

斉明天皇は斉明元年（六五五）正月に飛鳥板蓋宮で即位したが、その年の冬に飛鳥板蓋宮が火災にあい、飛鳥川原宮に遷居した。翌年には後飛鳥岡本宮を造営して、ここに遷ったので、飛鳥川原宮が主宮であったのは一年前後の間であったことになる。

斉明は斉明七年（六六一）正月、百済救援軍を指揮して、中大兄皇子らとともに難波を出航し、三月には筑紫の娜大津に至って磐瀬行宮に居したが、五月に朝倉橘広庭宮（朝倉宮）に遷居し、七月に朝倉宮において崩じた。『日本書紀』によると、中大兄皇子は天皇の亡骸を奉じて磐瀬行宮に至るが、この夕に朝倉山の上に鬼あり、大笠を着て喪儀を臨み視たという。その後、斉明の亡骸は十月には難波に戻り、十一月戊戌（七日）に「飛鳥川原」で殯が行われた。飛鳥川原宮の故地に殯宮が設けられたのであろう。「此より発哀すること九日に至る」とあり、十一月七日から九日までの三日間、哭泣儀礼が行われた。福山敏男氏のいうように、寺院において殯が行われたとは考えられないから、この時点ではまだ川原宮は寺とはなっていなかったことになる。(8)

一方、『扶桑略記』斉明七年条には、斉明の朝倉山での葬儀・造陵と、大和国への改葬が記されている。

七月廿四日、天皇崩ず。

山陵朝倉山。〈八月、葬喪の夕、朝倉山上に鬼有り。大笠を着て、喪儀を臨み視る。人皆これを見る。陵高三丈、方五町。〉

大和国高市郡越智大握間山陵に改葬す。〈十一月、これに改む。〉

朝倉宮の周辺で斉明の喪儀が行われたことは、『日本書紀』にも明記されているが、山陵まで造営されたかどうかは疑問である。

朝倉宮の位置については、平安後期の歌学書である藤原清輔『奥儀抄』が「筑前国上座郡あさくら」にありとするのが古い史料で、江戸時代の宝永六年（一七〇九）に完成した貝原益軒『筑前国続風土記』が上座郡須川村説を支持して以来、上座郡の須川・山田・志波周辺が有力な候補地となり、明治二十二年（一八八九）には山田村などが合併して朝倉村が誕生した。筑前国上座郡は「カムツアサクラ」（九条家本『延喜式』巻二二）、「カンツアサクラ」（名古屋市博物館本『和名類聚抄』）などと訓読されているので、この地域に「あさくら」という地名が存在したことは間違いない。

これに対して近年、赤司善彦氏によって大宰府政庁跡付近に朝倉宮を想定する新説が提示された(9)。赤司氏は平安中期の歌集『大弐高遠集』の染川を主題とした歌に朝倉宮を意味する「木の丸殿」が詠み込まれていること、室町時代の紀行文である宗祇『筑紫道記』が都府楼跡と木の丸殿とを重ねあわせていることなどから、大宰府政庁付近が朝倉宮であったという伝承があったことを明らかにし、大宰府政庁跡のⅠ―1期の建物群は朝倉宮の造営と強く関わるのではないかと指摘した。百済救援軍の本営が置かれる位置としては上座郡説より大宰府説の方が説得的であり、私もこの考え方を支持したい。朝倉宮＝大宰府政庁周辺説を重視すると、筑紫観世音寺が朝倉宮との関わりで注目される。

筑紫観世音寺の創建記事も『日本書紀』にはみえず、六国史における初見は『続日本紀』大宝元年（七〇一）八月甲辰条の、観世音寺・筑紫尼寺の封は大宝元年より数えて五年後に停止せよという記事である(10)。ついで『続日本紀』和銅二年（七〇九）二月戊子朔条に、

　詔して曰く、筑紫観世音寺は淡海大津宮御宇天皇、後岡本宮御宇天皇の奉為に誓願して基《ひら》く所也。年代を累ぬと雖も、今に迄るまで未だ了らず。宜しく大宰商量して、駆使丁五十許りの人を充て、及び閑月を逐い、人夫を差発し、専ら検校を加えて、早く営作せしむべし。

とあり、天智天皇が斉明天皇のために誓願して筑紫観世音寺を創建したが、元明天皇即位後の和銅二年にも造営工事が続いていたことが記されている。『新抄格勅符抄』寺封部によると、大宰観音寺に丙戌年（朱鳥元年〈六八六〉）に封戸二〇〇戸が施入されているので、筑紫観世音寺の創建が七世紀後半にさかのぼることは疑いない。

　斉明天皇の王宮であった川原宮が没後の殯の場となり、その後、川原寺に改造されたことを思うと、斉明天皇が崩じ、喪儀の場ともなった朝倉宮が、その後、斉明の冥福を祈る寺院に改造されたことは容易に想像できる。したがって、筑紫観世音寺こそ朝倉宮の故地に天智が造営した寺院であったと考えるべきであろう。

　川原寺と筑紫観世音寺は天智天皇が斉明天皇の冥福を祈るために創建した寺院で、ともに斉明の王宮跡において天智朝初年頃に造営が開始されたのであった。筑紫と大和に造営された二つの寺院は、斉明没後にその王宮を寺にしたという点で、共通の創建時期と創建事情を有しているのである。川原寺の伽藍配置や安置仏像を考える場合には、筑紫観世音寺の様相を参照することが有効であろう。詳しくは後述することにしたい。

三　七世紀後半～八世紀初頭の川原寺

川原寺の確実な初見記事は前掲した史料①『日本書紀』天武天皇二年（六七三）三月是月条で、川原寺に書生を集めて一切経の書写事業を開始している。すでに一切経の書写事業が行えるほどに寺観は整っていたことが想定できる。(11) この年には壬申の乱に勝利し、即位した天武天皇から寺封五〇〇戸を与えられた（前掲史料②）。このあと、しばらく記事は消えるが、天武朝末年以降、川原寺の記事が増えるようになり、持統・文武の時代にかけて川原寺は大きく発展し、飛鳥寺・大官大寺・薬師寺などと並ぶ大寺として重んぜられたことがわかる。関係史料は以下の通りである。

⑥『日本書紀』天武天皇十四年（六八五）八月条
乙酉（十二日）、天皇、浄土寺に幸す。
丙戌（十三日）、川原寺に幸し、稲を衆僧に施す。

⑦『日本書紀』天武天皇十四年（六八五）九月丁卯（二十四日）条
天皇、体不予の為、三日、大官大寺・川原寺・飛鳥寺に誦経す。因りて稲を以て三寺に納めること、各おの差有り。

⑧『日本書紀』朱鳥元年（六八六）五月癸亥（二十四日）条
天皇、始めて体不安、因りて以て川原寺に於いて、薬師経を説き、宮中に安居せしむ。

⑨『日本書紀』朱鳥元年（六八六）六月条
甲申（十六日）、伊勢王及び官人等を飛鳥寺に遣して、衆僧に勅して曰く。近者、朕が身不和。（中略）是を以て、

僧正・僧都・衆僧、応に誓願すべし。則ち珍宝を三宝に奉る。是の日、三綱律師、及び四寺の和上・知事、并せて現に師位有る僧等に、御衣・御被各一具を施す。

⑩『日本書紀』朱鳥元年（六八六）九月辛丑（四日）条

丁亥（十九日）、勅して、百官人等を川原寺に遣して、燃燈供養せしむ。仍りて大斎して悔過する也。親王以下、諸臣に逮るまで、悉く川原寺に集まりて、天皇の病の為に、誓願すと云々。

⑪『日本書紀』朱鳥元年（六八六）十二月乙酉（十九日）条

天渟中原瀛真人天皇の奉為に、無遮大会を五〔六〕寺、大官・飛鳥・川原・小墾田・豊浦・坂田に設く。

⑫『続日本紀』大宝二年（七〇二）十二月丁巳（二十五日）条

斎を四大寺に設く。

⑬『続日本紀』大宝三年（七〇三）正月丁卯（五日）条

太上天皇の奉為に、斎を大安・薬師・元興・弘福の四寺に設く。

⑭『続日本紀』大宝三年（七〇三）二月癸卯（十一日）条

是の日、太上天皇の七七に当たる。使を四大寺及び四天王・山田等卅三寺に遣して、斎を設けしむ。

⑮『続日本紀』大宝三年（七〇三）三月辛未（十日）条

四大寺に詔して、大般若経を読み、一百人を度せしむ。

⑯『続日本紀』大宝三年（七〇三）七月壬寅（十三日）条

四大寺をして、金光明経を読ましむ。

⑰『続日本紀』慶雲四年（七〇七）六月壬午（十六日）条

……初七より七七に至るまで、四大寺に斎を設く。

⑥〜⑩は天武朝末年の記事である。川原寺は大官大寺・飛鳥寺と並ぶ格の高い「三寺」の一つとして、天皇の行幸を迎え（⑥）、誦経を行い（⑦）、薬師寺の伽藍が整備されてくると、「四寺」の一つとして、和上・知事らが施物にあずかっている（⑨）。

とくに注意すべきは、天武が不予になると、川原寺において薬師経を説き（⑧）、百官人を川原寺に遣わして、燃燈供養によって大斎・悔過を行わせ（⑨）、さらに天武が危篤状態に陥ると、親王・諸臣を川原寺に集めて誓願させる（⑩）など、天武の病状が進行した時期に、特別に川原寺で祈願が行われている点である。これは、福山敏男氏が示唆するように、近江朝廷と抗争して政権を奪取した天武が、天智の勅願寺である川原寺に謝罪の意をあらわしていると理解すべきであろう。[12]

朱鳥元年（六八六）九月九日に天武が没すると、追善供養である無遮大会が大官大寺・飛鳥寺・川原寺の三僧寺と小墾田寺・豊浦寺・坂田寺の三尼寺で行われた（⑪）。『日本書紀』の「五寺」は「六寺」の誤写とみるべきである。[13]

その後、王都が藤原京に遷ってからも、川原寺の地位は変わらず、大宝二年（七〇二）十二月二十二日に元明太上天皇が没すると、四十九日などの斎会が「四大寺」（大安寺・薬師寺・元興寺・弘福寺）で行われている（⑫〜⑯）。また、慶雲四年（七〇七）六月十五日に文武天皇が没すると、初七日から四十九日に至る追善供養が「四大寺」で執り行われた（⑰）。大官大寺が大宝元年（七〇一）頃に大安寺と改称されたように、[14]川原寺も大宝初年頃に弘福寺という寺名にあらためられたものと思われる。

唐の太宗は生母の穆皇后竇氏の追福のために、貞観六年（六三二）あるいは同八年（六三四）に弘福寺（宏福寺・興福寺とも）を建立した。弘福寺は長安城西の真安坊（則天武后のときに修徳坊と改名）に位置し、その壮大華麗な大伽藍で知られた。太宗は弘福寺に名僧を集め、玄奘三蔵が西域から帰国すると、弘福寺の禅院に住まわせて、将来経の訳経にあたらせた[15]。松木裕美氏は天智天皇が太宗の故事を意識して、生母の追福を祈る寺に弘福寺の名を付けたと推測しているが[16]、川原寺が弘福寺と呼ばれた初見記事は⑬の大宝三年なので、天智が命名したとみるのは困難ではないかと思われる。

四　八世紀前半〜九世紀の川原寺

平城遷都後に、「四大寺」のうちの大安寺・薬師寺・元興寺が新京に移転したのに対して、川原寺（弘福寺）だけは飛鳥の地に残された。これは川原寺のみが天智天皇の発願寺院であったため、天武天皇系の新都である平城京には移されなかったのであろう。

これを契機に、弘福寺の地位は相対的に低下し、新たな「四大寺」には興福寺が加わることになる（『続日本紀』天平七年〔七三五〕五月己卯条、天平十七年〔七四五〕五月乙丑条など）。弘福寺は法隆寺・四天王寺・崇福寺などと同格の寺として史料に登場し（『続日本紀』天平勝宝元年〔七四九〕五月癸丑条、同元年七月乙巳条）、国家の一級寺院としての地位を失うことになった。

ところが、宝亀元年（七七〇）に光仁天皇が即位し、久しぶりに天智天皇系の皇統が復活すると、弘福寺の地位にも大きな変化が起こった。『続日本紀』宝亀二年五月甲寅（二十九日）条には、

始めて田原天皇の八月九日忌斎を川原寺に設く。

とあり、田原天皇（光仁の父施基〔志貴〕親王）の忌斎（国忌）が川原寺において行われることとなった。国忌は天

皇の近親の命日にゆかりの寺院で国家的な法会を行うもので、奈良時代には東大寺や薬師寺、平安時代には東寺や西寺などの大寺で行われた。川原寺が国家の大寺としての地位を回復したことを示すものであろう。なお、田原天皇の国忌は「弘仁式」では元興寺で行う規定になっており[17]、平安遷都後には飛鳥まで出向くのが遠すぎることや、後述する川原寺における伊予親王事件の影響によって、元興寺にあらためられたものと思われる。

『類聚三代格』巻三所収の延暦十七年（七九八）六月十四日太政官符に列記された「十大寺」では、弘福寺は大安寺・元興寺に次ぐ第三位に掲げられており、第九位・第一〇位の東大寺・西大寺よりも上位に位置づけられていた。川原寺が国忌を実修する寺院として重視されたことをよく示していよう[18]。

大同二年（八〇七）十月、伊予親王が謀反を図ろうとしているという情報が朝廷首脳部の耳に入り、親王は母の藤原吉子とともに拘束された。『日本紀略』大同二年十一月乙酉（二日）条には、

　親王并びに母夫人藤原吉子を川原寺に徙す。これを一室に幽して、飲食を通ぜしめず。

とある。十日後の十一月乙未（十二日）に、親王母子は薬を仰いで死んだ。時の人はこれを哀れに思ったという。伊予親王母子は川原寺に幽閉され、食事と水分を止められたのち、薬を仰いで自殺したのである。この事件の背景をめぐっては諸説あるが、平城天皇が藤原薬子らと結んで、有力な皇位継承資格者である伊予親王を除いたというのが真相に近いであろう[19]。

凄惨な政治的事件の舞台となった川原寺は、かつて早良親王が幽閉された長岡京内の乙訓寺と通じる性格をもつようになった。その後、早良親王（崇道天皇）や伊予親王母子を慰霊する行事が乙訓寺や川原寺および橘寺でたびたび行われるようになる。

⑱『日本紀略』大同五年（八一〇）七月条

辛亥（十三日）、使を川原・長岡両寺に遣して誦経せしむ。聖躬不予なればなり。

乙丑（二十七日）、一百卅人を度す。崇道天皇の奉為に一百人、伊予親王の為に十人、夫人藤原氏に廿人。

丁卯（二十九日）、崇道天皇の奉為に、川原寺に於いて法華経一部を写し奉る。

⑲『類聚国史』天長四年（八二七）正月丁卯（五日）条
勅して、大和国高市郡に在る贈皇后の墾田十町を以て、御世を限りて、橘寺に施入す。春秋悔過料なり。綿三百屯を以て、川原寺に誦経せしむ。東西二寺に各卌九僧を屈し、薬師悔過を修さしむること一七日。

⑳『続日本後紀』承和四年（八三七）四月丁巳（二十五日）条
（僧綱が天地災異を除くため、諸寺において、昼は大般若経を読み、夜は薬師宝号を讃えることを上奏。これをうけて）勅報して曰わく、（中略）宜しく梵釈・崇福・東西両寺・東大・興福・新薬・元興・大安・薬師・西大・招提・本元興・弘福・法隆・四天王・延暦・神護・聖神・常住等の二十ケ寺をして、毎旬輪転し、五月上旬より八月上旬まで、誓願・薫修すべし。

⑱は嵯峨天皇が不予となり、一時退位を決意した際に、使者を川原寺と長岡寺に送って誦経させたり、早良親王と伊予親王のために僧侶を得度させたり、早良のために川原寺で写経を行わせたりしたものである。ここにみえる川原寺と長岡寺を長岡京内にあった川原寺と願徳寺（宝菩提院廃寺）にあてる説もあるが[20]、長岡寺は乙訓寺に比定するべきであろう[21]。また、この次の史料⑲からみて、史料⑱の川原寺はやはり橘寺の北にある飛鳥の川原寺をさすと考える方がよい。

⑲は淳和天皇が不予となったとき、大和国高市郡にある贈皇后藤原旅子の墾田一〇町を一代限りで橘寺に施入して、春秋悔過料となし、綿三〇〇屯を財源に川原寺で誦経を行ったものである。同時に平安京の東寺・西寺でも七日間の

薬師悔過を行っている。⑲はこれだけでは伊予親王の慰霊記事とはわからないが、これと関係する史料が、空海の詩文集『性霊集』巻六に載せられている。

天長皇帝、故中務卿親王の為に田及び道場の支具を捨して橘寺に入るる願文

と題する願文がそれであり、その内容を要約すると、以下のようになる。

・天長四年九月日、故中務卿親王（伊予親王）のために薬師如来像と脇士日光・月光両菩薩像を造り、金文の蓮華法曼荼羅（法華経）を写す。

・致仕僧都空海・少僧都豊安・致仕律師施平・律師載栄らを招いて、四日間の法華経論議を開き、あわせて若干の物を捨入す。

・その水田十余町は毎年春秋両節に云々。

水田一〇余町を橘寺に捨入し、春秋悔過料に充てるというのは、⑲の内容と一致するので、『性霊集』所収願文の「天長四年九月」は「天長四年正月」の誤りであろう。とすると、⑲が墾田を橘寺に施入し、川原寺で誦経を行っているのは、いずれも伊予親王の冥福を祈るためであったことが判明する。川原寺に幽閉され、そこで自殺した伊予親王母子の霊を慰めるため、橘寺に薬師三尊像と金字法華経が捨入され、施入された墾田を財源に毎年春秋に薬師悔過が催され、川原寺においても誦経が行われたのである。天長四年以降の淳和天皇の時代（八二七〜八三三）に、川原寺とこれに南接する橘寺が恒常的に伊予親王を慰霊する寺院となり、空海らが法会を行っていたことは注目される。

⑳は災害を除くため、梵釈寺・崇福寺以下の二十ヶ寺に五月上旬から八月上旬まで交替で大般若経転読と薬師宝号讃歎を行わせることを命じたもので、二十ヶ寺のなかに弘福寺の名がみえている。ここでも夜に薬師悔過が行われていることは、平安初期に流行した薬師経や薬師仏への信仰をよくあらわしている。(22)

川原寺裏山遺跡では塑像の断片とともに、富寿神宝（弘仁九年〔八一八〕鋳造）と承和昌宝（承和二年〔八三五〕鋳造）が塑像の塑土のなかに埋め込まれた状態で出土している。同様の例としては、唐招提寺金堂の薬師如来立像の左手の掌に和同開珎・万年通宝・隆平永宝の三枚が埋め込まれたものがあり、平安初期の造立当初に埋納された銭貨であろうといわれる[(23)]。川原寺の場合も、平安初期に新たに塑像を製作した際に、銭貨を埋め込んだ可能性が高い。弘仁年間から承和年間にかけては、川原寺が伊予親王を慰霊する寺院としての性格を強めた時期である。塑像に埋め込まれた銭貨の存在は、川原寺において行われた伊予親王慰霊の法会との関係を思わせるものであり、今後はそうした観点からの追究が必要であろう。

五　川原寺の焼亡時期

『玉葉』建久二年（一一九一）五月二日条には「東寺末寺川原寺焼失事」とあり、この少し前に川原寺が焼亡したことがわかる。また、江戸時代初期の「午年諸寺参詣記」は「八十年已前マデハ堂在也、雷火ニテ焼之由申也」と述べ、室町時代末期に川原寺が焼亡したことを伝えている[(24)]。一九五七～五八年の発掘調査では、検出された焼土層によって、この二度の伽藍焼亡を確認している[(25)]。ところが、一九七四年に川原寺裏山遺跡が発掘され、創建時の塼仏・塑像などの断片が火災を被った状態で、平安前期の銭貨などとともに出土するに及んで、川原寺の最初の焼亡は平安前期にさかのぼる可能性が浮上することになった。

網干善教氏は、延久二年（一〇七〇）三月十一日付の「近江国弘福寺領荘田注進」（『平安遺文』三巻、一〇四四号）が、所領関係の本公験等は「寺家焼亡の剋、焼失すでに畢んぬ」と記すことを理由に、延久二年以前にも川原寺に火災があったことを指摘した[26]。岸俊男氏はさらに次のような理由から、川原寺の焼亡時期を貞観元年（八五九）から同十七年（八七五）頃までの間に限定した[27]。

㋐　元慶年間（八七七〜八八五）に弘福寺別当となった東大寺僧聖宝が、川原寺の丈六檀像十一面観音像を造ったと伝えられている。

㋑　川原寺裏山遺跡から火災にあった痕跡をもつ塼仏・塑像などが出土したが、これらとともに富寿神宝（弘仁九年〔八一八〕鋳造）・承和昌宝（承和二年〔八三五〕鋳造）などの皇朝銭が出土している。

㋒　貞観元年ころには川原寺で最勝会・維摩会の竪議が行われていた可能性があるのに対し、同十七年に空海の弟子真然が弘福寺検校となり、それを契機に川原寺が東寺末寺となったらしい。

岸氏の指摘のうち㋑は承認しうるが、㋐と㋒には疑問がある。まず、㋐の聖宝が弘福寺の丈六檀像十一面観音像を造ったことは、聖宝の伝記である『聖宝僧正伝[28]』に、

僧正城都周遊、南北両都之間所作、於弘福寺造丈六檀像十一面観音像、於普明寺造八尺四大天王像、并書写大部大乗経等、即供大会、此日、太上法皇行幸、（下略）

とあることから明らかであるが、その造像年代は聖宝が弘福寺別当となった元慶年間のこととは断言できない。聖宝は元慶□（三）年（八七九）二月二十五日に弘福寺別当に補され、元慶七年（八八三）三月四日に重ねて弘福寺別当に補された。その後、寛平□（六）年（八九四）に至って聖宝は弘福寺検校に補されている（『平安遺文』巻九、三四五二・三四六一号、同巻一一、二六〇号[29]）。したがって、聖宝が弘福寺の丈六十一面観音像を造ったのは、検校となった寛平六年以降のことと考えることもできるのであり、福山敏男氏は、丈六十一面観音像の造像は聖宝が弘福寺検校となった寛平六年からその没した延喜九年（九〇九）までの間のことであろうかと述べている[30]。

先に掲げた聖宝の伝記では、弘福寺十一面観音像造像の次に、普明寺において八尺四天王像を造り、大部大乗経等を書写して大会に供したことを記すが、大会の日に太上法皇（宇多法皇）が行幸したという。普明寺は京都深草にあった寺で、(31)聖宝はここで示寂した。聖宝の伝記は晩年の造像から書き出している可能性が高く、弘福寺の十一面観音像も宇多が法皇となった昌泰二年（八九九）以降に造像されたと考えるのが穏当であろう。聖宝が諸寺の仏像を造立したことは著名であるが、それは聖宝一人の力ではなく、「木仏・絵像共に究め竟る」（『東寺長者補任』）と称された弟子会理（八五二～九三五）らの関与が想定されている。(32)聖宝の造像活動が会理らとの共同事業であったことを考えても、会理が二十歳代であった元慶年間に弘福寺の十一面観音像が造られたとは思えないのである。

次に、㋒の川原寺の東寺末寺化は承和初年にさかのぼる可能性がある。承和二年（八三五）三月十五日の日付をもつ空海の『御遺告』（『御遺告二十五箇条』）には、

一、弘福寺を以て真雅法師に属すべき縁起、第三

右の寺は、是れ飛鳥浄三原宮御宇天武天皇の御願なり。而るに天長聖主、勅を垂れ、永く常に東寺に加え、修治すべきの由畢んぬ。伏して惟れば、聖恩は是れ少僧が高野に通い詣るに依りて宿所に給う所のみ。

とあり、淳和天皇が空海が高野山に通う際の宿所として弘福寺を給い、永く東寺の末寺とすることを許したという。『御遺告』の同時代性には疑問があるとしても、『真雅僧正伝』には、承和二年に勅により真雅が弘福寺別当に任ぜられたことが明記されている。また、東寺の実恵が入唐僧真済・真然に託して唐の青龍寺に空海の死を知らせようとした承和三年（八三六）五月五日付の書状（『弘法大師御伝』下など所引）にも「弘福の真雅」の名がみえる。真雅が承和二年に弘福寺を領していたことは事実と認められよう。(33)

したがって、川原寺は承和二年以前に空海に委ねられ、東寺の影響下に入っていた可能性が高い。前述のように、

淳和天皇は天長四年（八二七）に空海らに命じて橘寺と川原寺で伊予親王を慰霊させているが、これが契機となって川原寺に空海の影響が及ぶようになったのであろう。空海が高野山に隠棲するのは天長九年（八三二）のことであるから、この前後に川原寺は空海に委嘱されたものと思われる。その後、弘福寺の別当・検校は空海・真雅の弟子・孫弟子にあたる真然・寿長・聖宝・観賢に継承されていった(34)。

このように川原寺の東寺末寺化が承和初年にさかのぼるとすると、東寺末寺化を根拠に川原寺の焼亡を貞観年間に求めた岸説には再考が必要となろう。松木裕美氏は、川原寺の焼亡を貞観年間までさかのぼらせることに疑問を呈し、その時期はやや下ると考えている(35)。また山内紀嗣氏によると、川原寺裏山遺跡から出土した土器類は、西暦九〇〇年を前後した時期の特徴を有しているという(36)。聖宝が寛平六年（八九四）に弘福寺検校となり、宇多上皇が落飾して法皇となった昌泰二年（八九九）以降に弘福寺の十一面観音像を再興したとすると、この年代も出土土器の年代観と一致する。川原寺の最初の焼亡は聖宝の没年に近い九〇〇年前後と考えておくのが穏当であろう。

六　川原寺の伽藍配置と安置仏像

筑紫観世音寺の創建時における伽藍配置と安置仏像は延喜五年（九〇五）十月一日付の「筑前国観世音寺資財帳」（『平安遺文』巻一、一九四号）からうかがうことができる。また、その伽藍配置は筑紫観世音寺所蔵の「観世音寺絵図」に描かれている。この絵図は大永六年（一五二六）に古図を写したものであるが、「延喜資財帳」の内容と一致することが多く、平安時代を下らない頃の寺観を示していると考えられている(37)。川原寺の伽藍配置と安置仏像を考える際には、筑紫観世音寺の伽藍配置と安置仏像が大きな手がかりを与えることであろう。

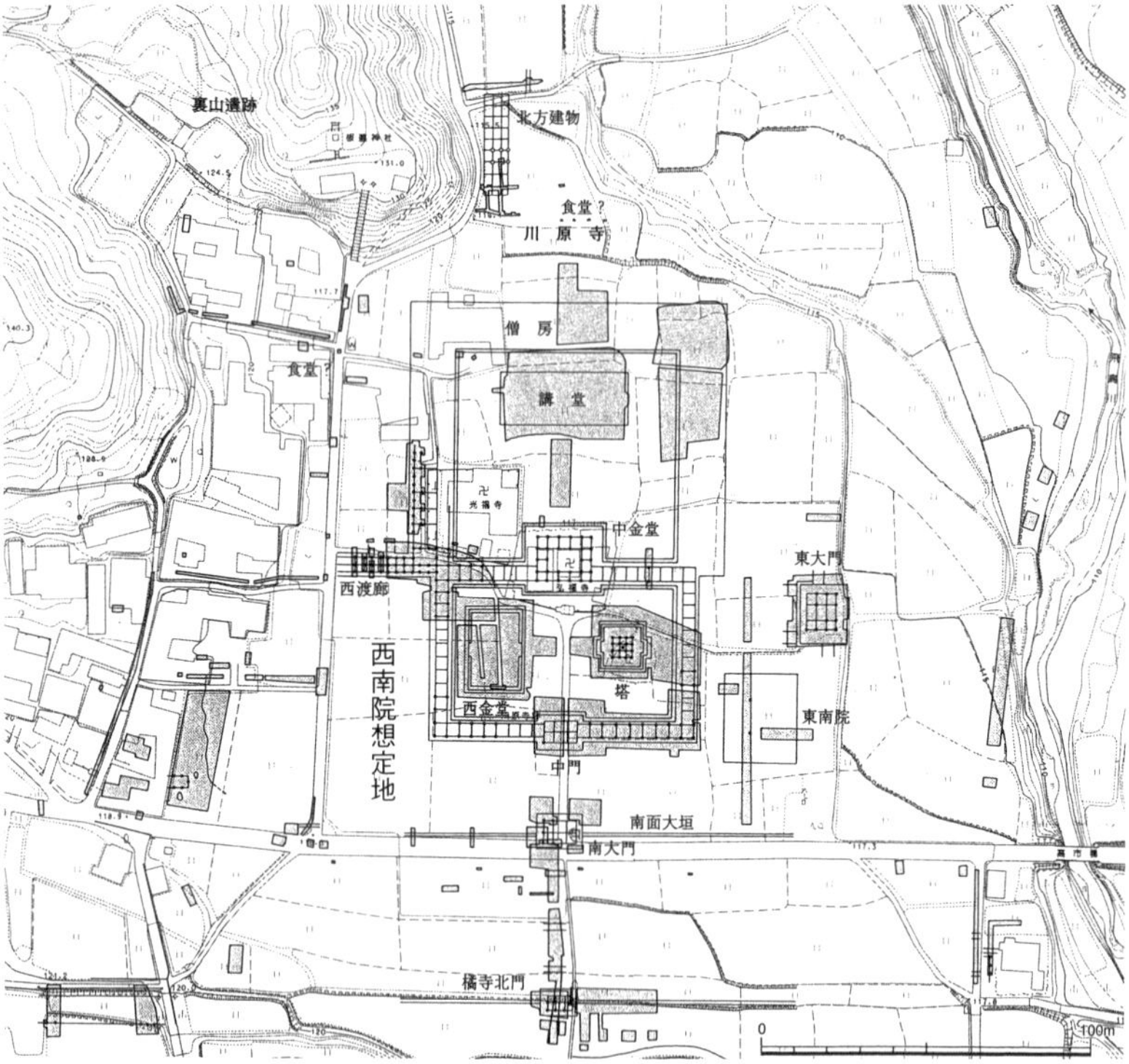

図 10　川原寺発掘調査位置図（奈良文化財研究所『川原寺寺域北限の調査』より転載）

1　伽藍配置

福山敏男氏の想定案や、一九五七〜五八年の発掘調査の結果により、川原寺の伽藍配置は次のように復原されている。

・中金堂の前庭に塔と西金堂を対置する。西金堂は東面する。
・伽藍中軸線上に南から南大門・中門・中金堂・講堂を配する。
・回廊は中金堂と中門に取り付く。
・講堂の周囲を三面僧坊が取り囲む。
・回廊の西北隅に複廊の渡廊が付属する。

回廊の西北隅に複廊の渡廊が付属することは、寺域の西南隅に西南院が存在することを予想させるものである[38]。

その後、一九七三年の発掘調査では、

寺域の東南隅において九世紀中頃以前に造営された基壇建物が確認され、東南院の主要建物と推定された[39]。一九九五～九六年の西南院想定地の調査では、顕著な遺構は確認されなかったが、東南院と対称の位置には西南院が想定されると指摘されている[40]。

一方、筑紫観世音寺の伽藍配置は、「延喜資財帳」や「観世音寺絵図」の記載などから、次のように復原されている[41]。

・塔を東に、金堂を西に配す。
金堂は東面する。
・伽藍中軸線上に、南から南大門・中門・講堂を配置する。
・回廊は講堂と中門に取り付く。

図 11　観世音寺絵図トレース図（岩鼻通明「大宰府観世音寺絵図考」『月刊百科』325 より転載）

・外郭の築垣が南大門に取り付く。
・築垣内の東南隅と西南隅には、菩提院と戒壇院が対称的に配置される。
筑紫観世音寺の伽藍配置は川原寺のそれを簡略化したものである。したがって、観世音寺に存在する堂や院は川原寺にも存在した可能性がある。前述のように、これまでの発掘調査では、川原寺に東南院が存在したことが確認されており、西南院があったことも推定されている。筑紫観世音寺とほぼ同様の位置に、川原寺の東南院と西南院が存在したとみてほぼ誤りないであろう。

文安五年（一四四八）成立の『太子伝玉林抄』巻二一には、

或記云、定恵和尚ハ吾朝ノ御住ノ寺ハ、橘寺ノ北ノ河原寺《弘福寺トモ云》之内、西南院ニ御住。東南院ニハ弘法大師御住也。今ハ西南院ハ無之、東南院ハ在之。

とあり、河原寺の西南院に定恵が住し、東南院に空海が住したことを伝える。川原寺に東南院・西南院の二別院があったと伝えられていることは注目される。(42)前述したような空海と川原寺との深い関係を考慮すると、川原寺の東南院に（おそらく高野山への往還時に）空海が住したという所伝は信憑性が高い。川原寺の東南院で検出された九世紀中頃以前造営の基壇建物は、空海が住した建物であるとみて問題あるまい。

これと同様に、西南院に定恵が住したという伝承についても、これを否定する必要はないものと思われる。回廊西北隅に位置する複廊の渡廊の存在からみて、川原寺の西南院が重要な建物であったろうことはすでに想定されている。(43)

藤原鎌足の長子である定恵（貞慧）は、白雉四年（六五三）五月、道昭らとともに遣唐学問僧として入唐し、乙丑年（天智四年〔六六五〕）九月に唐使劉徳高らの船に乗って帰国した（『日本書紀』白雉四年五月条、同五年二月条所引伊吉博徳書、天智四年九月条）。『藤氏家伝』貞慧伝によると、貞慧は白鳳五年甲寅（六五四）に聘唐使に随って長安に到り、懐徳坊の慧日道場に住して、神泰法師を和上とした。日夜怠らず、師に従いて遊学すること十有余年、内経・外典に通じ、白鳳十六年乙丑（六六五）、百済（百済故地の熊津都督府）をへて帰京したが、その年の十二月二十三日に大原の第に二三歳で没したという(44)。

懐徳坊は長安における皇城の西第三街（朱雀門街の西第五街）、北より第六列に位置する坊で、東は西市、西は城壁に接し、坊内に弁財寺と慧日寺があった。慧日寺は富商張通が開皇六年（五八六）に邸宅を寄捨して建立した寺院で、寺内には貞観三年（六二九）に沙門道説が建てた九層の塔があった。慧日寺の寺主玄楷は道因（五八七〜六五八年）を招いて、寺内で講座を開かせたが、道因はかつて玄奘の訳場で證義をつとめ、涅槃・華厳・維摩・法華経などに通じた大家であった(45)。道因は慧日寺で示寂したので、定恵が教えを受けた可能性もある。

神泰法師も貞観十九年（六四五）、長安の弘福寺で行われた玄奘の訳経事業に證義として参加し、顕慶二年（六五七）には西明寺建立に際して寺主となった人物である(46)。定恵の師であった神泰が玄奘の訳経を補佐した学僧で、慧日寺で講座を開いた道因も同様の経歴をもっていたことは興味深い。玄奘将来経の訳出という初唐仏教界の最新動向と深く関わる環境のなかで、定恵は留学修行の成果をあげたことが想像されよう。帰国後に定恵が住した川原寺において、天武二年（六七三）に日本最初の一切経書写が行われ(47)、その寺がのちに弘福寺と呼ばれるようになるのは、一種の因縁めいたものを感じるのである。

定恵が帰国後に河原寺の西南院に住んだという所伝を信じると、川原寺の伽藍は天智四年にはかなり整えられていたとみることができる。定恵とともに入唐した道昭が、帰国後に飛鳥寺の東南に東南禅院を建てて住んだことを想起すると、飛鳥寺と並ぶ高い格式をもつ川原寺の西南院に定恵が住したとしても不思議はないだろう。

2　仏　像

平安中期成立の護国寺本『諸寺縁起集』の河原寺条には、

河原寺又云弘福寺

金堂、中尊十一面丈六化人作、　又有二三重塔、八大明王一、又東薬師像并十二神将、此寺者弘法大師旧跡、後移二高野寺辺一云々、

とあり（『諸寺建立次第』もほぼ同じ）、河原寺（川原寺）の金堂には中尊の十一面丈六像、三重塔には八大明王があり、また東に薬師仏と十二神将が安置されていたという。これらは平安中期以降の川原寺の安置仏を書いたものである。川原寺が平安前期に東寺の末寺になったとすると、密教の影響により、安置仏に変化があったことを想定する必要があろう。金堂中尊の十一面丈六像とは、聖空作の丈六檀像十一面観音像をさすとみられる。ここにいう金堂は中金堂で、本来の観音像が失われたため、十一面観音像が新造されたのであろう。三重塔は五重塔の焼亡後に再建されたもので、三重塔の八大明王は密教化にともなう安置仏とみられる。東にあったという薬師仏と十二神将は東南院の安置仏と思われるが、東南院は空海の居所であったから、これらも平安初期以降の造像であろう。平安初期に薬師経や薬師仏の信仰が高揚したことは前述した通りであり、東寺の金堂には桃山時代再興の薬師三尊像と本尊台座に配置された十二神将像がある。

松木裕美氏は川原寺裏山遺跡の出土遺物をも勘案して、川原寺諸堂の安置仏像を考察し、次のような復原案を提示した[48]。

〔西金堂〕主尊は聖観世音菩薩像で、これを中心に多数の菩薩像が囲繞する観音浄土変相図が、立体塑像群により表現されていた。

〔中金堂〕主尊は薬師三尊と十二神将で、それを仏菩薩天が囲繞する薬師仏浄土変相図が、塑像と緑釉塼で立体的に表現されていた。

〔講堂〕主尊は聖宝の造立した丈六檀像十一面観音で（以前に塑像の十一面観音像があったか）、四隅に塑像の等身大四天王像を配す。

松木氏は川原寺の金堂には薬師仏が安置されていたとする別稿での結論[49]を踏まえて、このような復原案を提示するが、別稿での結論は根拠薄弱であり、古代川原寺の本尊が薬師仏であったことを示す確たる証拠はない[50]。また、西金堂の主尊が聖観世音菩薩像であったとする理由も不明確である。さらに、護国寺本『諸寺縁起集』などでは、十一面観音像は金堂（中金堂）の中尊とされているのに、これを講堂に配するのは疑問である。

前述したように、私は両寺の共通する性格からみて、川原寺創建時の安置仏像を考える際には、筑紫観世音寺の様相を参照することが有効であると思う。「延喜資財帳」によると、創建時の筑紫観世音寺の金堂と講堂には以下のような仏像が安置されていた。観世音寺の金堂と講堂は、川原寺の西金堂と中金堂に相当する。

〔金堂〕阿弥陀丈六仏像　一軀　銅鋳　貞観三年小破
　　脇士菩薩像　各一軀　貞観三年小破
　四天王像　四軀　貞観三年中破　八年全
〔講堂〕観世音菩薩像　一軀　貞観三年大破
　聖僧像　一字　貞観三年中破　八年全

これらのうち、金堂の阿弥陀丈六仏像は「銅鋳」と明記されているので、金銅像であったことがわかるが、それ以外の諸像の多くは塑像であったと考えられる[51]。一九一四年の修理時に現存する十一面八臂の不空羂索観音像の胎内か

図11　筑紫観世音寺の丈六塑像断片
髪（上），鼻（中左），耳（中右），口唇（下）

ら観音頭部（髪際・耳・鼻・口唇）の塑像破片六点と塑像木心が発見され、一九二五年に旧境内から四天王像を含む塑像の破片六点が発見されたが、これらは創建時の塑像の断片で、天平初期を下らぬ遺品と位置づけられている。[52]塑像の多くは貞観三年（八六一）の段階で、すでに「小破」「中破」「大破」の状態にあり、金堂の脇士左菩薩は「右方額耳之間」の「宝冠」がなく、講堂の聖僧像も「左方手」などがなかったという。大きな火災がなかったとしても、大風や地震の影響で塑像は破損が進み、その一部を欠落することがあったのである。

このように創建時の筑紫観世音寺は塑像を中心とする寺院であったが、川原寺裏山遺跡からは多数の塑像片が出土したため、川原寺も塑像を中心とする寺院であったと考えられている。[53]この点からも観世音寺の様相は川原寺の様相を復原する際に重要であり、かりに観世音寺と同様であったとすると、川原寺の安置仏は次のようになる。

〔西金堂〕阿弥陀丈六仏像、脇士菩薩像、四天王像

〔中金堂〕観世音菩薩像、聖僧像

川原寺裏山遺跡からは、大形独尊塼仏・方形三尊塼仏・緑釉波文塼のほか、丈六仏像・武芸天像・塔本塑像の断片

図 13　川原寺裏山遺跡出土の方形三尊塼仏（上，明日香村教育委員会所蔵）と，方形三尊塼仏背面の篦書（左下「釋，勒」，右下「阿弥陀」，関西大学文学部考古学研究室所蔵）

図 14　川原寺裏山遺跡出土の緑釉波文塼（関西大学文学部考古学研究室所蔵）

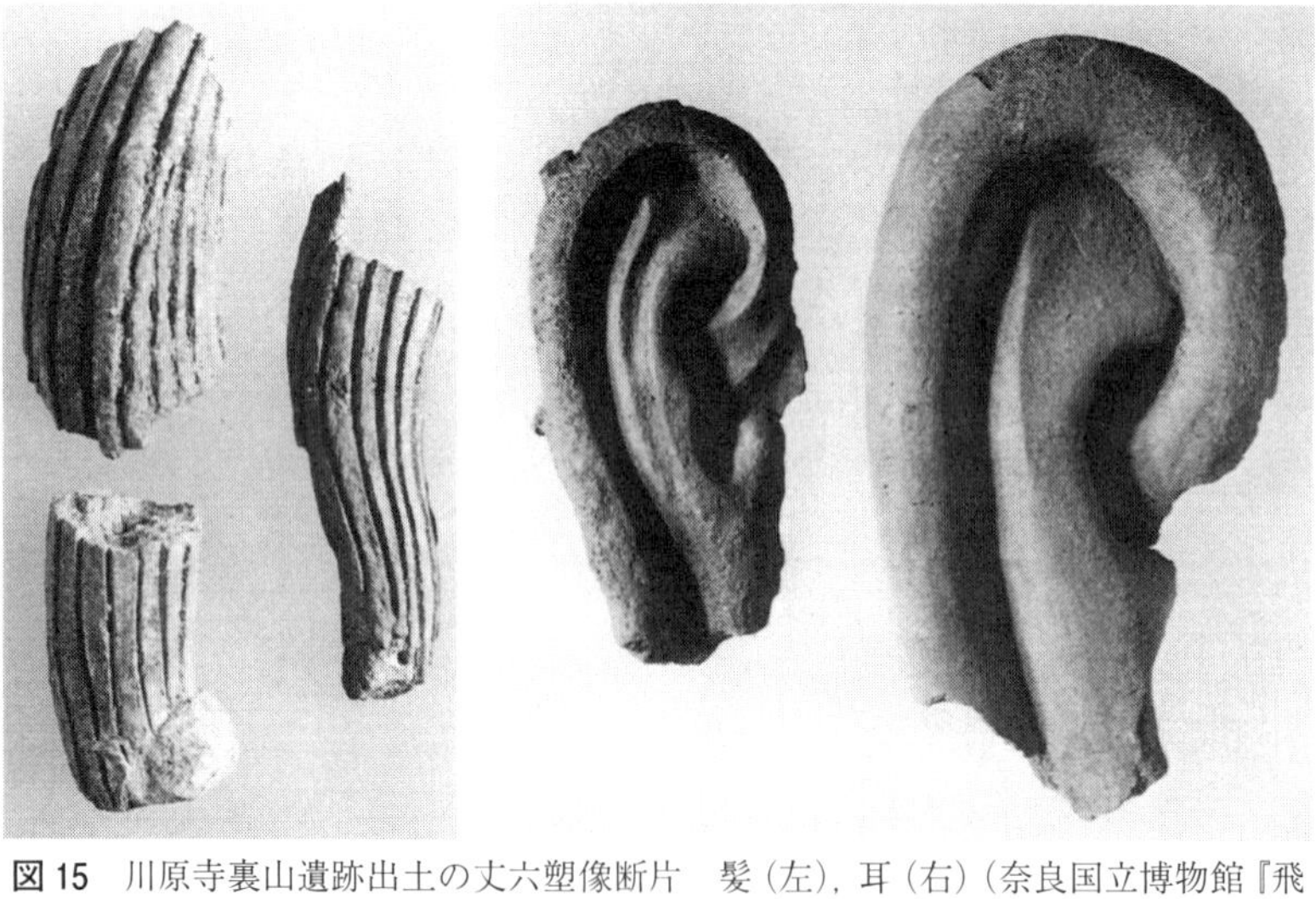

図 15　川原寺裏山遺跡出土の丈六塑像断片　髪（左），耳（右）（奈良国立博物館『飛鳥の塼仏と塑像』より転載）

が多数出土している。このうち丈六仏像の断片には耳・指先のほか、毛筋を刻んだ髪部、着衣の衣文があり、岡寺の如意輪観音像に匹敵するような丈六の菩薩形像であった可能性が指摘されている。[54]これらの断片を筑紫観世音寺の塑像と対照すると、丈六仏像は中金堂の観世音菩薩像、武芸天像は西金堂の四天王像に比定できる可能性が高い。また、塔本塑像は五重塔に置かれていたものであろう。以上のように考えて大過ないとすると、出土した塑像は川原寺の西金堂・中金堂・塔などから出たものを集めたということができる。

筑紫観世音寺に現存する木造不空羂索観音像は、像高五・一七メートルの巨像で、頭上の髻頂に仏面、髻の周りに十面を戴く十一面三目八臂の立像である。像内の墨書銘および像内に納められた心木の墨書銘には、本尊の埝像（塑像）不空羂索が承久三年（一二二一）七月十二日夜に顛倒し、打ち砕かれたため、貞応元年（一二二二）八月十四日に木造丈六立像が新造され、心木と破砕された塑像断片を像内に納めたことが記されていた。承久三年に顛倒した塑像の不空羂索観音像は、「延喜資財帳」にみえる講堂の「観世音菩薩像」に相当すると考えられるので、[55]創建時の筑紫観世音寺講堂の本尊は塑像の観世音菩薩像で、それは不空羂索観音像であったことが判明するのである。

筑紫観世音寺に現存する貞応再興の不空羂索観音像（木造）は十一面三目八臂の姿をしているが、十一面である点以外は、東大寺法華堂の不空羂索観音像（乾漆像）と類似することから、再興像は創建当初の不空羂索観音像の像容を忠実に継承していると考えられている。[56]一方、平安中期に川原寺の金堂（中金堂）に安置されていた十一面丈六像は、聖宝が再興した丈六檀像十一面観音像に相当するが、筑紫観世音寺と川原寺の共通する性格からみると、川原寺中金堂の創建時の本尊も丈六十一面観音像であり、それは塑像の十一面不空羂索観音像であった可能性が高いと思う。川原寺裏山遺跡から観音像の髪部や衣文の断片と推測される丈六塑像片が出土していることは前述の通りである。この丈六塑像片こそ中金堂の本尊である不空羂索観音像の一部と考えられるのではないか。

図 16　筑紫観世音寺の木造不空羅索観音立像（井形進「観世音寺の木造不空羅索観音立像」『九州歴史資料館研究論集』32 より転載）

久保智康氏によると、川原寺裏山遺跡から出土した大量の金属製荘厳具のなかに、四弁花形金具があるが、これは東大寺法華堂の不空羂索観音像の宝冠に貼り付けてある六弁花形金具と酷似するという[57]。川原寺中金堂の本尊が筑紫観世音寺講堂の本尊と同様の不空羂索観音像であり、観世音寺講堂の本尊が東大寺法華堂の不空羂索観音像と類似の像であったとすると、川原寺裏山遺跡から出土したこの四弁花形金具は、川原寺の中金堂本尊の宝冠の一部であった可能性が高いのである。

阿弥陀仏と不空羂索との組みあわせについては、錦織亮介氏による次の指摘が示唆的である[58]。不空羂索は阿弥陀の補処である観世音菩薩の変相で、観世音菩薩とは同一尊であると考えられる。『神変真言経』巻二には不空羂索の真言を唱えれば、夢に阿弥陀を見、死後に西方浄土に往生するとされた（『大正新修大蔵経』巻二〇、一三七頁上）。筑紫観世音寺では、金堂に阿弥陀三尊像が安置されることで、斉明天皇追福の寺という意味をあらわし、阿弥陀の補処としての不空羂索観音像を講堂に配することで、鎮護国家の意味をもたせたのであるという。

こうした仏教教義からみると、筑紫観世音寺と共通点の多い川原寺においても、阿弥陀三尊像と不空羂索観音像との組みあわせが採用されていた可能性が高い。前述のように、川原寺の西金堂と筑紫観世音寺の金堂はともに東面していたとされるが、田村圓澄氏によると、極楽浄土は西方にあり、阿弥陀仏は東を向いて説法を続けたから、観世音寺の金堂が異例の東向きであるのは、阿弥陀仏像を中尊にすえたからであろうという[59]。筑紫観世音寺においては近年まで、東面した金堂内の西側の壁を背に阿弥陀如来坐像が座していた[60]。以上のような点からみて、川原寺の西金堂には丈六阿弥陀三尊像、中金堂には丈六十一面不空羂索観音像が安置されていたと考えられる。

七　塼仏・緑釉波文塼と浄土変相図

川原寺裏山遺跡からは、大形独尊塼仏・方形三尊塼仏Ａ・緑釉波文塼などが出土した。その後、二〇〇五年の奈良文化財研究所による飛鳥藤原第一三三―一二次調査では、中金堂北西の経楼もしくは鐘楼の想定地から、小型独尊塼仏・方形三尊塼仏Ａ・方形三尊塼仏Ｂ・火頭形三尊塼仏などが出土している。(61) 塼仏は隋唐代の諸寺で堂塔内壁を飾るために用いられたもので、日本でも橘寺・山田寺・南法華寺・夏見廃寺などの白鳳寺院から出土している。(62) 裏山出土の大形独尊塼仏や方形三尊塼仏も、川原寺堂塔の壁面にはめ込んで使用されたものであろう。(63) また、緑釉波文塼は仏堂の須弥檀上面に敷き詰めて、蓮池を表現するものであると考えられている。(64)

一方で、敦煌の莫高窟にみられる種々の浄土変相図は、法隆寺金堂壁画との関係で注目されてきた。変相図とは仏経中の説話を図画あるいは立体で表したもので、敦煌莫高窟三三二号窟の阿弥陀浄土変相図のような初現期の変相図が法隆寺壁画に影響したといわれる。(65) また松木裕美氏は、敦煌莫高窟第三九〇窟にみられる大パネルを中心に小パネルの三尊仏を並べた北壁壁画と西壁の塑像との組みあわせ、同じく第三二九窟南壁の阿弥陀浄土変相図のような、仏菩薩・諸天が平台の上に乗り、それを小さな菩薩・天が囲繞する構図などに注目し、川原寺の堂宇においても丈六塑像仏・菩薩塑像および三尊塼仏による立体的な浄土変相図が実現されていたことを想定した。(66) 川原寺裏山遺跡で出土した塼仏と塑像片・緑釉波文塼片などで構成された仏堂空間を、仏教思想にもとづいて統一的に復原する案であるということができよう。

同様に薗田香融氏は、東大寺の阿弥陀悔過院の所在地とされる二月堂の仏餉屋付近から、二彩釉波文塼や緑釉波文塼が出土していることに注目した[67]。正倉院文書によると、阿弥陀悔過院内には高さ約四・八メートルの大型の八角宝殿（厨子）を安置し、阿弥陀浄土変一鋪が設けられた。八角の天蓋を頂き、基壇上階には瑠璃地を敷き詰め、その基壇の上にいずれも塑像の阿弥陀三尊像と普聲菩薩像一〇軀、羅漢像二軀を安置したものである。阿弥陀悔過院において立体的に表現された仏殿荘厳を平面的に描きなおすと、川原寺裏山出土の三尊塼仏と同じになると、薗田氏は論じている。阿弥陀悔過院内の八角宝殿は浄土変相図と八角形との関係を示唆して興味深い。

松木氏と薗田氏の指摘を統合的に考えると、川原寺裏山遺跡出土の大形独尊塼仏・方形三尊塼仏・緑釉波文塼などは、壁面装飾と塑像安置および須弥壇構築などの諸面で、阿弥陀浄土変相図を構成するための部材であったということができる。ただし、松木氏が指摘するように、敦煌壁画では阿弥陀浄土変相図だけではなく、弥勒・釈迦・薬師など諸仏の浄土変相図が描かれていた。莫高窟の第五七窟では西壁に龕を開いて一仏二弟子二菩薩の塑像、第三二二窟では西壁の龕に一仏二弟子二菩薩二天王の塑像を立て、いずれも南北壁の千仏で囲まれた中央区画中に、北壁には阿弥陀浄土図、南壁では弥勒浄土図を描く[68]。日本の法隆寺でも金堂の外陣周壁には、釈迦・阿弥陀・弥勒・薬師の四方の浄土変相図が描かれている。川原寺においてもこうした諸仏の浄土変相図が存在した可能性はないのであろうか。

ここで想起されるのは、川原寺裏山遺跡から出土した方形三尊塼仏の背面に「阿弥陀」「釋、勒」（釈迦、弥勒）などの篦書が存在することである。篦書の仏名が異なっても、表面の三尊塼仏の像容と印相は同じなので[69]、「阿弥陀」などの記載は塼仏の尊像名を表示するものでない。とすると、これは塼仏が飾る壁面が阿弥陀浄土変相図あるいは釈迦浄土変相図などであったことを示す記載なのではないか。法隆寺金堂壁画と同じように、川原寺の金堂内に三尊塼仏によって、四方の浄土変相図が表現されていたと考えるのである。三尊塼仏の像容がいずれも同じであるとすると、中央に配する大形独尊塼仏の種類によって、四方の浄土変相図を区別したのであろう。あるいは壁面の前に塑像を配することで、各変相図を完成させたのかもしれない。

法隆寺金堂の場合を参考にすると、そうした四方の浄土変相図で壁面が荘厳されたのは、塔と対置される川原寺の西金堂であった可能性が高い。前述したように、川原寺の西金堂の主尊は阿弥陀三尊像と四天王像であったと推測されるので、西金堂の主題は阿弥陀浄土の再現であったと思われるが、法隆寺金堂壁画と同様に、堂内の壁面には塼仏などで四方の浄土図が完備されていたと想定される。それは斉明天皇の追福のために造営された川原寺にふさわしい仏堂空間を構成するものであったといえよう。

おわりに

以上に述べてきたことをまとめると、次のようになる。

一、川原寺の創建時期と創建事情については、福山敏男説を支持し、天智天皇が斉明天皇の冥福を祈るため、斉明の川原宮を捨てて、天智朝初年頃に創建したと考える。

二、斉明天皇は六六一年に筑紫の朝倉宮で没したが、朝倉宮を捨てて寺としたのが筑紫観世音寺であったと推定する。両寺は同時期に同様の事情から創建されているので、川原寺の伽藍配置や安置仏像を考える際には、観世音寺のそれを参照するのが有効である。

三、川原寺は天武・持統・文武の時代には大寺として重んぜられたが、平城京に移転しなかったこともあって、平城遷都後はその地位を低下させた。

四、皇統が天智系に代わった光仁朝以降、川原寺は大寺の地位を回復し、国忌を営む重要寺院となった。八〇七年に伊予親王母子が川原寺に幽閉されて憤死すると、その後は伊予母子を慰霊する寺院としての性格を強め、承和二年（八三五）までに空海や東寺の大きな影響下に入ることになる。

五、川原寺は一一九一年と室町末期の二度焼亡したことが史料的に確認できるが、川原寺裏山遺跡の出土品によって平安前期にも火災のあったことが推定された。その時期については、貞観年間に限定する意見もあるが、その根拠となった聖宝が十一面観音像を造った時期や東寺末寺化の時期については疑問があり、出土土器の年代観からみても、十世紀初頭頃と考えるのが穏当であろう。

六、筑紫観世音寺の伽藍配置を参照すると、創建時の川原寺にも西南院と東南院が存在したと考えられ、この両院は近年までの発掘調査によって存在が確認もしくは推定されている。西南院には定恵が天智四年（六六五）に住し、東南院には空海が承和二年（八三五）以前に一時住したとみられる。

七、筑紫観世音寺の安置仏像を参照すると、創建時の川原寺の西金堂には阿弥陀三尊像と四天王像、中金堂には観世音菩薩像と聖僧像が安置されていた可能性が高く、その多くは塑像であったと思われる。その後、川原寺の密教化にともない、塔内に八大明王像などが安置され、創建仏の焼亡後に、中金堂に聖宝作の十一面丈六観音菩薩像が安置された。筑紫観世音寺講堂の本尊仏が不空羂索観音像であったこと、川原寺裏山遺跡から観音と思われる塑像髪部の断片が出土したこと、同所から東大寺法華堂の不空羂索観音像の宝冠金具に類似する金具が出土したことなどからみて、川原寺中金堂の本尊も十一面の不空羂索観音像であったと推定できる。

八、川原寺裏山遺跡から出土した塑像・塼仏・緑釉塼などは、堂内の壁面装飾や須弥壇上面に用いられたといわれる。敦煌莫高窟にみられる初唐の壁画や塑像を参照すると、川原寺においても塑像と塼仏・緑釉塼などによって、浄土世界を立体的に表現する空間が造られていたことが想定できる。三尊塼仏背面に「阿弥陀」「釋」「勒」などの箆書きがあるのは、法隆寺金堂壁画と同じように、西金堂内に阿弥陀・釈迦・弥勒・薬師の四方の浄土変相図が塼仏と塑像によって表現されていたことを示すであろう。

川原寺は天智朝の創建以来、勅願寺として発展したが、平城遷都や平安遷都を機に、地位の低下と上昇を経験し、その度に寺院の性格にも変化がみられたが、一貫して飛鳥の地にあって、創建時の偉容を誇っていた。平城京に移転しなかったことが逆に幸いして、創建の地において、川原寺の大伽藍と丈六塑像をはじめとする安置仏像が平安前期まで保たれることになる。

創建伽藍と安置仏像は十世紀初頭に焼亡したと考えられるが、焼損した塑像・塼仏・緑釉塼などは川原寺の裏山に埋納された。埋納された遺物は全体の一部といわれるが、伝存することが希有な飛鳥時代後期の塑像・塼仏・緑釉塼などを伝え、安置仏像や堂内装飾の実際をうかがわせる貴重な手がかりを提供している。

こうした出土遺物については、これまでにもさまざまな方面から検討が加えられ、創建伽藍の様相と堂内装飾の実際を復原する努力が重ねられてきたが、主要伽藍の安置仏像や堂内装飾の詳細に関しては、いまだに共通認識が形作られるまでには至っていない。一五〇〇点以上の夥しい量にのぼる金属製品などの分析も緒についたばかりであり、さらに研究を深めることで、川原寺の実態がより明らかにされることであろう。

本章は川原寺裏山遺跡出土遺物に再検討を加えるため、文献史料を中心にしてこれまでの議論を追いながら、川原寺の歴史を考察したものである。従来は別々に検討されてきた川原寺と筑紫観世音寺の伽藍配置や安置仏像については、本章で試みたような視点から、今後さらに密接に関係するものとして分析を進める必要があろう。本章で提示した結論が川原寺の古代史を復原するための一助となれば幸いである。

注

（1）福山敏男「川原寺」（『奈良朝寺院の研究』綜芸社、一九七八年）。
（2）奈良国立文化財研究所『川原寺発掘調査報告』（一九六〇年）三一～三三頁。
（3）中野高行「天智朝創建寺院と正史」（『続日本紀研究』三九一、二〇一一年）。
（4）松木裕美「川原寺の創立」（林陸朗・鈴木靖民編『日本古代の国家と祭儀』雄山閣出版、一九九六年）三六八～三六九頁。
（5）保井芳太郎『大和上代寺院志』（大和史学会、一九三二年）四四頁、大井重二郎『飛鳥古京』（立命館出版部、一九四三年）二〇五頁。
（6）前掲松木注（4）論文三六九頁。
（7）井上正「塑像片について」（『研究発表と座談会　川原寺裏山遺跡出土品について』仏教美術研究上野記念財団助成研究会報告書、一九七七年）八頁。
（8）前掲福山注（1）論文九二頁。
（9）赤司善彦「朝倉橘広庭宮推定地の伝承について」（『東風西声』五、二〇〇九年）、同「筑紫の古代山城と大宰府の成立について」（『古代文化』六一―Ⅳ、二〇一〇年）。
（10）福山敏男「観世音寺研究（一）」（『建築学研究』三、一九二七年）七六～七七頁。
（11）大脇潔「川原寺」（『飛鳥の寺』保育社、一九八九年）一〇七頁、前掲松木注（4）論文三七〇頁。
（12）前掲福山注（1）論文九二頁。
（13）直木孝次郎「小治田と小治田宮の位置」（『飛鳥　その光と影』吉川弘文館、一九九〇年）二一三～二一四頁、吉川真司「小治田寺・大后寺の基礎的考察」（『国立歴史民俗博物館研究報告』一七九、二〇一三年）三一九頁。
（14）風間亜紀子「高市大寺関係史料の再検討」（『川内古代史論集』七、二〇一〇年）。
（15）小野勝年『中国隋唐長安・寺院史料集成』解説篇（法蔵館、一九八九年）一二九～一三六頁。
（16）前掲松木注（4）論文三七四頁。

(17) 西本昌弘「『官曹事類』『弘仁式』『貞観式』などの新出逸文」（『日本古代の年中行事書と新史料』吉川弘文館、二〇一二年）九〇頁。
(18) 竹内亮「川原寺の沿革」（奈良文化財研究所『川原寺寺域北限の調査』二〇〇四年）六頁。
(19) 櫻木潤「嵯峨・淳和朝の『御霊』慰撫」（『仏教史学研究』四七、二〇〇五年）。
(20) 菱田哲郎「宝菩提院廃寺と長岡寺」（向日市埋蔵文化財センター『宝菩提院廃寺湯屋跡』二〇〇五年）。
(21) 前掲福山注（1）論文九九～一〇〇頁、竹内亮注（18）論文六頁。
(22) 中野玄三『悔過の芸術』（法蔵館、一九八二年）一二一～一二五頁、西本昌弘「平安京野寺（常住寺）の諸問題」（『仁明朝史の研究』思文閣出版、二〇一一年）一一五～一一八頁。
(23) 井上正「薬師如来立像」（『南都六大寺大観』一三、唐招提寺二、岩波書店、一九七二年）二五頁。
(24) 前掲保井注（5）著書。
(25) 前掲奈良国立文化財研究所注（2）報告書。
(26) 網干善教「飛鳥川原寺裏山遺跡と出土遺物」（『仏教芸術』九九、一九七四年）一四～一五頁。
(27) 岸俊男「川原寺の創建と焼亡」（『宮都と木簡』吉川弘文館、一九七七年）。
(28) 『大日本史料』第一編之四、延喜九年七月六日条所引（七一～七五頁）。同様の記事は『醍醐根本僧正略伝』や群書類従本『聖宝僧正伝』にもみえるが、群書類従本では諸寺における造像のことは「或伝云」として引かれている。『醍醐根本僧正略伝』の全文については、佐和隆研「聖宝とその造像」（『日本の仏教美術』三麗社、一九八一年）を参照。
(29) 武内孝善「弘福寺別当攷」（皆川完一編『古代中世史料学研究』下、吉川弘文館、一九九八年）七〇～七五頁。
(30) 前掲福山注（1）論文一〇〇頁。
(31) 足立康「法隆寺講堂に関する諸問題」（『東洋美術』一八、一九三三年）二頁。
(32) 佐和隆研「聖宝とその造像」（『日本の仏教美術』三麗社、一九八一年）二七一～二七二頁、佐伯有清『聖宝』（吉川弘文館、一九九一年）一五九～一六二頁。

（33）前掲武内注（29）論文八五～八七頁。
（34）前掲武内注（29）論文。
（35）前掲松木注（4）論文三六二頁。
（36）右島和夫「川原寺裏山遺跡の調査成果（第一次）」（国際シンポジウム『飛鳥・川原寺裏山遺跡と東アジア』資料集、関西大学考古学研究室・国際シンポジウム実行委員会、二〇一二年）一二頁。
（37）高倉洋彰「筑紫観世音寺史考」（『大宰府古文化論叢』下、吉川弘文館、一九八三年）一〇九頁、岩鼻通明「大宰府観世音寺絵図考」（『月刊百科』三二五、一九八九年）。
（38）前掲奈良国立文化財研究所注（2）報告書二九頁。
（39）奈良国立文化財研究所「川原寺の調査」（『飛鳥・藤原宮発掘調査概報』四、一九七四年）、箱崎和久「川原寺の伽藍と既往の調査」（奈良文化財研究所『川原寺寺域北限の調査』二〇〇四年）一一頁。
（40）花谷浩「川原寺の調査―一九九五―一次・一九九六―一次、一九九六―二次―」（『奈良国立文化財研究所年報』一九九七―Ⅱ、一九九七年）。
（41）前掲高倉注（37）論文、小田富士雄「筑紫観世音寺の沿革」（角田文衛編『新修国分寺の研究』第六巻、総括、吉川弘文館、一九九六年）。
（42）前掲福山注（1）論文一〇六頁。
（43）前掲大脇注（11）論文一二三頁。
（44）定恵（貞慧）の渡唐、没年などについては、直木孝次郎「定恵の渡唐について」（『古代の窓』学生社、一九八二年）、横田健一「定恵和尚入滅年代について」（『日本歴史』二八〇、一九七一年）などを参照。
（45）以上、懐徳坊や慧日寺・道因については、小野勝年『中国隋唐長安・寺院史料集成』解説篇（法蔵館、一九八九年）一九七～一九八頁を参照した。
（46）松木裕美「中国における初期薬師信仰」（『東京女学館短期大学紀要』九、一九八七年）六頁、沖森卓也・佐藤信・矢嶋泉『藤氏家伝鎌足・貞慧・武智麻呂伝注釈と研究』（吉川弘文館、一九九九年）二六五頁。

（47）薗田香融「南都仏教における救済の論理（序説）―間写経研究序説―」（『日本宗教史研究』四、救済とその論理、法蔵館、一九七四年）一八頁。

（48）前掲松木注（4）論文三七三頁、三七九頁。

（49）松木裕美「薬師信仰の日本伝来について」（『栃木史学』五、一九九一年）二三～二五頁。

（50）川原寺の金堂に薬師仏が安置されていたとする松木氏の論拠は、①護国寺本『諸寺縁起集』などに「又東ニ有薬師仏并十二神将」とあること、②『日本書紀』朱鳥元年五月癸亥条に天武の病気平癒を祈って川原寺で薬師経を説かしめたこと、③江戸初期の「午年諸寺参詣記」に「西方ハ薬師堂ノ跡」とすること、の三点である。しかし、①は塔の「東」方に薬師仏があることを述べた記事なので、中金堂の本尊に関わるものではない。②は天武の病気平癒を祈る目的から薬師経を説いたもので、必ずしも川原寺の本尊が薬師仏であったことを示す記事ではない。『続日本紀』養老四年（七二〇）八月壬午条には、右大臣藤原不比等の病を救うため、都下の四八寺に一夜一日に薬師経を読ませたとあるが、この四八寺は平城京内の全寺院とみられるので、すべての寺院が薬師仏を本尊としていたとは考えにくいであろう。③は江戸時代の伝承であり、どこまで信をおけるか疑問である。かりに「西方ハ薬師堂ノ跡」という伝承を信じるとすると、薬師仏は西金堂の本尊であったことになるのに、薬師仏を中金堂の本尊とするのは便宜的な解釈である。以上から、松木氏の復原案には従うことができない。

（51）前掲小田注（41）論文二八二頁。

（52）倉田文作「観世音寺の彫刻」（『国華』八三二、一九六一年）二七六頁、錦織亮介「観世音寺と不空羂索観音菩薩」（『仏教芸術』一〇八、一九七六年）四〇～四一頁、猪川和子「筑紫観世音寺観世音菩薩像考」（『仏教芸術』一一〇、一九七六年）六五～六六頁、前掲小田注（41）論文二七九頁。

（53）前掲井上注（7）論文六～七頁。

（54）奈良国立博物館『飛鳥の塼仏と塑像―川原寺裏山出土品を中心として―』（一九七六年）九頁。前掲松木注（4）論文三六七頁も、丈六の塑像は観音菩薩像であったとみている。

（55）倉田文作注（52）論文二七七頁、錦織亮介注（52）論文四一頁。井形進「観世音寺の木造不空羂索観音立像」（『九州歴史資料館研究論集』三二、二〇〇七年）四三〜四四頁。
（56）西川新次「不空羂索観音像」（『国華』八三二、一九六一年）三二三頁、前掲錦織注（52）論文四八頁、前掲井形注（55）論文四六頁。
（57）久保智康「よみがえる川原寺金属荘厳具と儀礼」（国際シンポジウム『飛鳥・川原寺裏山遺跡と東アジア』資料集、関西大学考古学研究室・国際シンポジウム実行委員会、二〇一二年）一五八〜一六一頁。
（58）前掲錦織注（52）論文四七〜四九頁。
（59）田村圓澄「観世音寺草創考」（『日本歴史』四四〇、一九八五年）一一頁。
（60）九州歴史資料館『観世音寺』（二〇〇六年）七九頁。
（61）箱崎和久・花谷浩「川原寺の調査―第一三三―一二次」（『奈良文化財研究所紀要』二〇〇六、二〇〇六年）。
（62）久野健「塼仏について」（『国華』七五一一、一九六六年）、賀川光夫「敦煌莫高窟二一五号前室の塼仏」（『MUSEUM』三五八、一九八一年）。
（63）前掲網干注（26）論文七頁、「座談会」（『研究発表と座談会　川原寺裏山遺跡出土品について』仏教美術研究上野記念財団助成研究会報告書）一三〜一六頁。
（64）楢崎彰一「川原寺裏山出土の緑釉塼と彩釉陶器の発生」（『研究発表と座談会　川原寺裏山遺跡出土品について』仏教美術研究上野記念財団助成研究会報告書、一九七七年）、薗田香融「川原寺裏山遺跡出土塼仏をめぐる二、三の問題」（『網干善教先生古稀記念考古学論集』下、同記念会、一九九八年）。
（65）河原由雄『浄土図』（『日本の美術』二七二、至文堂、一九八九年）二〇頁、同「金堂壁画」（『法隆寺金堂壁画』朝日新聞社、一九九四年）九二頁。
（66）前掲松木注（4）論文三六四〜六七頁。
（67）前掲薗田注（64）論文一一〇〇〜一一〇三頁。

（68）　敦煌文物研究所編『中国石窟　敦煌莫高窟』三（平凡社、一九八一年）、八木春生「敦煌莫高窟初唐窟についての一考察」（『仏教芸術』三二一、二〇一二年）一三～二九頁。

（69）　前掲注（63）座談会二一頁。

第Ⅱ部　藤原京造営の諸問題

第四章　高市大寺（大官大寺）の所在地と藤原京朱雀大路

はじめに

舒明天皇が創建した百済大寺は、聖徳太子の熊凝道場に起源をもつとの伝承もあり、由緒正しい最古の王家寺院として尊重された。百済大寺の造営は皇極以下の各天皇によって継続されたが、壬申の乱後、天武はこれを高市の地に移して高市大寺とし、ほどなく大官大寺と改名した。その後、文武朝には藤原京左京十条四坊付近に大安寺が造営され、平城遷都後に大安寺は奈良に移されることになった。平城京の大安寺は往時の寺域を縮小しながらも現存し、発掘調査によって特異な伽藍配置が明らかにされている。藤原京の大安寺も大官大寺跡の発掘調査により、その寺地の範囲と伽藍の規模が判明した。

一方、桜井市吉備において行われた吉備池廃寺の発掘調査では、巨大な金堂と塔の基壇が検出され、この寺院遺構が百済大寺に相当する可能性が高いことが指摘された。吉備池廃寺の比類のない規模の伽藍が出現したことで、王権の寺院として百済大寺のもつ重要性が再認識されるに至ったのである。百済大寺・高市大寺（大官大寺）は古代王権にとってもっとも重要な寺院であったため、王宮の営まれた十市郡や高市郡において大伽藍が整備された。藤原京や平城京においても大安寺の伽藍は随一の規模を誇っている。

吉備池廃寺の調査は百済大寺の位置問題を解決に導いたため、現在でも不明であるのは高市大寺（大官大寺）の所在地のみとなった。高市大寺の位置については諸説が並立しており、いまだに決着をみていない。これまでは高市大寺が藤原京大官大寺跡に一致するか、もしくは近接した場所にあったという認識から、いくつかの比定案が出されている。しかし最近、風間亜紀子氏の批判によって[1]、高市大寺が大官大寺跡に近接するという認識自体が再検討を要することが明らかになった。

本章では風間氏の指摘をうけて、高市大寺（大官大寺）の所在地を考え直してみたい。また、藤原京朱雀大路の設定問題と関わらせながら、日高山南方における条坊施工の進展について、一つの仮説を提示する。なお、風間氏の研究成果をうけて、現在の藤原京大官大寺跡にあった寺院は基本的に藤原京大安寺と称することにしたい。

一　百済大寺・高市大寺（大官大寺）の沿革とその比定地

百済大寺・高市大寺（大官大寺）・大安寺などの造営過程は『日本書紀』や『続日本紀』に記載されるほか、天平十九年（七四七）に勘録された『大安寺伽藍縁起并流記資財帳』（以下、天平縁起と略称する）、寛平七年（八九五）に勘申された『大安寺縁起』（以下、寛平縁起と略称する）などの縁起類に詳しく述べられている。これらを参照しながら、以下に百済大寺・高市大寺などの沿革をまとめておきたい。

『日本書紀』によると、舒明十一年（六三九）七月、百済川の側に大宮と大寺が造作された。これが舒明天皇の創建になる百済宮と百済大寺である。同年十二月には、百済川の側に九重塔を建てたとあるので、ほどなく塔の建造も開始された。天平縁起によると、百済川の側に子部社を切り排《ひら》いて九重塔を建て、百済大寺と号したが、子部社の神の怨みによって失火し、九重塔と石鴟尾が焼損したとある。九重塔の建設については、まったくの虚構とみる説もあるが(2)、吉備池廃寺の発掘によって、巨大な塔の基壇が検出されたので、これを疑うことはできなくなった。舒明朝末年に着工された百済大寺は、九重塔の造営途中で焼損したのであろう。

舒明天皇の没後、皇極天皇は元年（六四二）九月に大臣蘇我蝦夷に大寺の起造を命じ、近江と越の丁を徴発させた（『日本書紀』）。天平縁起によると、舒明は大后尊（皇極）に百済大寺の造建を遺言し、皇極は阿倍倉橋麻呂と穂積百足の二人を造寺司に任命したという。造寺司の任命は天平縁起独自の記載であるが、大寺造営のことは皇極紀にもみえるので、その信憑性は高い。火災と舒明の死によって中断した百済大寺の造営事業は、舒明の遺言をうけた皇極によって再開されたのである。

百済大寺の造営は孝徳朝や斉明朝にも進められたであろう。天平縁起には斉明の死に臨み、天智天皇がみずから斧を手に造営せんことを誓い、仲天皇（倭姫か）も炊女として協力することを奏したとあるが、寛平縁起は、天智は丈六釈迦仏像並びに脇士菩薩などの像を造り、寺中に安置したことを明記している。天智が造立したこの丈六釈迦仏像は大安寺仏として後世著名なものであり(3)、天智の造寺への関与は天平縁起にも記載されていることなので、寛平縁起の記載は信用できると思われる。

その後、天武二年（六七三）に百済大寺は百済の地から高市の地に移された。天平縁起には、同年十二月に小紫御野王と小錦下紀訶多麻呂の二人を造寺司に任命し、百済大寺を百済の地より高市の地に移建したとある。『日本書紀』同年十二月戊戌条には、

以二小紫美濃王・小錦下紀臣訶多麻呂一、拝下造二高市大寺一司上、今大官大寺是、時知事福林僧、由レ老辞二知事一、然不レ聴焉、

とあり、天平縁起と同様の造高市大寺司任命記事を掲げたのち、天武二年に知事僧が辞意を表明したことを伝えている。造高市大寺司を任命するというのは、天平縁起がいうように、百済大寺を高市の地に移して、新たに造営を開始することを意味するのであろう。

壬申の乱を勝ち抜き、飛鳥浄御原宮に遷都した天武天皇は、浄御原宮に近い場所に百済大寺を移すため、この移建を行ったとみられている(4)。ただし、現在の高市大寺の比定地は浄御原宮のすぐ近くとはいえず、こうした理由だけで移建を考えることはできない。百済大寺を最終的に整備したのが天智であったことを思うと、天武は天智の影響力を排除する目的で、百済大寺の伽藍を撤去し、高市の地に新伽藍を開いたと考えるべきである。百済大寺の知事であったと推測される僧福林が、老齢を理由に辞意を表明したのは、天智との深い関係を考慮して、みずから身を引こうとしたものではなかろうか。

天平縁起には、「(天武)六年歳次㆓丁丑㆒九月康〔庚〕申朔丙寅、改㆓高市大寺㆒号㆓大官大寺㆒」とあり、天武六年(六七七)九月には、高市大寺の寺号が大官大寺に改められた。これは移建をともなわない名称のみの変更と考えられる(5)。「大官」の語義については諸説あるが、「天子」「天皇」と同義とみる説(6)が有力である。いずれにしても、天皇や朝廷に直結する第一の大寺として大官大寺が位置づけられたことがわかる。

こうして、天武朝には新たな寺地において高市大寺(大官大寺)の造営が進められた。『日本書紀』によると、天武十一年八月には、大官大寺において百四十余人が出家している。同十四年九月に天武が不予となった際、大官大寺・川原寺・飛鳥寺において三日間の誦経が行われ、同年十二月には大官大寺の僧らに絁・綿・布が施された。また、朱鳥元年(六八六)正月には、大官大寺の知事・佐官らを請じて、俗の供養を供し、五月には大官大寺に封戸七百、税三十万束を納め、七月には天皇のために観世音経を大官大寺で説かせた。天武死後の同年十二月には大官・飛鳥・川原・小墾田・豊浦・坂田の諸寺で無遮大会を開いている。天武十一年頃には金堂などの伽藍も整備され、天武朝末年には飛鳥寺・川原寺と並ぶ僧寺の代表として、天武の病気回復や冥福を祈る国家的な法会で中心的な役割を果たしたことが確認できよう。

高市大寺（大官大寺）は飛鳥周辺の大寺として天武・持統朝に偉容を誇ったが、文武朝になると、新たに大安寺を造営する動きがはじまった。『続日本紀』大宝元年（七〇一）七月条には、造宮官は職に准じ、造大安・薬師二寺官は寮に准じ、造塔・丈六二官は司に准ぜしむとある。天平縁起によると、文武天皇は九重塔を建て、金堂を建作し、並びに丈六像を敬造したというので、すでに大宝元年には大安寺の九重塔・金堂・丈六仏像の造立工事が進行していた。『続日本紀』にみえた造大安寺官・造塔官・造丈六官の三官は、大安寺の金堂などの伽藍と九重塔・丈六仏像の造立をそれぞれ担当する官司であったと考えられる。大宝元年六月には道君首名をして僧尼令を大安寺に説かしめており（『続日本紀』）、大安寺の金堂はすでにこのときには利用可能であったらしい。天武二年の造高市大寺司の任命が百済大寺の移転と高市大寺の新造を意味したように、文武朝の造大安寺官などの任命は高市大寺（大官大寺）の移転と大安寺の新造を意味するものとみられるのである。

現在、明日香村小山と橿原市南浦町にまたがる大官大寺跡では、一九七三年以来、前後十次にわたる発掘調査が行われ、以下のような新事実が明らかにされた(7)。すなわち、金堂と講堂は建物・基壇ともに造営が完了していたが、塔については建物は竣工していたものの基壇工事の途中にあり、同じく建設途上にあった中門・回廊などとともに、平城遷都直後に焼失していた。また、寺地と伽藍は藤原京の条坊に正しく則って設定されていた。さらに、金堂の基壇築成土および下層からは藤原宮期の土器が出土したことから、金堂および伽藍全体は早くとも持統朝の末年、おそらくは文武朝に造営されはじめたことが判明した。これらの事実は現在の大官大寺跡が文武朝に建立された大安寺の遺跡であることを示すもので、天武二年に造営された高市大寺（大官大寺）はこれとは別の地に求めなければならないことを意味している。

一方、一九九七年以来、吉備池廃寺の発掘調査が行われ、巨大な金堂と塔を擁する伽藍が検出されたことで、この寺院遺跡こそ百済大寺に比定しうるものとの考え方がほぼ定説化した(8)。舒明朝に建立が開始された百済大寺は、かつての大和国十市郡に属した桜井市吉備に位置したことがほぼ確定したのである。吉備池廃寺の発掘成果は、比類のない金堂・塔・回廊の規模を明らかにし、百済大寺の創建瓦の様相を解明した点に大きな意義があり、高市大寺（大官大寺）の場所を探る上で大きな手がかりを提供することになった。これらの点をも考慮しながら、高市大寺の所在地を探る必要があろう。

それでは、高市大寺の所在地はどこに求められるのか。これまでの研究史をまとめると、以下の六説に整理することができる。

①大官大寺跡東方説

岡本宮の跡に高市大寺を建立したとみる田村吉永氏は、岡本宮と高市大寺を大官大寺跡に東接する明日香村小山の字「大安寺」に求めた(9)。しかし、現在では岡本宮は飛鳥寺南方の飛鳥宮跡に比定されるので、この説は成立しがたいであろう。

②曽我町南方説

志賀剛氏は高市里＝曽我町説を前提に、高市大寺を橿原市曽我町の南に比定した(10)。しかし、その前提自体が根拠薄弱であるといわざるをえない。

③奥山廃寺説

田村吉永氏が奥山久米寺を百済大寺の遺趾と考えたことをうけて[11]、網干善教氏は奥山久米寺の立派な礎石や瓦は大寺の残影を思わせるとし、この寺院は高市大寺とも考えられると述べている[12]。しかし、塔の建立は七世紀後半であるが、金堂の創建は六二〇年代までさかのぼることが判明したため、奥山久米寺＝高市大寺説はその論拠を失った[13]。また、寺域東北隅の井戸から「少治田寺」と墨書した九世紀初頭の土師器坏が出土したため、奥山廃寺は小治田寺（小墾田寺）にあたる可能性が高くなった[14]。奥山廃寺を高市大寺に比定するのは困難であるといえよう。

④小山廃寺（「紀寺」）説

猪熊兼勝氏は「紀寺」が藤原京朱雀大路をはさんで薬師寺とほぼ対応する位置にあり、天武朝前後の軒瓦をもつことを根拠に、「紀寺」を高市大寺の有力候補にあげた[15]。しかし、井上和人氏が批判するように[16]、小山廃寺（「紀寺」）の回廊に囲まれた伽藍の規模は東西七六メートル、南北八二メートルで、これは文武朝大官大寺の四分の一に満たない規模である。また、小山廃寺は当初から藤原京左京八条二坊に正しく配されており、これも高市大寺の条件にあわない。したがって、小山廃寺を高市大寺とみることは難しいであろう。

⑤木之本廃寺説

木下正史氏は、木之本廃寺から吉備池廃寺の創建期の軒丸瓦・軒平瓦・丸瓦・平瓦などと共通する瓦が揃って多量に出土することから、これらの瓦は吉備池廃寺から運ばれてきた可能性が高く、木之本廃寺こそ高市大寺のもっとも有力な候補であると説く[17]。しかし、木之本廃寺では寺院に関わる遺構が未検出であり、伽藍の規模などを確認することができない。また、木下氏自身が指摘するように、木之本廃寺の周辺では十市郡と高市郡の郡境が錯綜しており、古代の木之本廃寺は十市郡に属した可能性がある。これらの点は木之本廃寺を高市大寺に比定する上で大きな障害となろう。

⑥ギヲ山西方説

大脇潔氏は、大官大寺の西にあるギヲ山の西方から重弧文軒平瓦が採集されており、近くから発見された雷丘北方遺跡の礫敷や暗渠・井戸などにも同じ瓦が再利用されていることから、飛鳥川右岸の平坦地が高市大寺の有力な候補地であるとした[18]。これをうけて小澤毅氏は、文献史料の解釈も加味して、論証をさらに精密化し、ギヲ山西方説を補強した[19]。すなわち小澤氏は、㋐『日本三代実録』元慶四年十月条の解釈から、高市大寺と大官大寺の位置はごく接近しており、ともに高市郡夜部村に含まれていたと考えられること、㋑夜部村は『和名類聚抄』の「高市郡遊部郷」に相当し、『日本後紀』『日本霊異記』『万葉集』などにみえる「屋部坂」は、日高山丘陵を下る朱雀大路の坂以外には求めがたいことから、高市大寺は大官大寺から日高山丘陵を含む夜部村のなかに比定することができるとした。さらに小澤氏は、㋒『類聚三代格』神護景雲元年官符では、大安寺へ献入された田のうち「路東十一」と「路東十二」の計二町が高市郡高市里の「古寺地西辺」に存したとあるが、この田の所在地を路東二十八条三里の十一坪・十二坪に比定すれば、それはギヲ山西方の重弧文軒平瓦出土地とほぼ一致することになるとし、この付近に高市大寺を求めるべきであると結論づけた。

ギヲ山西方説は現在もっとも有力視されるものであるが、実際には問題点も少なくない。木下正史氏は、付近では礎石の出土も伝えられているが、たしかなものではなく、建物基壇跡も認められないなど、考古学的な徴証は乏しいとし、ギヲ山西方から出土する瓦は、ギヲ山にあったと推測される瓦窯との関わりも考えられると指摘する[20]。また、大脇氏自身が述べるように[21]、ギヲ山西方では大官大寺との間の距離があまりにも近すぎ、わざわざ移転する必要があったのかどうか素朴な疑問もあるのである。

以上、高市大寺の比定地に関する研究史を紹介してきたが、最有力とされるギヲ山西方説にもいくつかの難点があり、断案となるまでには至っていない。高市大寺の位置を考える上で重要なのは、吉備池廃寺と同様の瓦を出すなどの考古学的な徴証のほか、『日本三代実録』や『類聚三代格』などの文献史料の正確な解釈である。後者については、小澤氏に至るまで多くの研究が積み重ねられているが、先行研究の成果はあまり顧みられていない。そこで以下、小澤氏が注目した㋐㋑㋒の論点を中心に、過去の業績を参照しながら、検討を加えることにしたい。

二　高市里の「専古寺地西辺」と高市郡夜部村

高市大寺の所在地を考える上で注目されてきた史料に、『類聚三代格』巻十五、寺田事所収の神護景雲元年十二月一日太政官符がある（前田家本による）。

太政官符

合田六町

大和国二町、一町、路東十一橋本田、一町、路東十二岡本田、在二高市郡高市里専古寺地西辺一

右、修二理金堂内仏菩薩并歩廊・中門文殊・維摩・羅漢等像一料、

摂津国二町、一町、九条五里卅五大針田、一町、九条六里二大針田、在二嶋上郡児屋里一

右、修二理大門・中門四王并金剛力士等像一料

山背国二町、在二久世郡牧野田寺庄北辺一

右、修二理寺家一料

以前、被二左大臣宣一偁、奉レ勅、件田並永献入於大寺安寺、

神護景雲元年十二月一日

神護景雲元年（七六七）十二月、大安寺に計六町の田が献入された。六町のうち二町は大和国高市郡高市里の「専古寺地西辺」にあり、一町は「路東十一橋本田」、一町は「路東十二岡本田」であった。これらの田からの収穫は、平城京大安寺の金堂内に安置された天智天皇敬造の丈六釈迦三尊像（乾漆像）、金堂院東西の廻廊と中門の壁面に描かれた文殊・維摩・羅漢像（画像）などの修理料に充てられた(22)。これ以外に、摂津国嶋上郡児屋里の二町が南大門と中門に安置の仏像修理料に、山背国久世郡の二町が寺家修理料にそれぞれ充てられている。

神護景雲元年に大安寺に献入された大和国の田の所在地について、最初に詳しく論じたのは田村吉永氏である。田村氏は「路東十一橋本田」を高市郡二十八条四里十一坪、「路東十二岡本田」を同十二坪にあてた。大官大寺の寺地は高市郡二十八条三里三十五・三十六坪と二十八条四里一・二坪に求められるが、この寺地は天平十九年の資財帳に「高市郡古寺所」とあり、すでに大安寺の寺領であったから、神護景雲元年にいたって新たに「専古寺地西辺」の田二町が献入されたとみる。「専古寺地」の「専」は意味不明なので、「東」の誤字とみると、「東古寺地」となり、古寺所の東にある古寺地をさすとし、現在の大官大寺跡に東接する「大安寺」「金ヤケ」の小字が残る地に高市大寺を想定した(23)（図19）。

田村氏はさらに「路東十二岡本田」の岡本を岡本宮の名残りととらえ、舒明・斉明の前後岡本宮の跡に高市大寺を建立したものと考えた。高市大寺は岡本宮殿を寺とした小さなものであったが、伽藍を具備した大寺を整備するため、やや西方の大官大寺跡に移転したのであると述べている(24)。星野良史氏も「東古寺地西辺」説を支持し、高市大寺は大官大寺跡のごく近傍に求めうるとした(25)。

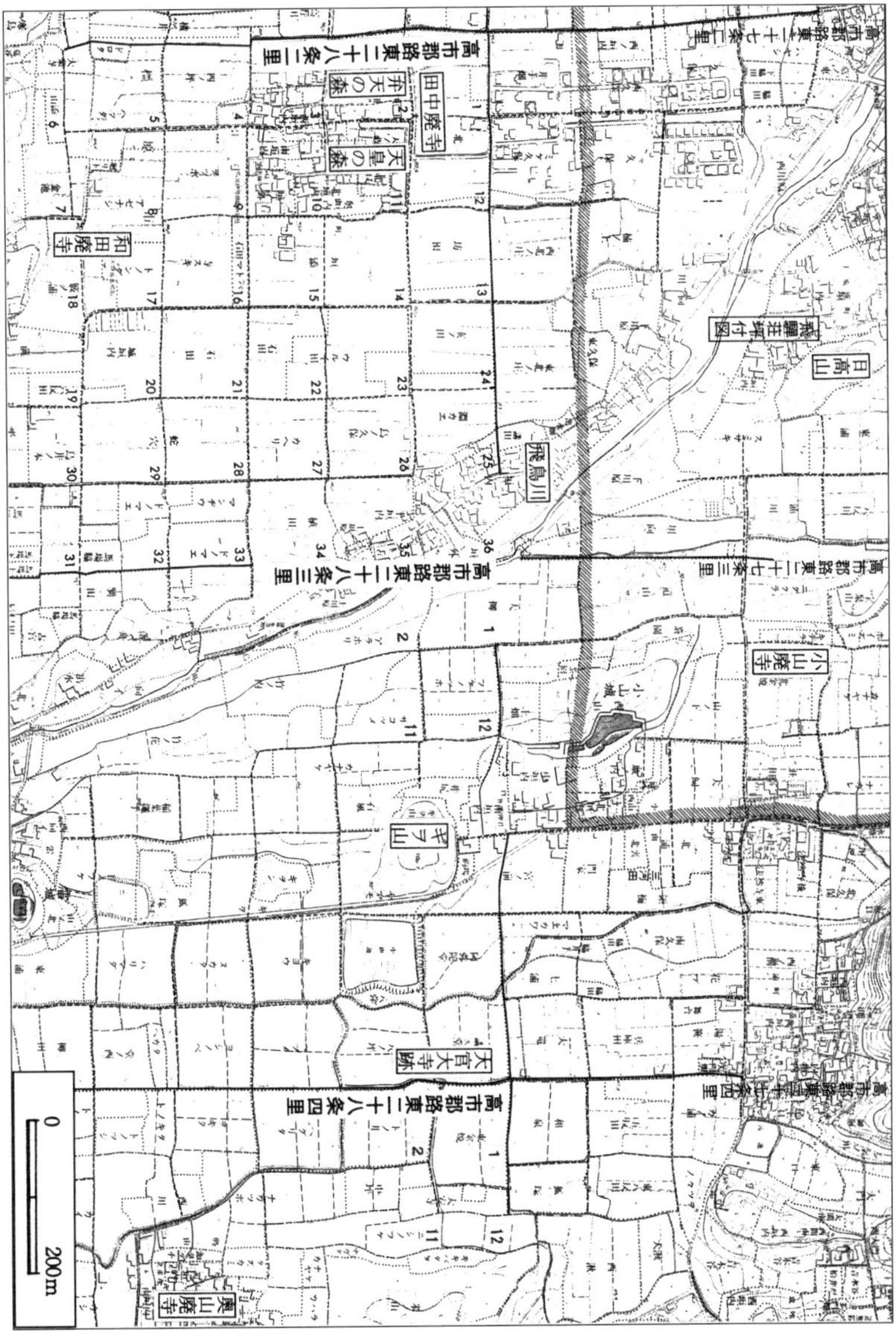

図17　高市郡路東条里と高市大寺想定地（橿原考古学研究所編『大和国条里復原図』、東京、1981年、No 88図をベースに加筆）

しかし、近年では飛鳥岡本宮は飛鳥寺南方の飛鳥宮跡に比定されているので、岡本宮を大官大寺跡のすぐ東に想定するのは無理であろう。また、小澤氏が指摘しているように[26]、夜部村にあった高市大寺の寺地は一〇町を超える広大なものであったから、これを大官大寺跡東方の狭小な地域に求めることはできない。

一方、『奈良県の地名』[27]は飛鳥岡本宮・後飛鳥岡本宮の項に神護景雲元年官符を引用し、「路東十二岡本田」の位置を高市郡路東二十八条三里の十二坪に比定した。田村説は二十八条四里十二坪であったから、一つ西方の条里にあてたことになる。この二十八条三里説に立つと、その十一坪と十二坪はちょうどギヲ山西方の地域にあたる（図20）。小澤毅氏はこちらの方が「古寺地西辺」という記述とも整合するとして、二十八条三里説を採用し、高市大寺＝ギヲ山西方説の根拠とした[28]。

風間亜紀子氏は小澤氏と同様、二十八条三里説に立つが、「古寺地西辺」の「古寺」は藤原京大安寺（大官大寺）を意味するもので、大安寺はすでに庄としていた「古寺所」の西に隣接する田地を神護景雲元年に得たことになるから、この史料は高市大寺を大官大寺跡の近傍に求める根拠とはならないと論じた。風間氏の批判は正鵠を射ており、神護景雲元年官符の「専古寺地西辺」を高市大寺寺地の西方をさすと解した小澤説などは根本的な再検討を迫られることになったといえよう。

「専古寺地西辺」の「専」字については、これを誤字と考える説がある。前述のように、田村吉永氏は「専」を「東」の誤字とみなし、「東古寺地」が高市大寺の寺地を示すとみた。また、志賀剛氏は「専」は「南」の誤字であるとしている[29]。しかし、「専」と「東」「南」のくずし字はそれほど似ていない。また、大官大寺跡の東方にはもう一つの寺院の伽藍を設ける余地は存在しない。「東古寺地」や「南古寺地」説は成立しないであろう。

小澤毅氏が吉川真司氏の教示を受けて指摘しているように、「専寺」は古代史料にしばしばみえる語で、「当寺」「貴寺」の意味で用いられた(30)。『日本国語大辞典』は「専寺」の語義を三つあげるが、そのうちの二つには「本寺」の意味があるとしている。たとえば、天平勝宝三年（七五一）二月八日の東大寺宛て治部省牒案が引く僧綱牒は、東大寺三綱のことを「専寺三綱」と書き（『大日本古文書』家わけ、東大寺東南院文書三、一一八頁）、同五年四月二十七日の寺々仁王経散帳が引く下野寺三綱牒は、同寺僧宝蔵のことを「専寺僧宝蔵」と称している（『大日本古文書』編年、第十二巻、四三八頁）。また、東大寺東南院文書所収の元慶年間の東大寺宛て太政官牒は、僧名の下に同筆または異筆で「専寺」と記すことが多いが、なかには「当寺」と書く例も存在する（東大寺東南院文書一、一四四・一四七・一四八頁）。以上から、「専寺」は「当寺」「貴寺」「本寺」というような意味で用いられていたことがわかる。

神護景雲元年官符にみえる「専古寺地西辺」はやや変則的な表現であるが、「専寺」の「古地西辺」すなわち「当寺（貴寺）」の「古地（故地）西辺」を意味するとみて誤りあるまい。太政官が平城京の大安寺に対して「当寺（貴寺）」の「古地（故地）西辺」と称しているのであるから、その地は藤原京大安寺の寺地西辺をさすと考えざるをえないのである。この場合、「西辺」の語義が問題となるが、「西辺」「南辺」などには西方や南方をさす用例のほかに、一定の範囲内の西寄り・南寄りをさす用法がある(31)。しかし、平城京大安寺はすでに天平十九年までに「高市郡古寺所」を寺地として所有していたから、神護景雲元年にさらに旧寺地内の西寄りの土地を献入されたとは思えない。したがって、「専古寺地西辺」は藤原京大安寺の寺地の西方を意味するとみるべきなのである。

このように「専古寺地西辺」の「専」や「西辺」に関する考証を追加しても、神護景雲元年に平城京大安寺に献入されたのは、藤原京大安寺の寺地に西接する田地であったことが確認できる。風間氏の指摘するように、神護景雲元年官符は高市大寺を大官大寺跡の近傍に求める根拠とはならないのであり、この史料を根拠にギヲ山西方に高市大寺を求める現在の有力説は再考を余儀なくされるであろう。そもそもギヲ山西方の地は藤原京大安寺の位置に近接しており、大脇氏自身が指摘するように、これでは何のために高市大寺から大安寺への移転が行われたのか疑問となる。藤原京大安寺から離れた場所も含めて、高市大寺の所在地を探索する必要があるのである。

　高市大寺の位置を探る上で注目されてきたもう一つの史料は、『日本三代実録』元慶四年十月二十日条である。

勅、大和国十市郡百済川辺田一町七段百六十歩、高市郡夜部村田十町七段二百五十歩、返二入大安寺一、先是、彼寺三綱申牒偁、昔日、聖徳太子創二建平群郡熊凝道場一、飛鳥岡本天皇遷二建十市郡百済川辺一、施二入封三百戸一、号曰二百済大寺一、子部大神在二寺近側一、含レ怨屢焼二堂塔一、天武天皇遷二立高市郡夜部村一、号曰二高市大官寺一、施二入封七百戸一、和銅元年遷二都平城一、聖武天皇降レ詔、預二律師道慈一、令レ遷二造平城一、号二大安寺一、今検二両処旧地一、水湿之地、収為二公田一、高燥之処、百姓居住、請依レ実返入、為二寺家田一、従レ之、

元慶元年（八八〇）十月、大和国十市郡百済川辺の田一町七段百六十歩と高市郡夜部村の田十町七段二百五十歩が大安寺に返還された。これより先、大安寺の三綱は牒を朝廷に提出し、十市郡百済川辺に遷し建てられた百済大寺や、高市郡夜部村に遷し建てられた高市大寺など、平城京大安寺の前史を述べた上で、両所の旧地のうち、水湿の地は収公されて公田となり、高燥の処は百姓の居住地となっているが、寺家田として返還されんことを請い、これが認められたのである。

　この記事から、大和国十市郡百済川辺の田は百済大寺の旧寺地、高市郡夜部村の田は高市大寺の旧寺地であったことが判明する。それでは高市大寺が所在した高市郡夜部村はどこに求められるのか。かつては、天武二年に移建された高市大寺がそのまま大官大寺となり、藤原京左京十条四坊付近に伽藍を占めたと理解されていたから、夜部村は大官大寺跡のある明日香村の小山付近にあったと想定されていた。たとえば、山田孝雄は「大官大寺趾を伝える飛鳥村字小山の辺が古の夜部村の地なりしならむ」と述べている。(32)

しかし、大官大寺跡の発掘調査によって、藤原京の大官大寺（大安寺）は文武朝の建設であることが明らかとなったため、天武二年に建立された高市大寺はこれとは別の場所に探し求める必要が出てきた。にもかかわらず、高市大寺は大官大寺（大安寺）と同地がきわめて近接した場所に建てられたとする考え方が、その後も根強く主張されている。

田村吉永氏が「専古寺地西辺」の解釈から、大官大寺跡のすぐ東に高市大寺を想定していたことは前述した。星野良史氏はこの田村説を認めた上で、高市大寺と大官大寺は隣接した位置関係にあり、両者の寺地はひとつづきのものとして把握されていたとし、『日本三代実録』にみえる「高市大官寺」という表記は高市大寺と大官大寺を兼ねる意味で大安寺側が創唱した名称であると説いた。[33] 一方、小澤毅氏は「高市大官寺」の呼称に関する星野説には賛同しながらも、高市大寺と大官大寺が隣接していたとみるのは早計で、両寺の位置はごく近接しており、ともに夜部村に含まれていたと理解すべきであると論じている。[34]

しかし、風間亜紀子氏が批判するように、[35] 大官大寺を「大官寺」と略す例は持統称制前紀にもみえるので、「高市大官寺」とは高市の地にあった大官大寺という意味であり、けっして高市大寺と大官大寺をあわせた呼称ではない。大安寺がこのときに返還を要求しているのは、高市大寺＝大官大寺の旧地であり、藤原京大安寺の寺地でないことも注意すべきであるという。風間氏の指摘するように、高市大寺と大官大寺（大安寺）が近接した場所にあるとするのは、『日本三代実録』の誤った解釈から導き出されたもので、これが崩れると、両寺近接説はその根拠を失うことになる。

そして、両寺が近接していた訳ではないとすると、夜部村が大官大寺跡のある明日香村小山付近まで広がっていた確証は存在しないことになる。夜部村の位置については、『日本後紀』などにみえる屋部坂（山部坂）の記事を含めて、あらためて考え直す必要があろう。

三　山部坂・野倍坂・屋部坂と日高山

『日本後紀』大同元年四月庚子条は、桓武の柏原山陵への葬送記事を書いたのちに、桓武の崩伝を掲げているが、桓武即位を述べたくだりに、

　初有二童謡一曰、於保美野邇、多太仁武賀倍流、野倍能佐賀、伊太久那布美蘇、都知仁波阿利登毛、有識者以為、天皇登祚之徴也、

という童謡が記されている。すなわち、桓武即位以前に、「大宮に直に向かへる野倍の坂、いたくな踏みそ土には有りとも」という童謡が歌われたが、これは桓武の即位を予言したものであったというのである。

同様の記述は、『日本霊異記』下巻の第三十八縁にも、

　又諸楽宮食国帝姫阿倍天皇代、挙レ国歌咏云、大宮二直向山部之坂、痛《奈》不レ践《曾》、土《ニハ》有《トモ》、如レ是咏而後、白壁天皇代、天応元年歳次二辛酉一四月十五日、山部天皇即レ位、治二天下一、是以当レ知、先咏歌者、是山部天皇治二天下一先表相答也、

とみえている。『日本霊異記』ではこの歌は孝謙（称徳）朝に流行したものといい、「野倍の坂」が「山部之坂」と表記されている。「野倍」「山部」は山部親王（天皇）の「山部」に通じるものなので、「大宮に直に向かへる野倍（山部）の坂」という一節が、天皇として平城宮内裏に迎えられた桓武の未来を予想した歌詞として注目されたのであろう。

『万葉集』巻三の雑歌には、「焼けつつ」ある屋部坂が詠まれている（二六九番歌）。

　阿倍女郎の屋部の坂の歌一首

人見ずはわが袖もちて隠さむを焼けつつかあらむ着せずて来にけり

阿部女郎（安倍女郎とも書く）は伝未詳の人物で、『万葉集』巻四の五〇五・五〇六番に二首を収め、五一四〜五一六番歌では中臣東人と贈答歌を交換している。(36)中臣東人は意美麻呂の子で、和銅四年（七一一）四月に従四位下となった。『万葉集』巻三の雑歌は持統朝から天平初年までの歌をほぼ年代順に配列したもので、(37)屋部坂の歌の一首前には、長屋王の故郷の歌が置かれている。この長屋王の歌の左注には「右は今案ずるに、明日香より藤原宮に遷りし後に、この歌を作るか」とあるので、阿倍女郎の屋部坂の歌も藤原京の時代の歌である可能性が高い。

屋部は山部と同義である。藤原京の宮城十二門の一つに山部門があったが、この門は藤原京木簡では「屋部門」とも書かれている（『飛鳥藤原京木簡』二―一四八六）。また、法隆寺が所在する大和国斑鳩地域は「山部五十戸」（法隆寺旧蔵幡墨書銘）とも呼ばれたが、天平十九年の『法隆寺伽藍縁起并流記資財帳』では「屋部郷」と表記されている。山部と屋部、山部と野倍・夜部はいずれも同義であり、山部坂（屋部坂・野倍坂）は山部村（夜部村）にあった坂をさすのである。(38)

さて、『日本後紀』などにみえる野倍坂・山部坂・屋部坂の位置については、『万葉集』の研究者を中心にさまざまな意見が出されている。いまそれらを大別すると、以下の五説にまとめることができるであろう。

①高市郡夜部村説

契沖が『日本三代実録』にみえる高市郡夜部村の記事を引き、屋部坂は「此処歟」と述べて以来、(39)この説を採用する論者が多い。山田孝雄は大官大寺のある飛鳥村小山の辺が夜部村であるとし、坂は小山の西から北もしくは南にわたる丘陵上にあるとみた。(40)岸俊男氏は屋部坂は香具山越えの中ツ道であるとし、(41)和田萃氏もこの考えを支持している。(42)

一方、西宮一民氏はこの歌は藤原京時代の成立であると考え、屋部坂が大宮に直接通じていることを満足させるのは明日香村夜部説しかないと説く[43]。久保昭雄氏も同様にこの歌を平城遷都以前の作品と考え、天皇の宮殿にまっすぐ延びる野倍坂は明日香夜部坂がもっとも説得的であるという[44]。

②多村矢部説

吉田東伍は『大日本地名辞書』において、「於保美野にただに向かへる野倍の坂」の「於保美野」は多宮（多神社）であろうとし、野倍を磯城郡多村の大字矢部に比定した[45]。

③平群郡屋部郷説

土屋文明氏は当初は高市郡夜部村説に与していたが[46]、のちに天平十九年の『法隆寺伽藍縁起并流記資財帳』に平群郡「屋部郷」という地名がみえることに注目し、屋部坂は法隆寺より信貴山を越えて河内に下る坂（志比坂）であるとした[47]。

④秋篠村矢部説

奥野健治氏は秋篠村の矢部は平城京の西北隅にあたるので、屋部坂の比定地として「捨て難きか」と述べた[48]。これをうけて猪股静彌氏も奈良市秋篠の矢部を屋部坂とし、平城京右京から北進する幹線道が屋部坂であると主張する[49]。

⑤歌姫坂説

板橋倫行氏は『日本霊異記』の注釈において、「大宮に直に向かへる山部坂」の「大宮」は奈良の宮城、「山部坂」は歌姫の坂であろうと述べた[50]。最近では、渡里恒信氏も大和国添上郡山辺郷に関する考証をもとに、平城京朱雀大路の北への延長にあたる歌姫越えの坂を野倍（山部）の坂と呼んだと想定した[51]。

以上にあげた諸説のうち、まず②については、山田孝雄や土屋文明氏が批判するように[52]、磯城郡多村の矢部付近は坂らしい坂のない地勢であるから、屋部坂の地にあてるのは困難であろう。「大宮」を多神社とみるのも苦しい解釈である。③については、平群郡に屋部郷（『和名類聚抄』の夜麻郷）が存在するのは事実であるが、夜麻郷は延久二年（一〇七〇）の『興福寺大和国雑役免坪付帳』などの記載から現在の斑鳩町東部に比定されるので[53]、信貴山越えの道が屋部坂と称されたとは思えない。この付近には「大宮」に相当する施設が存在しないことも大きな弱点といえよう。

残るのは①④⑤の三説であるが、屋部坂は①では藤原宮の南にある坂、④⑤では平城宮の北にある坂ということになる。このうち④の秋篠村矢部は、平城京朱雀大路の北側延長線上には位置せず、「大宮に直に向かへる」の条件には合致しない。⑤の歌姫坂はその条件に合致するが、奈良時代には平城宮が設定されたことで、下ツ道との間が遮断された上に、松林苑が造営されたこともあって、歌姫越えは交通路としての機能を失っていたと考えられる[54]。平城宮が機能していた時代には、その周辺に野倍坂を求めるのは困難なのである。

『日本後紀』や『日本霊異記』にみえる童謡は山部親王（桓武天皇）の即位を予兆するものなので、「大宮に直に向かへる山部の坂（野倍の坂）」というのは、京内のある地点から北方に位置する大宮へまっすぐに延びている坂と解した方が穏当であろう。京外の人物が南へ下って宮内に入ったとみるよりは、京内に住んでいた臣下が大宮（内裏）に入って天皇となることを歌ったとみる方が、童謡の興趣が深まるからである。『万葉集』巻七、一一九三番には、

背の山に直に向へる妹の山事許せやも打橋渡す

とあるが、紀ノ川をはさんで北に背山、南に妹山が相対しているので、この場合も「直に向へる」は南から北へまっすぐに向かうの意味で用いられている。

したがって、野倍坂（山部坂・屋部坂）については、①の高市郡夜部村説がもっとも妥当であり、この坂が向かっていた「大宮」は藤原宮であると考えざるをえない。前述したように、阿倍女郎が詠んだ屋部坂の歌が藤原京の時代の作とみられることも、屋部坂が藤原京の坂であることの傍証となろう。また、『日本霊異記』において山部坂の童謡

の前に引用される光仁天皇即位の予兆歌が、やはり豊浦寺・桜井寺（『続日本紀』光仁即位前紀では葛城寺）など飛鳥周辺の寺院を詠んでいることも参考となる。光仁や桓武の即位にあたっては、平城京の時代以前に戻るという意識から、飛鳥・藤原地域の風景が連想される傾向があったのであろう。

それでは野倍坂（山部坂）のあった夜部村は高市郡内のどこに位置したのであろうか。夜部村を大官大寺跡のある明日香村小山付近に求める説が古くから存在するが、これは高市大寺と大官大寺が同所にあったとする先入観によるものである。すでに何度も述べたように、発掘調査の結果、現在の大官大寺跡は文武朝創建の大官大寺（大安寺）の遺構であることが判明したので、高市大寺の寺地があった夜部村は小山以外の地に探索する必要がある。

岸俊男氏は「野倍坂を藤原宮の南正面である日高丘陵の坂（飛騨坂）とする説もある」と紹介しているので[55]、野倍坂＝日高山説は古くから存在したらしい。小澤毅氏は「大宮に直に向かへる野倍坂」という歌意に該当する坂は平城宮にはなく、藤原京でも日高山丘陵を下る朱雀大路の坂以外には求めがたいとして、野倍坂＝日高山説を主張した[56]。小澤説は卓見であり、従うべきであろう。ただし、小澤氏は大官大寺跡から日高山丘陵までを夜部村の範囲のなかに含め、先述したように、ギヲ山西方に高市大寺を想定した。しかし、大官大寺跡のある小山付近までが夜部村に入るという保証はなく、夜部村は日高山丘陵を中心とする一帯に限定して考えるべきであろう。

『万葉集』巻三の阿倍女郎による屋部坂歌は古来難解歌とされているが、「焼けつつかあらむ」というのは、屋部坂の草木なく丸裸の状態や、赤土の地肌を詠んだものとする解釈が行われている[57]。従来の諸説を踏まえて久保昭雄氏は、屋部坂は大宮に通う官人たちに踏み慣らされて、雑草も生えない地肌丸出しの坂だったとし、阿部女郎はこの光景を痛々しく感じ、赤裸の坂を袖で隠してあげたいという、女らしい思いやりを歌っていると説いた[58]。日高丘陵の発掘調査では、朱雀大路の施工にともなう谷の埋め立てと整地工事の痕跡が検出されており[59]、藤原京期における周辺の整地土層が赤褐色土であったことも確認されている。[60] 阿倍女郎の屋部坂の歌は朱雀大路が通る坂上の交通が頻繁であったことを詠んだものとみなせよう。

この日高山丘陵周辺は吉備池廃寺と同じ型押し忍冬唐草文軒平瓦がみつかる場所としても著名である。一九七五年の藤原宮第一七次調査では日高山北麓で二点、一九八八年の第五四―一九次調査では西南麓で一点が発見された。[61] 吉備池廃寺の移転先である高市大寺には吉備池廃寺と同様の軒瓦が運ばれていると思われるので、高市大寺の寺地があった夜部村は日高山丘陵を中心とする地域に存在した可能性が高い。朱雀大路が施工され、官人たちがさかんに行き交った日高山の周辺で、古代寺院の痕跡を残す場所をあらためて探索する必要があると思うのである。

四　高市大寺の候補地と朱雀大路

日高山丘陵や朱雀大路想定地の周辺で、古代寺院の痕跡が残る場所は、二箇所ほど存在する。まず第一は、日高山の南方約九〇〇メートルにある和田廃寺の周辺である。一九七五～七六年に行われた和田廃寺の第二次調査では、七世紀後半に築造された塔が検出されたが、このときに「大寺」と墨書した七世紀後半の土師器が出土した。[62] 八世紀以降には地方の国分寺などからも「大寺」と書いた墨書土器が出土しているが、[63] 七世紀後半の飛鳥・藤原地域において「大寺」と称しうる寺院は、高市大寺（大官大寺）・飛鳥寺・川原寺などに限られていたから、[64] 和田廃寺出土の「大寺」墨書土器は、この付近に高市大寺が存在した可能性を示唆する。

また、二〇〇三年に行われた奈良県の調査では、和田廃寺の寺域周辺から藤原京の西一坊坊間小路を検出したが、この道は藤原宮造営直前に敷設されたものの、藤原宮期には廃絶し、付近の大規模整地が行われていた。このときの整地土層から豊田廃寺と共通する軒丸瓦とともに、吉備池廃寺の創建瓦と同じ忍冬唐草文軒平瓦が出土した。[65] この軒平瓦の発見も高市大寺との関わりを示している。

ただし、和田廃寺の塔は基壇化粧部分を除いて一辺一二・二メートルの規模と推定されるので、基壇規模で一辺三〇～三二メートルをはかる藤原京大安寺の塔には遠く及ばない。また、延久二年（一〇七〇）の『興福寺大和国雑役免坪付帳』によると、高市郡二十八条二里の七・八・十七・十八坪に葛木寺の寺田二町九段六十歩があったが、この範囲は和田廃寺の想定寺域とほぼ重なるところから、和田廃寺は葛木寺にあたるとみるのが定説である。[66] したがって、和田廃寺を高市大寺に比定するのは難しいが、和田廃寺の周辺に高市大寺が存在したために、「大寺」と墨書した土器や吉備池廃寺と同じ軒平瓦が寺域内から検出されたと考えられるのではないか。

高市大寺との関わりで第二に注目すべきは、日高山の南方約五〇〇メートルにある田中廃寺の周辺である。田中町の旧集落の北端、「天皇の森」（天王藪・天ノ藪）と呼ばれる小丘の東南に法満寺があるが、寺の境内に礎石の残欠一個が現存し、かつては境内とその西方に古瓦が多く散布していた。[67]「天皇の森」の西方約七〇メートルには「弁天の森」と呼ばれる土壇が残るが、この西隣で行われた調査で、重弧文軒平瓦や偏行唐草文軒平瓦が出土した。[68] 一九九一年には山田寺式軒丸瓦一A型式などが多数出土している。また従来、田中廃寺の創建瓦とみられてきた素弁の軒丸瓦一Bが山田寺式軒丸瓦一Aの笵の子弁部分を削り取ったものであることが明らかになった。これによって、田中廃寺と山田寺の造瓦工房が密接な関係にあり、その創建年代も山田寺にわずかに遅れることが判明したのである。[69] 以上の事実からみると、田中廃寺は七世紀中葉に創建された寺院ということになり、これを高市大寺にあてることは難しくなる。

ただし注目すべきは、「天皇の森」と「弁天の森」という二つの土壇状高まりが心心で約一〇〇メートルの間隔をあけて東西に並ぶ点である。「天皇の森」は東西約三六メートル、南北約五三メートルの土壇で、この土壇の北半分は比高約一・五メートル、南半は比高約二～四メートルをはかる。「天皇の森」の西から北にかけては近年まで、水をたたえた濠が東西約一二〇メートル、南北約七五メートルにわたりコの字形に残っていた。これは北側に溜め池をつくりだす吉備池廃寺の塔・金堂跡の状況とよく似ている。「弁天の森」は東西約二四メートル、南北約二二メートルの正方形に近い土壇で、高さは二メートルほどある。

「天皇の森」について石田茂作氏は、土壇の中央は隆起して墳丘状をなし、かつ頂上に巨石が露出していたことから、古墳であることを思わせると述べた(70)。石田説をうけて、伊達宗泰氏や大脇潔氏もこれを古墳とみなし、天皇藪古墳と呼んでいる(71)。たしかに南半の約四メートルの土盛りを寺院の基壇とみるのは難しいが、中世に居館や城郭に改変されている可能性もある。橿原市による田中廃寺の第三次調査の際には、弥生時代の方形周溝墓と六世紀代の方墳がみつかり、田中廃寺の創建時にこれらの墳丘を破壊して寺域を確保していたことが判明した(72)。「天皇の森」が古墳であるとすると、なぜこれだけが破壊を免れたのか、あるいは改葬されなかったのか、疑問が残るのである。

「天皇の森」の東南に位置する法満寺に礎石が残り、同寺境内とその西の某氏屋敷付近に古瓦が散布していたことを考えると、「天皇の森」自体が寺院建物の基壇である可能性は存在するであろう(73)。現在は「弁天の森」が田中廃寺の金堂跡とみられているが、「弁天の森」を塔基壇、「天皇の森」を金堂基壇とする大規模な伽藍がこの地にあったことを想定してみる必要があるのではないか。

吉備池廃寺の発掘調査の結果、吉備池廃寺（百済大寺）は比類のない巨大な土壇の上に金堂と塔を建てていたことがわかった。こうした巨大な土壇は吉備池廃寺の土壇がそうであったように、後世の削平を受けても容易には消滅することはなく、現在でもどこかに遺存している可能性が高い。吉備池廃寺の金堂と塔との距離は心心間距離で約八四メートルをはかる。日高山丘陵に近接する位置で、九〇メートル前後の距離をおいて巨大な二つの土壇が並列するところは、田中廃寺の場所以外には確認することができない。

これらの事実は、田中廃寺が高市大寺に相当する可能性を示唆する。ただし、田中廃寺におけるこれまでの調査では、重弧文軒平瓦は出土するものの、吉備池廃寺の創建瓦と同型の瓦は発見されていない。田中廃寺は出土瓦の特徴から、七世紀中葉に山田寺との深い関わりのなかで創建された寺院であると考えられており、この点は田中廃寺を高市大寺とみなす上での障害となろう。[74] ただし、山田寺式軒瓦は「百済大寺式」とでも呼ぶべき瓦であるとの見方もあるので、[75] 百済大寺と田中廃寺との結びつきは再検証の余地がある。今後の発掘調査により、新たな手がかりがみつかることを期待したい。

以上、日高山丘陵に近い位置で高市大寺の候補地と考えられる場所として、和田廃寺周辺と田中廃寺周辺の二つをあげた。和田廃寺で検出された「大寺」墨書土器や吉備池廃寺と同型の忍冬唐草文軒平瓦、および田中廃寺周辺に残る二つの巨大な土壇は、いずれも高市大寺に結びつく大きな手がかりといえる。ただし、いずれの徴証も決定的とはいいがたく、高市大寺の痕跡は未発見である可能性もある。日高山丘陵の周辺で大寺院を建設しうる場所を探すと、和田廃寺の北方で田中廃寺の東方にあたる平野部が浮上する。日高山南方の橿原市田中町北部である。日高山と和田廃寺を南北に結ぶ藤原京朱雀大路想定地が高市大寺の所在地として注目されるのである。

さて、高市大寺が日高山丘陵の南方にあったとすると、ことは藤原京朱雀大路の設定問題と関わってくる。奈良県が二〇〇〇年に行った和田廃寺の発掘調査では、和田廃寺の寺域中を通るはずの藤原京朱雀大路が検出されなかった。また前述のように、二〇〇三年の調査では、西一坊坊間小路は天武朝のみ存在し、藤原宮期には整地土で埋め立てられていた。概報は、条坊の施工以前から和田廃寺がすでに存在したため、朱雀大路は造られなかったのではないかと想定しているが、[76] 林部均氏はさらに、藤原京の朱雀大路は日高山を越えるところまでは確実に存在したが、飛鳥川以南においては存在しなかった可能性もあるとし、藤原京はその造営計画にあたって、都の正面観というものがあまり重視されていなかったと結論づけた(77)。

林部氏によると、阿倍・山田道に沿った地域は古墳時代から開発が進んだ地域で、飛鳥時代においても道路に沿って豪族居館・皇子宮・寺院が造られていたため、それらの建物群をすべて撤去してまで条坊の施工を行うことはなかったのではないかという。たしかに、藤原京南辺にきわめて重要な施設が存在した場合、それを避けるような条坊設定が行われた可能性はあるであろう。ただし、豪族や皇子たちは官人として京内の宅地を班給されるので、京内の条坊にかかる旧宅地などは接収されたであろう。寺院についても同様のことが想定できる。平安京における広隆寺や六角堂のように、京内の条坊に抵触する寺地や伽藍については、移転や寺域縮小の対象となったと思われる(78)。

田中廃寺においても、右京十条二坊間路の敷設時に、その寺域が坊間路の東側までに縮小されていることが確認された(79)。したがって、朱雀大路のような基幹道路が一般の居宅や寺院が存在するという理由のみで敷設されなかったとは考えられないのである。葛木寺に比定される和田廃寺の伽藍だけの問題で、朱雀大路が施工されなかったのではなく、その北方に高市大寺が存在したことが大きな要因となったのではないか。すなわち、官大寺の筆頭たる高市大寺（大官大寺）の伽藍が日高山丘陵の南方に存在し、その寺域が朱雀大路の予定地に大きくかかっていたために、朱雀大路の設定は先送りされたと推測されるのである（図18）。

この場合、藤原京の南辺に朱雀大路が未設定であったのは、都城の正面を整えるという意識が低かったためではなく、朱雀大路の敷設計画が日高山南方に存在した大伽藍の移転計画と並行しながら慎重に進められたからと考えられる。藤原京内に立地していたはずの高市大寺（大官大寺）とは別に、文武朝にあらためて藤原京左京十条四坊付近に大安寺が建設されたのは、高市大寺と藤原京条坊大路との齟齬を解消し、条坊街区のなかに新たに大安寺を設定し直

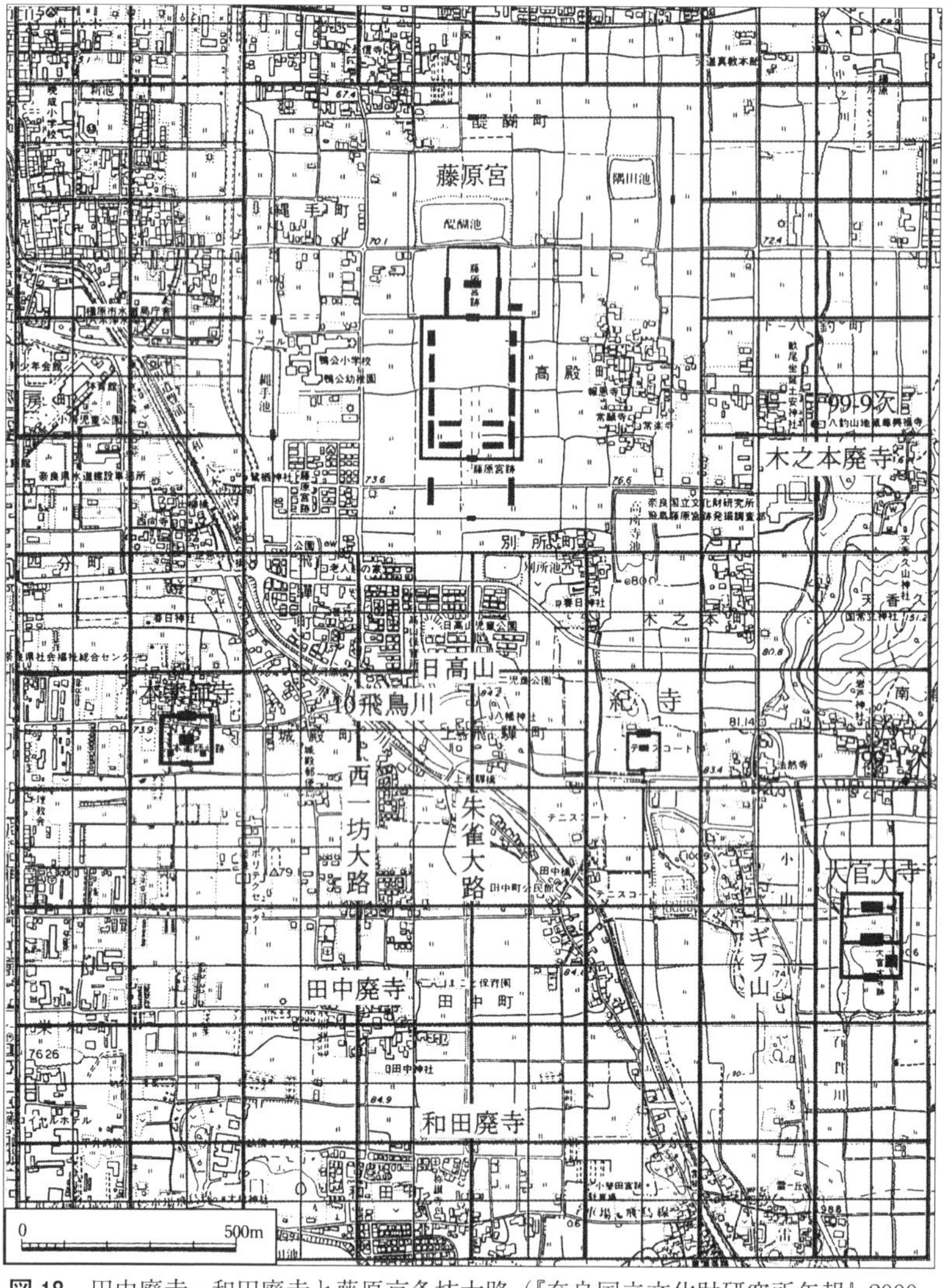

図 18　田中廃寺・和田廃寺と藤原京条坊大路（『奈良国立文化財研究所年報』2000-Ⅱ、橿原、2000 年、図 15 をベースに加筆）

す必要があったためと思われる。

天武二年に高市郡夜部村に移転された高市大寺の周辺では、その後、藤原京の設定計画が立案され、実際に条坊道路の施工が開始される前後には、寺域内を朱雀大路が通過することが判明したが、官大寺の筆頭として巨大な伽藍を擁する高市大寺の移転は容易には決まらなかったのであろう。藤原遷都が実現したのちの文武朝にいたって、左京十条四坊付近に大安寺の造営がはじまり、完成後には移転の手はずが整っていたものと推測される。しかし、大安寺は完成直前に火災で焼失し、高市大寺の大安寺への移転は実現しなかった。平城遷都にあたっては、高市大寺から金堂安置の本尊釈迦仏などが奈良へ送られ、新たな大安寺が建設されたのである。

おわりに

本章では、藤原京大安寺の近辺から離れて高市大寺の所在地を探索した結果、高市郡夜部村に建設された高市大寺は、日高山丘陵の南方にある田中廃寺か和田廃寺の周辺に求められることを論じた。ただし、和田廃寺や田中廃寺における発掘調査の成果からみても、両寺のいずれかが高市大寺に相当すると断定するだけの徴証に乏しく、高市大寺は山部坂（屋部坂）に比定される日高山の南方平野部にあったと述べるにとどめざるをえない。

高市大寺の想定地付近にはのちに藤原京の朱雀大路が計画されることになるが、そこには高市大寺の伽藍が存在したために、日高山以南においては朱雀大路の設定が先送りされたのであろう。文武朝に入って藤原京十条四坊付近に大安寺が造営されるのは、こうした高市大寺の立地問題があったためと思われる。しかし、藤原京大安寺は完成直前に焼失したために、高市大寺から本尊仏などが奈良へ送られたのである。

飛鳥・藤原地域における天智天皇と天武天皇の造都・造寺のあり方をみると、両者の間には大きな違いがあったことがわかる。斉明が筑紫朝倉宮で没したのち、飛鳥へ帰った天智は斉明の後岡本宮に入り、ここを王宮として利用した。舒明・皇極（斉明）から受け継ぎ造営を進めた百済大寺についても、百済川のほとりから移転することはなかった。ところが天武は壬申の乱後、後岡本宮の南に浄御原宮を造り、ここを新たな王宮とした。百済大寺を百済の地から高市の地へ移したのも、これと同様の動きと理解することができよう。

舒明・皇極（斉明）の正統な後継者を自認する天智は、父母が造営した王宮と寺院を継承する意味で、飛鳥においては後岡本宮を主宮と定め、百済大寺の造営も創建地において継続した。これに対して天武は、天智の影響力を払拭し、新たな統治を開始することを宣言するためにも、王宮と大寺を新たな地に建設する必要があったのであろう。浄御原宮の造営と高市大寺の創建とは、これが天智の事業を継承するものではなく、天武が創始した新事業であることを印象づけるためにも、必要不可欠の行動だったとみられる。

その意味で、高市大寺は浄御原宮と並んで新たな天武朝の開始を象徴するモニュメントであったといえる。と同時に、高市大寺はのちの藤原京内に立地したので、結果的にみて、高市大寺の創建は天武が王権の重要施設を藤原の地に移す先駆けの意義をもった。百済大寺の高市の地への移転は、こうした視点からも再評価する必要があろう。ただし、実際に藤原京の造営計画が進展しはじめると、巨大な伽藍が京内の要地を占めている事実は、条坊地割の設定計画にも大きな影響を及ぼしたことであろう。藤原京南辺における朱雀大路の未設定問題はこのことと関わってくると思われるのである。

藤原宮や藤原京の設定計画や造営過程において、高市大寺（大官大寺）の伽藍占地がどのような影響を与えたのかは興味深い問題であるが、すでに紙数も尽きたので、詳細は別の機会に論じることにしたい。

注

（1）風間亜紀子「高市大寺関係史料の再検討―その所在地をめぐって―」（『川内古代史論集』七、二〇一〇年）。

（2）星野良史ａ「百済大寺の創立に関する一考察」（『法政大学大学院紀要』一六、一九八六年）、同ｂ「大化改新後の百済大寺」（黛弘道編『古代国家の歴史と伝承』吉川弘文館、一九九二年）。

（3）毛利久「大安寺安置仏の復原」（『日本史研究』三、一九四六年）、片岡直樹「大安寺釈迦像の像容について」（『新潟産業大学人文学部紀要』六、一九九七年）。

（4）大脇潔「大官大寺」（日本の古寺美術一四『飛鳥の寺』保育社、一九八九年）一六七頁、小沢毅「吉備池廃寺の発掘調査」（『仏教芸術』二三五、一九九七年）四二頁。

（5）前掲風間注（1）論文七頁。

（6）福山敏男「再び奈良朝における写経所について」（『大和志』二―九、一九三五年）、水野柳太郎「大安寺伽藍縁起并流記資財帳」（『日本古代の寺院と史料』吉川弘文館、一九九三年）二〇六頁。

（7）千田剛道「大官大寺跡」（『仏教芸術』一一六、一九七七年）、上野邦一「大官大寺における最近の発掘調査」（『仏教芸術』一二九、一九八〇年）、井上和人「大官大寺の発掘調査」（『日本歴史』四二二、一九八三年）、飛鳥資料館編『大官大寺―飛鳥最大の寺―』（一九八五年）など。

（8）前掲小澤注（4）論文、同「寺名比定とその沿革」（奈良文化財研究所『大和吉備池廃寺―百済大寺跡―』吉川弘文館、二〇〇三年）。

（9）田村吉永ａ「飛鳥岡本宮、後飛鳥岡本宮并飛鳥浄御原宮の所在」（『史学雑誌』六六―七、一九五七年）四六～四七頁、同ｂ「百済大寺と高市大寺」（『南都仏教』八、一九六〇年）三九～四〇頁。

（10）志賀剛『大化改新前後の都高市京』（雄山閣、一九七二年）二四～二九頁。

（11）前掲田村注（9）ｂ論文三九頁。

（12）網干善教「飛鳥と仏教文化」（『古代の飛鳥』学生社、一九八〇年）一五七頁。

(13)　大脇潔「蘇我氏の氏寺からみたその本拠」(『堅田直先生古希記念論文集』真陽社、一九九七年)四六一頁。
(14)　前掲大脇注(13)論文四六二〜四六三頁、小澤毅「小墾田宮・飛鳥宮・嶋宮」(『日本古代宮都構造の研究』青木書店、二〇〇三年)一〇七頁、吉川真司「小治田寺・大后寺の基礎的考察」(『国立歴史民俗博物館研究報告』一七九、二〇一三年)三一七〜三一八頁。
(15)　猪熊兼勝「瓦と塼」(日本美術全集三『飛鳥白鳳の美術』学習研究社、一九八〇年)。
(16)　前掲井上注(7)論文、同「大官大寺の創立と変遷」(飛鳥資料館編『大官大寺―飛鳥最大の寺―』一九八五年)。
(17)　木下正史『飛鳥幻の寺、大官大寺の謎』(角川書店、二〇〇五年)。
(18)　前掲大脇注(4)論文一八八〜一九一頁、同「大安寺一―百済大寺から大官大寺へ―」(『シンポジウム古代寺院の移建と再建を考える』帝塚山考古学研究所、一九九五年)二〇〜二二頁。なお、中井公「大安寺二―大官大寺から大安寺へ―」(同前書所収)にも同様の見解が述べられている。
(19)　前掲小澤注(4)論文、同注(8)論文。
(20)　前掲木下注(17)著書二一六頁。
(21)　前掲大脇注(18)論文二二頁。
(22)　大安寺の天平縁起や寛平縁起によると、金堂には天智が敬造した乾漆造の釈迦三尊像(丈六釈迦坐像と脇侍二菩薩像)と四天王画像があり、天平十四年に宍色菩薩二躯・羅漢像十躯の画像と乾漆造の八部像一具が加えられた。また、中門には天平十四年に四天王像二具(塑像)が安置され、金堂院東西の廻廊と中門には天平八年に羅漢像・金剛力士形・梵天・帝釈像などが描かれた(前掲毛利注(3)論文、太田博太郎『南都七大寺の歴史と年表』岩波書店、一九七九年)八八〜八九頁。
(23)　前掲田村注(9)a論文。
(24)　前掲田村注(9)b論文、同『飛鳥京藤原京考証』(綜芸社、一九七〇年)。
(25)　星野良史「高市大寺・大官大寺の造営過程」(『法政考古学』一〇、一九八五年)。
(26)　前掲小澤注(4)論文四五頁。

(27) 日本歴史地名大系三〇『奈良県の地名』（平凡社、一九八一年）二七三頁。
(28) 前掲小澤注（4）論文四六頁。
(29) 前掲志賀注（10）著書二四頁。
(30) 小澤毅「藤原京の条坊と寺院占地」（『日本古代宮都構造の研究』青木書店、二〇〇三年）二八六頁。「専寺」の語義については、私も吉川真司氏からご教示を受けた。記して謝意を表したい。
(31)『日本三代実録』仁和三年（八八七）五月二十日条によると、出羽守坂上茂樹が国府を出羽郡から最上郡に遷し建てんことを請願したが、太政官は「最上郡の地、国の南辺に在り」などと述べて、これを容認しなかった。最上郡は出羽国内の中央やや南寄りにあり、これを「国の南辺」と称しているのである。また、同書元慶八年（八八四）八月二十八日条には、山城国の正税稲千三百八十七束余を左京北辺の構橋等造営料に充てたことがみえる。左京北辺とは平安京左京の一条大路（北辺大路）以南、土御門大路以北の範囲をさし（瀧浪貞子「初期平安京の構造」『日本古代宮廷社会の研究』思文閣出版、一九九一年）、京内でもっとも北寄りの地域を「北辺」と称している。
(32) 山田孝雄『万葉集講義』三（宝文館、一九三七年）一四六頁。
(33) 前掲星野注（25）論文九～一〇頁。
(34) 前掲小澤注（4）論文四五頁。
(35) 前掲風間注（1）論文一〇頁。
(36)『万葉集』巻八、一六二一番歌には、恭仁京造営期に大伴家持が安倍女郎に贈った歌がみえるが、ここにみえる安倍女郎は野倍坂の歌の阿部女郎とは別人である可能性が高い（澤瀉久孝『万葉集注釈』三、中央公論社、一九五八年）。
(37) 日本古典文学大系『万葉集』一（岩波書店、一九五七年）四六～四七頁。
(38) 以上の山部・屋部・野倍・夜部に関する考証については、西本昌弘「藤原宮と平城宮の宮城十二門号」（『日本古代の王宮と儀礼』塙書房、二〇〇八年）を参照。
(39) 契沖『万葉代匠記』（『契沖全集』二、岩波書店、一九七三年）五〇頁。

(40)　前掲山田注(32)著書一四六頁。
(41)　岸俊男「大和の古道」(『日本古代宮都の研究』岩波書店、一九八八年)八〇頁。
(42)　和田萃「百済宮再考」(『明日香風』一二、一九八四年)三四頁。
(43)　西宮一民『万葉集全注』三(有斐閣、一九八四年)九〇頁。
(44)　久保昭雄「阿倍女郎屋部坂歌考」(『熊本商大論集』三七―二、一九九一年)三~四頁。
(45)　吉田東伍『増補大日本地名辞書』第二巻(冨山房、一九〇〇年)三七九頁。
(46)　土屋文明「屋部坂」(『続万葉紀行』白玉書房、一九六九年)。
(47)　土屋文明「屋部坂補正」(『続万葉紀行』白玉書房、一九六九年)。
(48)　奥野健治『万葉大和志考』(同人会、一九三四年)二八九頁。
(49)　猪股静彌「阿倍女郎屋部坂の歌一首私注」(奈良県立橿原図書館『万葉』一五、一九八五年)。
(50)　板橋倫行校註『日本霊異記』(角川書店、一九五七年)一九八頁。
(51)　渡里恒信「大宮に直に向かへる野倍(山部)の坂」(『続日本紀研究』三八五、二〇一〇年)。
(52)　前掲山田注(32)書一四五頁、前掲土屋注(46)論文一六五頁。
(53)　土居規美「南都諸寺を結ぶ道」(大和を歩く会編『古代中世史の探究』法蔵館、二〇〇七年)二〇七頁。
(54)　前掲注(27)『奈良県の地名』四二頁。
(55)　前掲岸注(41)論文九八頁(初出の橿原考古学研究所編『日本古文化論攷』吉川弘文館、一九七〇年では四一〇頁)。
(56)　前掲小澤注(4)論文四五~四六頁。
(57)　研究史については、米山敬子「阿倍女郎屋部坂歌考」(『美夫君志』二八、一九八四年)を参照。
(58)　前掲久保注(44)論文。
(59)　奈良国立文化財研究所「朱雀大路・左京七条一坊(日高山)の調査(第四五―二・九次)」(『飛鳥・藤原宮発掘調査概報』一六、一九八六年)、同「朱雀大路・七条一坊(日高山)の調査(第四八―一二・六次)」(『飛鳥・藤原宮発掘調査概報』一七、一九八七年）。

(60) 奈良国立文化財研究所「右京七・八条一坊の調査（第五四―一九次）」（『飛鳥・藤原宮発掘調査概報』一九、一九八九年）。

(61) 奈良国立文化財研究所「藤原宮第一七次の調査（藤原京右京七条一坊）」（『飛鳥・藤原宮発掘調査概報』六、一九七六年）、同「右京七・八条一坊の調査（第五四―一九次等）」（『飛鳥・藤原宮発掘調査概報』一九、一九八九年）。

(62) 奈良国立文化財研究所「和田廃寺第二次の調査」（『飛鳥・藤原宮発掘調査概報』六、一九七六年）、同『奈良国立文化財研究所年報』一九七六（一九七六年）。

(63) 三舟隆之「『大寺制』再考」（『歴史学研究』七七三、二〇〇三年）二～三頁。

(64) 大橋一章「大寺考」（『早稲田大学大学院文学研究科紀要』四一、第三分冊、一九九六年）、前掲三舟注（63）論文。

(65) 林部均・松井一晃「藤原京右京十一条一坊」（『奈良県遺跡調査概報』二〇〇三年第二分冊、二〇〇四年）。

(66) 福山敏男「葛木寺及び厩坂寺の位置について」（『大和志』一―三、一九三四年）、田村吉永「葛木寺の位置について」（『大和志』四―一一、一九三七年）、前掲大脇注（13）論文四六五～四六六頁。

(67) 石田茂作「田中廃寺」（『飛鳥時代寺院址の研究』第一書房、一九三六年）。

(68) 田坂正昭「田中寺跡緊急発掘調査の概要」（『飛鳥京跡　昭和四九年度発掘調査概報』奈良県教育委員会、一九七五年）。

(69) 前掲大脇注（13）論文四六八頁。

(70) 前掲石田注（67）論文一一四頁。

(71) 伊達宗泰「古墳・寺・氏族」（末永先生古稀記念会編『古代学論叢』一九六七年）四五二頁、前掲大脇注（13）論文四六九頁。

(72) 橿原市千塚資料館「田中廃寺（第三次）」（『かしはらの歴史を探る』二、一九九五年）。

(73) 竹田政敬「平松廃寺―前身寺院は飛鳥に―」（『シンポジウム古代寺院の移建と再建を考える』帝塚山考古学研究所、一九九五年）は、奈良市の平松廃寺と田中廃寺との間に、軒丸瓦で二種、軒平瓦で三種の共通する瓦が認められることから、田中廃寺は平城遷都後に右京四条四坊の平松廃寺の地に移されたと論じた。この点も田中廃寺＝高市大寺説の障害となる。ただし、大西貴夫「菅原寺及び周辺出土の瓦からみたその造営背景」（『橿原考古学研究所論集』一四、八木書店、二〇〇三年）が指摘するように、相互にすべての瓦が出土している訳ではなく、田中廃寺＝平松廃寺の前身説も決定的とはいえない。

(74) 奈良国立文化財研究所「右京七条一坊の調査（第一九次）」（『飛鳥・藤原宮発掘調査概報』七、一九七七年）、同「右京七条一坊の調査（第四九次）」（『飛鳥・藤原宮発掘調査概報』一七、一九八七年）。

(75) 菱田哲郎「瓦当文様の創出と七世紀の仏教政策」（荒木敏夫編『ヤマト王権と交流の諸相』名著出版、一九九四年）二二〇頁。

(76) 前掲林部・松井注（65）概報九頁。

(77) 林部均「藤原京の『朱雀大路』と京域」（『条里制・古代都市研究』二〇、二〇〇四年）四九～五一頁。

(78) 承和三年の『広隆寺縁起』には、広隆寺の旧寺地は九条河原里に四町、九条荒見社里に一〇町の計一四町あったが、その地が頗る狭隘であったために、五条荒蒔里の六町に移転したとある。この移転の背景には平安遷都があり、河原里の四町は野寺（常住寺）の寺地として収用され、荒見社里の一〇町は平安京内に入ったために収用されたと考えられる（林南壽『広隆寺史の研究』中央公論美術出版、二〇〇三年）八六頁参照。また、醍醐寺本『諸寺縁起集』所収の『六角寺縁起』によると、平安遷都の際、造宮使が京域に丈尺を打ち、小路を分かち定めんとしたところ、六角堂が小路の中心を塞いでいたため、勅して御堂を壊して他所に移さんとしたが、堂宇はいつの間にか五丈ほど北に移っていたという。荒唐無稽な説話ではあるが、都城造営時に条坊敷設の障害となる寺院が撤去・移転の対象となった事実を読み取ることは可能であろう。

(79) 前掲橿原市千塚資料館注（72）論文。

第五章　岸俊男氏の日本古代宮都論

はじめに

岸俊男著『日本古代宮都の研究』（岩波書店、一九八八年）は、戦後に著された古代史研究の著作のなかでも、最高の水準を誇る名著の一つで、日本古代宮都の研究レベルを大幅に高めた労作といってよい。本書は岸氏の遺著の一つで、ここには、岸氏が一九六九年から一九八六年までに公表した日本古代宮都に関する二三編の論考が、ほぼ年代順に配列して一書にまとめられている。

難波宮・藤原京・平城京・長岡京・平安京などの復原研究は戦前から行われていたが、戦後における発掘調査の飛躍的な進展により、宮域や京域の解明が進み、各宮都の内部構造が明らかにされた。こうした研究の深化により、古道や交通路と首都移転との関係性や、宮都中枢部の変遷と政治過程との関連性などを追究することが可能となり、宮都・都城の研究は日本古代史のなかでも重要なテーマの一つとなった。

岸氏の研究は藤原宮・藤原京の復原を出発点に、そうした宮都研究を最前線にあって牽引したもので、広範な文献史料の検索と緻密な古道・地割の復原に依拠した研究は、基礎的な事実を確定したのみでなく、卓抜した着想によって古代宮都研究の枠組みを形作った。岸説のなかには現在でも通説の地位を保っているものが多く、初発表から三〇〜四〇年近くたった今もその価値は減じていない。

本章では著者の関心に従い、本書の各章を六つの論点にわかち、論点ごとに関係する章題をあげ、岸説の概要を紹介した上で、現在における岸説の位置づけを述べることにしたい。その際、通説化している岸説に対しては、できるだけ批判的な眼で問題点を指摘するようにしたが、一方で現在は後背に退いた感のある岸説のうち、再評価すべきと思われる論点については、これを復権する道を探るために、現在の通説を批判的に検討するようにした。

一　藤原宮・藤原京の復原研究

第一章「緊急調査と藤原京の復原」
第二章「古道の歴史」
第三章「飛鳥から平城へ」
第四章「大和の古道」
第五章「難波―大和古道略考」

一九六六年末から開始された藤原宮の緊急調査に委員として参加した岸氏は、発掘調査の成果を活用して、藤原宮域を確定し、藤原京域とその条坊地割についても推定復原案を提示した。報告書に収められた第一章を皮切りに、続々と発表された論文が上記の五編である。

岸氏が注目したのは、藤原京の四周を大和の古道が廻っているという事実である。すなわち藤原京の東京極は中ツ

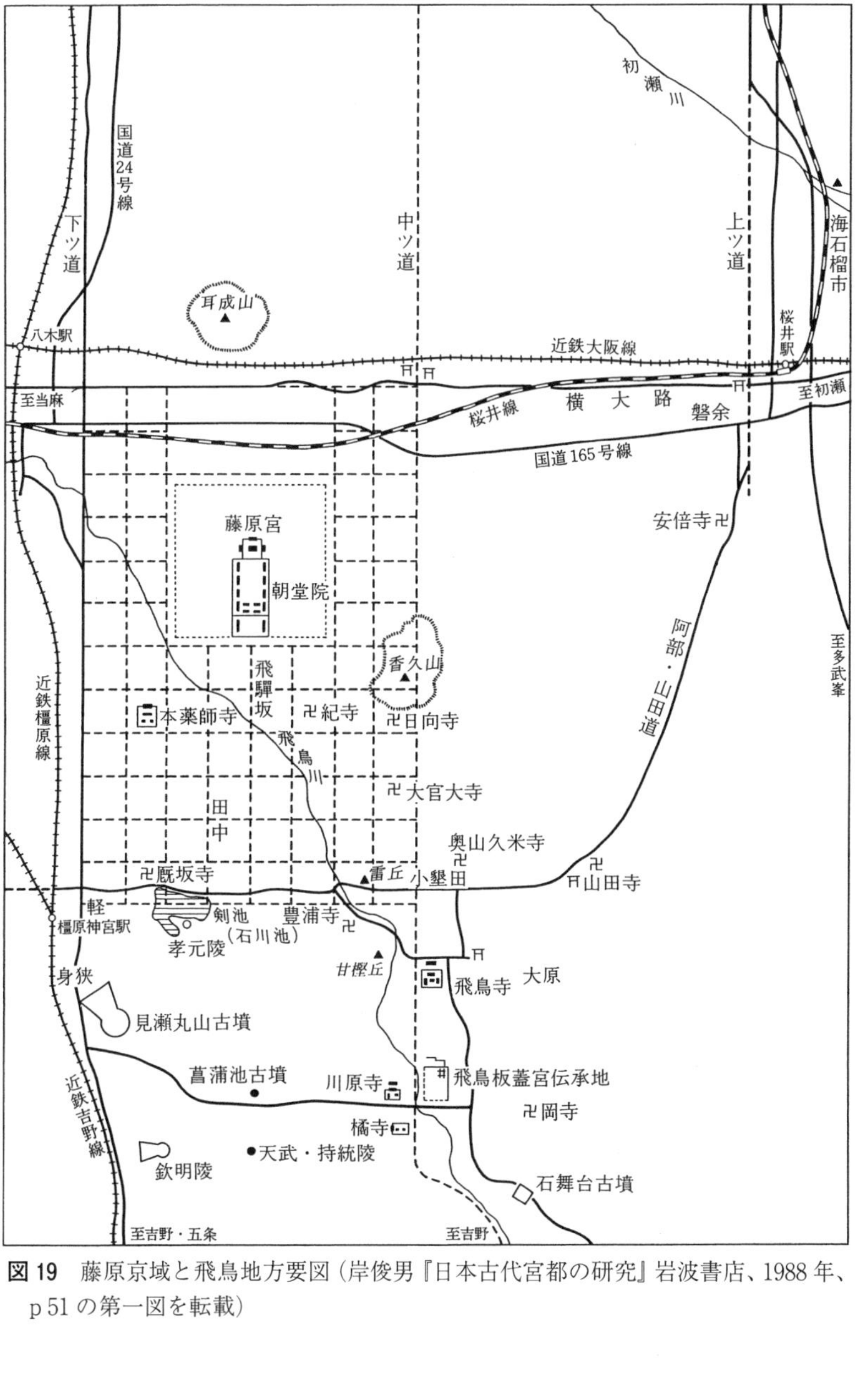

図 19　藤原京域と飛鳥地方要図（岸俊男『日本古代宮都の研究』岩波書店、1988 年、p 51 の第一図を転載）

道、西京極は下ツ道、北京極は横大路、南京極は上ツ道の延長である山田道に相当し、この古道に囲まれた東西四里（約二・一キロ）、南北六里（約三・一キロ）の地域に、一条＝一坊を半里（約二六五メートル）四方とする南北十二条、東西八坊の条坊制が施行され、藤原宮はその中央北寄りに四条×四坊の一域を占めて配置された。

こうして復原された藤原京を真北に移動させ、下ツ道を軸に東西幅を西に二倍に展開したものが平城京であり、両京における薬師寺と大官大寺（大安寺）の伽藍位置も相似の関係にある。また、中ツ道は藤原京から南進して飛鳥寺の西方を通る。古道を介することによって、藤原京は前段階の飛鳥の都や、さらに後続する平城京とも密接な関係をもっていたことが明らかとなり、飛鳥から藤原をへて平城へ至る七～八世紀の宮都の展開を具体的に見通すことが可能となったのである。

さらに、天武九年（六八〇）に発願された薬師寺の伽藍が藤原京の条坊制に依拠していること、天武を葬った檜隈大内陵が藤原京中軸線の南方延長上に位置することなどから、藤原京の設定計画は天武末年にはすでに決定されており、『日本書紀』にみえる天武十三年三月に天武が京師を巡行して宮室の地を定めたという記事こそ、藤原京建設の基本的計画が決定されたことを示すものとみた。

岸説の概要は、①藤原宮域と藤原京域を確定したこと、②大和の古道である下ツ道・中ツ道・上ツ道の位置と歴史を解明し、古道を基軸とする宮都の展開を跡づけたこと、③藤原京の建設計画が天武末年にさかのぼることを証明したこと、の三点にまとめることができる。これらの主張はきわめて説得力に富み、魅力的な内容を含んでいたから、有力な学説として広く受け容れられ、現在でも通説の位置を占めているものが多い。しかし一方で、岸氏の想定を越える発掘成果も蓄積され、今日では岸説のいくつかには修正が加えられている。

まず、①のうち藤原宮の宮域論は岸説が現在も継承されており、②の古道論もおおむね承認されている。下ツ道が七世紀初頭までさかのぼる可能性が高いことは、最近の発掘調査で確認された(1)。③の藤原京天武末年設定説は一九七七年に藤原宮域内から下層条坊道路が検出され、造営用の運河から「壬午年」(天武十一年)、「癸未年」(天武十二年)などと書かれた木簡が出土したことで、大きな裏付けを得た。近年では元薬師寺伽藍の下層からも先行条坊が発見された他、朝堂院周辺では先行条坊にも新古があることが確認され、古い方の先行条坊は天武五年(六七六)の新城にさかのぼるとする意見が出されている。岸氏が提起した天武朝における藤原京の建設開始論は、限りなく天武朝初年に近い年代において承認されつつあるといえよう。

一方で、①のうち藤原京の京域論については、岸説藤原京の範囲外から条坊一致道路が検出されるに及んで、より広い範囲に京域を想定する見解があいついで発表されるようになった。いわゆる大藤原京説である。現在もっとも有力視される小澤毅・中村太一両氏の説では、平城京とおなじく一里(約五三〇メートル)四方を一条＝一坊とし、十条十坊の京域をもつ藤原京が復原され、藤原宮は京域の中央に位置するとされている(2)。ただし、大藤原京説のなかには、大宝令施行を契機に、大藤原京から岸説藤原京へ縮小したとみる説(3)や、その逆に岸説藤原京から大藤原京に拡大したとする説(4)が存在する。縮小説や拡張説では、岸説藤原京は京域の中核部分として位置づけられており、岸説は依然として重要学説としての地位を失っていない(5)。

考古学的には大藤原京説が通説化しつつある現状であるが、岸説を再読すると、その京域論の卓抜さに驚かされる。岸説を重視する立場から、大藤原京説に対する違和感を指摘すると、次の二点になろう。

第一に、文献史料にみえる坊令の解釈である。養老戸令置坊長条には「凡そ京は、坊毎に長一人を置け。四坊に令一人を置け」とみえ、養老職員令左京職条に「坊令十二人」とあり、集解の朱説は「四坊に令一人を置く」、「京に十二条有るべき耳《のみ》」と説く。坊令は左(右)京の四坊ごとに置かれたが、それが東西に並ぶ各条ごとの四坊であったことは、坊令をのちに条令とも称したこと（延暦七年十一月十四日六条令解など）からわかる。藤原京を十二条×八坊に復原するのは、喜田貞吉・足立康・田村吉永の諸説および岸説に共通する認識であり、その根拠はこれら戸令・職員令の坊令規定であった。大藤原京説ではこの坊令規定を十分に説明することができず、小澤・中村両氏の一〇〇町―四町＝九六町説でも、この弱点を完全に払拭できているとは思えない。

第二に、岸説は古道を基軸とする南から北への宮都の展開を跡づけ、とりわけ藤原京と平城京の都城計画上の密接な関係性を明らかにした。しかし、大藤原京説では、藤原京の東西京極大路は平城京の東西京極大路とも朱雀大路とも一致せず、古道を基軸とする両京の建設計画の緊密性が希薄となっている。また、岸説では京の形態、宮の位置、寺院配置などの点で、藤原京と平城京の間に相似性が認められることになるが、大藤原京説では藤原京の特異性が際だち、平城京への連続を説明することが難しくなっている。後述するように、隋唐代の都城と藤原京の関連性を議論する道が閉ざされていることも問題である。

今後の発掘調査の進展によって、より明確な遺物・遺構が発見されることが待たれるが、日本古代宮都の展開過程を見通す際に、岸説藤原京と大藤原京説のどちらが、より説得的な歴史像を提示するかということを、あらためて考え直す時期にきているのではなかろうか。

二　飛鳥の方格地割論・倭京論

第六章「飛鳥と方格地割」
第七章「方格地割の展開」

第十二章「都城と律令国家」

藤原京の条坊地割を復原した岸氏は、飛鳥地域にはこれに先行する方格地割が存在したことを証明しようとした。岸氏は、ⓐ飛鳥寺と川原寺の伽藍中軸線の間隔が藤原京条坊制の一坊（約二六四メートル）＝二・五町とほぼ等しいこと、ⓑ『日本書紀』では天武五年以降、行政区画を示すような京・京師に関する記事が多くなること、ⓒ藤原京を指し示す「新益京」にはそれまでの京を拡張したという意味があること、などを根拠に、飛鳥地域には一町＝一〇六メートルを基準尺度とする方格地割が存在したと推定した。飛鳥を中心とする地域は倭京とよばれていたが、壬申の乱後、条坊制による都城、すなわち新城の建設も倭京において具体的に計画され、天武十三年には新しい宮室の地を藤原の地とすることが定められたと結論づけている（二八一頁）。

飛鳥の方格地割については、岸氏と前後して網干善教氏や秋山日出雄氏が所説を発表し、その後も千田稔氏や黒崎直氏が見解を公表しているが[6]、そのいずれに対しても、井上和人氏が厳しい批判を加えている[7]。井上氏によると、岸氏が想定した飛鳥の南北幹線としての中ツ道は、大官大寺跡や石神遺跡の発掘調査では確認できず、それ以外のいかなる方格地割も飛鳥地域に存在したことは実証できないという。横大路以南の中ツ道の存在に関しては、二〇〇三年の発掘成果をめぐって議論があるが[8]、現状では一町＝一〇六メートルの方格地割が飛鳥に存在したとする岸説が成立する余地は乏しい。

藤原宮の宮域内で先行条坊が検出されると、岸氏はこの先行条坊が藤原京設定以前の京（倭京）にまでさかのぼるかもしれないと論じているが（四五八頁）、近年の研究では、先行条坊・先々行条坊とも天武五年（六七六）にはじまる新城（藤原京）の造営計画のなかで理解されている。したがって、こうした先行条坊を飛鳥地域にまで広がる倭京に結びつけるのは困難であろう[9]。ⓑの京・京師に関する記事についても、やはり新城と関係づける見解が出されている。(10) ただし、天武九年五月条にみえる「京内廿四寺」は、藤原地域だけに存在した寺院とは考えにくいから、飛鳥地域を包含して「京内」と称した可能性が高い。ⓒの「新益京」の語義とあわせて、天武初年の京・京師の実態については、さらに慎重な検討が求められるのである。

以上を要するに、天武初年の京・京師の問題は未解明であるが、岸氏による飛鳥の方格地割論や倭京論は現状では成立困難であるといえる。ただし、下ツ道が飛鳥の西辺を南北に貫通し、山田道が北辺を横断していたことはたしかなので、これらを起点とするような一定の、あるいは不統一な地割や道路が、飛鳥地域に存在していた可能性は十分想定できる。そうした点については、今後とも考察を深める必要があるであろう。

三　朝政・朝堂・曹司論

第十一章「朝堂の初歩的考察」

第十二章「都城と律令国家」

『日本書紀』には、推古十六年（六〇八）に隋使裴世清、同十八年に新羅使・任那使が、それぞれ小墾田宮に至り、使旨を奏上した次第が詳述されている。岸氏はこれらの記事を分析して、推古朝の小墾田宮が、

大殿―大門（閤門）―朝庭―宮門（南門）

という構造をもつもので、朝庭には大臣らの位のある庁（朝堂）があったことを明らかにした。また、朝礼・朝政・朝参・告朔・朝座・曹司などに関する史料を網羅的に集成して、平安時代までの展開過程を追跡し、推古朝以降、中国的な朝政が導入されたこと、朝堂・朝庭における礼が匍匐礼・跪伏礼から起立・磬折の拝礼へと変遷すること、毎

日朝参のなかから朔日朝参が儀式化して告朔が成立することなど、朝堂に関わる事項を多方面にわたって解明した。以上の考察を踏まえて岸氏は、朝堂院は本来、朝儀の場ではなく、朝政の場であり、推古朝の小墾田宮にもさかのぼる初期の宮室からすでに朝堂が存在し、そこで行われた朝参・朝政は平安京の朝堂院まで存続したと結論づけた。

本論は朝庭・朝堂における礼儀の問題を本格的かつ包括的に取り上げた最初の業績であったため、その後における儀式・礼制の研究に大きな影響を与えた。岸説をうけて、早川庄八氏・橋本義則氏・古瀬奈津子氏・西本・井上亘氏らの研究があいついで発表され、岸氏の開拓した論点を深化させたことについては、以前にまとめたことがある。(11) その意味では、研究史上に輝く力作であるが、近年の研究状況を踏まえると、二つの問題点を指摘することができる。

第一は朝堂と曹司の関係である。岸氏は推古朝の小墾田宮からすでに朝堂が存在したとし、律令制の整備・拡充によって朝堂外に曹司が設けられるようになったと理解した。しかし、曹司とは宿・直をともなう官司実務の処理空間であると捉える吉川真司氏は、五位以上官人の侍候空間である朝堂と曹司とは異なるもので、王宮曹司群は難波長柄豊碕宮において成立したと主張した。(12) 朝堂から曹司が分化したとみる岸説は否定されたことになる。発掘調査により朝堂外で官衙遺構が検出されることからも、近年においては曹司の出現を岸説より古く捉える傾向が定着しつつある。

第二は小墾田宮の庁の評価である。岸氏は前期難波宮の構造は推古朝の小墾田宮や孝徳朝の小郡宮などと基本的に同じであると述べるため（三六〇頁、三九一～三九二頁）、藤原京・平城京などの朝堂院区画の原型は小墾田宮の庁にあったと主張しているように理解されている。しかし岸氏自身、その規模や細部の構造になると、小墾田宮と前期難波宮とは同一視しえず、前期難波宮は従来の宮室とは異なる新しい構造をもつと考えていた（三九二頁）。岸氏はさらに、日本古来の跪礼・匍匐礼が難波朝庭において敢然と立礼にあらためられたことに言及しながら、以下のようにも述べている（四〇六頁）。

古い飛鳥の地では依然として小墾田宮のような構造の宮室が徐々に変貌しながらも、斉明朝の後岡本宮にも、そしてまた浄御原宮にも受け継がれ、ようやく天武朝に計画設計された藤原宮に至って、難波宮に比肩するような宮室・都城が完成したと解されなくもない……。

前期難波宮の画期性を認める岸氏の指摘に、私は共感を覚える。後世の十二朝堂のような多堂化した庁（朝堂）が推古朝の小墾田宮に存在したとは思えないからである。大極殿に相当する大型の正殿と多堂化した庁（朝堂）は、元日朝賀の創始にともない、孝徳朝難波宮において建設されたもので、小墾田宮において大臣蘇我馬子が座した庁は、太政官曹司の原型と考えるべきである(13)。

曹司と朝堂の起源を以上のように理解して大過ないとすると、朝堂と曹司の成立年代は岸氏の想定とは逆転することになる。岸氏が指摘しているように、朝堂における各官司の朝座の配置と朝堂外における曹司の配置との間には密接な関係性が認められるから（三〇〇頁）、朝堂が創設された前期難波宮の段階に、それまでの曹司の配置を参考にして、各官司の朝座が整えられたという可能性が出てくる。大王宮における各官司の分掌体制が、どのようにして前期難波宮などの中枢部の構造に継承されていったのかは、あらためて慎重に検討すべき課題であるといえよう。

四　中国都城との関係論

第十三章「日本の宮都と中国の宮都」
第十四章「難波宮の系譜」
第十五章「難波の都城・宮室」

岸氏は藤原京の源流を中国都城に求め、北魏の洛陽城（内城）が藤原京ときわめて近似することに注目した。すなわち、㈠京域が縦長の矩形であり、㈡宮が北京極に接せず、宮北に余地があり、㈢京域の一坊が正方形を呈するなどの点で、藤原京は隋唐の長安城とは類似せず、むしろ北魏の洛陽城と一致する。したがって、藤原京の祖形は北魏の洛陽城であると結論づけた。

また、森鹿三・那波利貞・駒井和愛らの研究を踏まえながら、中国都城には大別して唐の長安城タイプと北魏の洛陽城タイプの二つの形式があり、前者は宮城を京城の中央北限に接してもつもので、後者は宮城が北限に接せず、京城の中央付近にあるものであると説く。そして、後者の型は『周礼』考工記にみえる中国都城の伝統的理想型であり、前者はそれから後次的に展開したものであるが、藤原京は『周礼』考工記の原則を踏まえていると論じた。

さらに、中国南北朝時代の都城では、太極殿（あるいは太極殿相当建物）には東堂・西堂が付属していたが、前期難波宮の内裏前殿の前面にある東西長殿は、こうした隋唐以前の宮城にみえる太極殿東西殿の系譜を引くものであろうと説いた(14)。日本の都城制の背景に北魏などの影響を読みとる岸説は、日本の戸籍・班田制が北魏・西魏の制度に近いとの指摘とあいまって、七世紀の日本には隋唐以前の南北朝時代の文化が大きな影響を与えたという魅力的な学説を形成することになった。

しかし、岸氏の日中都城論に対しては、王仲殊氏や徐苹芳氏からの批判がある(15)。王氏によると、北魏洛陽城は京城の外形、宮城の外形、官署の配置、市の構造などの点で、藤原京とは大きな相違があり、むしろ隋唐の長安城や洛陽城の方が藤原京・平城京との類似点は多いという。とくに徐氏が指摘するように、岸氏が注意した藤原京の特徴㈠㈡㈢は、いずれも隋唐の洛陽城にも認めることができるので、隋唐洛陽城を視野に入れて考えれば、七世紀の日本の都城が隋唐の長安城や洛陽城を模倣したものであることは明らかであるという。王氏はまた発掘成果を参照しながら、春秋戦国時代の列国の都城造営計画は『周礼』考工記の記載と一致せず、中国では古くから考工記の記述はほとんど実施されなかったとした上で、北魏洛陽城は隋唐両京と同じく新型の都城に属し、それ以前の古い伝統的な都城には属さないと論じている。

一方、楊寛氏によると、(16)中国では古くは室中の西南隅を尊重したことから、前漢までの中国都城では「坐西朝東」（主人は西に坐し東面する）の配置構造がとられたが、後漢以降、南郊祭天や元旦大朝会の儀礼が恒例化したため、「坐北朝南」（主人は北に坐し南面する）の配置構造に変化したという。都城が中央北寄りに宮城を配し、南北方向の中軸線を基準にして、東西対称の構造をとるようになったのは、隋唐の長安城以降で、これは大規模化する元旦の大朝会に対応するためであった。さらに、北宋の汴梁（開封）以降、ほぼ正方形に近い外郭城のちょうど中央に宮城が位置する配置構造が出現するが、これは都市経済の発展に対応するため、元来の州城の回りに外城を築いたものであると指摘している。

以上に紹介した王・徐・楊三氏の研究を参照すると、岸氏が主張したような藤原京と北魏洛陽城との密接な関係については、否定的な結論に傾かざるをえない。藤原京の源流については、かつての定説に戻るようであるが、隋唐の洛陽城や長安城との関係を想定する方が妥当であると思われる。一方、大藤原京説では『周礼』考工記の記載を参照して、京の中心に宮を置く中国都城の理想型を採用したと述べるが、中国においては考工記の記述がほとんど実施されず、北宋の汴梁以降に都市経済の発展により正方形外城の中心に宮城を置く都城が出現することを思うと、七世紀後半の日本が大藤原京のような構造の都城を建設したとみることには大きな疑問を禁じえない。

大藤原京説では天武・持統朝には遣唐使の派遣がなく、中国の最新都城に対する情報が途絶したため、中国の古典である『周礼』に依拠したというが、これはきわめて一面的な見方である。王氏が指摘するように、倭国の使者は開皇二十年（六〇〇）に隋の大興城に到り、大業三年（六〇七）には小野妹子が洛陽城に入った。その後も犬上御田鍬以下の遣唐使が留学生・留学僧とともに唐に入った。彼らの多くは長安や洛陽に到り、都城の規模や形態を熟知していたはずである。遣隋使・遣唐使派遣の目的は中国文物の学習と吸収であったから、都城の構造についても種々の資料をもち帰ったことは想像に難くない。天武・持統朝に遣唐使の派遣がなかったからといって、隋唐の洛陽城や長安城の構造が把握できなかったとは考えられないのである。

都城の北辺中央に宮室を営む形式が生まれた背景について、岸氏は駒井和愛説を引用しながら、万物の根源を意味する「太極」は天の中心である紫微宮にあるとみられていたが、晋代ごろから太極は北極・北辰を意味するようになり、太極を地上に現出させた太極殿のある宮城も、都城の北辺中央に位置するようになったと述べている（三一八～三一九頁）。元日朝賀が大規模化したため、皇帝が北に坐して南面する「坐北朝南」構造が明確化したという楊寛氏の指摘と通じるところがある。天武・持統朝には元日朝賀が盛大に行われていたから、この時代に大藤原京のような構造の都城が建設されたとは思えない。藤原京の京域については、隋唐の洛陽城や長安城を参照しながら、平城京とも類似する形態に復原する道を模索する必要があるように思われる。

五　難波宮・難波京の位置づけ

第十二章「都城と律令国家」
第十四章「難波宮の系譜」
第十五章「難波の都城・宮室」

第十六章「難波の大蔵」

藤原京の復原研究を通して、平城京の構造が藤原京と密接な関係にあることを論証した岸氏が、前期難波宮・難波京の問題に関心を向けるのは当然のことであった。岸氏は、前期難波宮では藤原宮以降の内裏・朝堂院の原型ともみられるような遺構が検出されつつあるから、もしその遺構が難波長柄豊碕宮のものであるとすれば、律令国家の成立過程を考える上でも影響するところが大きいと指摘し（三〇二頁）、問題の焦点は飛鳥浄御原宮および前期難波宮に絞られてきたとも述べている（三〇一頁）。

これらの論考が書かれた一九七五年前後には、前期難波宮が孝徳朝にさかのぼるという確証はなかったから、岸氏はきわめて慎重に留保を付した上で、前記のように述べているが、その後、一九九九年の発掘調査において、「戊申年」と書かれた木簡が七世紀中葉の土器などとともに出土し、前期難波宮が孝徳朝に遡及することがほぼ確定した。岸氏が留保つきで指摘していたことが現実になったのである。前期難波宮の画期性は正当に評価されてしかるべき状況になったといえる。このことは当然ながら難波京の議論にも影響を及ぼすであろう。

難波京について岸氏は、明治十九年作成の五〇〇〇分の一「大阪実測図」では、四天王寺の東方、難波宮中軸線の南への延長線に沿うところに、藤原京の一坊と同じ一辺約二六五メートルの方格地割が南北に並んで存在することに注目し、西京極を東横堀川付近、東京極を猫間川付近、南京極を四天王寺付近に置き、藤原京と近似する十二条以上×八坊の規模をもつ難波京を復原した。そして、『日本書紀』によると、天武八年（六七九）には難波に羅城が築かれ、天武十二年には難波を複都とし、官人が家地を求めるよう命じており、文献史料からも、天武十年前後には難波京が成立していたことが想定されると説いた。難波京の復原案は他にもいくつか提示されているが、岸説はそのなかでも有力な試案として、現在においても参照されている。

前期難波宮の規模を南北約六五〇メートル、東西約六七〇メートルと復原し、その中央やや西寄りに内裏・朝堂院が位置するとする積山洋氏(17)は、近年までの発掘成果を踏まえて、新たな難波京復原案を提示した(18)。すなわち、難波宮周辺で検出される溝や建物のなかには、九〇〇尺（約二六五メートル）四方の地割に一致する正方位のものがあることに注目し、北は堀江から南は四天王寺周辺まで、西は東長堀川から東は宰相山遺跡までに及ぶ範囲に京域を想定した。そして、こうした方格地割は一部孝徳朝から、多くは天武朝に施工されたが、難波宮の火災と天武の死とにより未完に終わったとしている。

積山氏の難波京復原案は、岸説のうち東方の二坊分を削除し、宮域北限から堀江（大川）に至る約二条分を京域に含めるなど、一部に相違する点もあるが、基本的には岸説に類似するものである。今後の発掘調査による資料の増加を待って判断すべき点も多いが、藤原京に若干先行する難波京において、方格地割が整えられていた可能性が浮上していることは注目されよう。岸説や積山説によると、難波京は岸説藤原京と類似した規模と構造をもっているので、逆に藤原京の京域論にも大きな影響を与える。難波京域の復原作業は、大藤原京説の成否を判断するための一つの材料にもなりうるのである。

岸氏が強調したように、前期難波宮やそれにともなう難波京の規模と構造を解明することは、古代都城制の展開過程を明らかにする上できわめて重要な意味をもつ。今後の調査と研究の進展を期待をもって見守りたい。

六　長岡京遷都論

第九章「平城京へ・平城京から」

第二十一章「長岡遷都と鎮京使」

一九七〇年代には、長岡宮の発掘調査が進展し、長岡宮造営に際しては、まず難波宮の建物の移建が実行されたことが明らかになった。岸氏はこの成果をうけて、長岡遷都の背景に難波宮の廃止、難波京の遷移という意味を読みとる。すなわち、延暦十二年（七九三）三月に摂津職は廃されて摂津国となるが、そのときには難波大宮はすでに停止されており、難波宮の果たしてきた機能は長岡京に受け継がれたとみられる。それが水陸に便利な淀川に臨む位置に長岡京が設定された理由であり、長岡京は平城京と難波京を統合したような都であったと論じる。

また、平安京の東京極が平城京の西京極の線にほぼ一致するという事実をあげ、倭京から平安京に至る首都が南から北へ相連関しながら整然と配置されたという原則からはみ出すのは長岡京だけであるとする。これに長岡京の朝堂が八堂しかなかったという事実を加えて、長岡京の特異性を強調し、これが遷都に対する問題や抵抗が多く、完成の渋滞した理由であろうと述べる。そうした長岡京のもつ複雑性を整理し払拭して、正統な首都としてあらためて建設されたのが平安京であったと結論づけている。

岸氏の長岡京遷都論は発掘成果を巧みに取り入れ、政治的な背景をも説明したものであったから、通説的理解として定着し、現在でも大きな影響力をもっている。しかし、その後の研究をも参照して、私なりに批評を加えると、岸説には大きくみて二つの問題点があると思われる。

その一つは、難波宮との関係をあまりに強調する点である。後期難波宮の屋瓦や建物を長岡京に移したのは、岸氏自身が指摘するように、延暦元年四月に造宮省などを廃止した財政倹約策によるものである（二二六頁）。桓武が少ない費用で遷都を急いだために、難波宮の資財を再利用したのであって、それは難波地域の機能を長岡京に移したことを意味しない。難波地域には瀬戸内海航路の出発地としての政治的・経済的機能が存在したから、これらの機能を長岡京が全面的に継承できるはずもない。それは長岡廃都後の平安京においても同様である。長岡京は平城京に変わる新首都なのであり、難波宮の機能まで統合する必要はなかった。難波宮の機能は九世紀以降も難波に置かれた難波離宮[19]が担ったと考えるべきであろう。

いま一つは、長岡京の特異性を過度に主張する点である。岸氏は、長岡京が倭京から平安京に至る首都の配置例から逸脱しているとするが、平安京の場合も、その東京極が図上で平城京の西京極とほぼ一致するのみで、平城京からの古道が平安京まで真北に延びている訳ではない。藤原京と平城京が古道によって結ばれていることとは次元を異にするのである。そして見方を変えれば、長岡京は首都移動の原則に従っているとみることもできる。すなわち、岸氏が明らかにしたように、藤原京・平城京の基軸となった下ツ道は、平城京から乃楽山を越えて、木津・宇治・山科などをへて近江へ至っており、北陸道・東山道へ接続する古道であった。岸氏は注目していないが、同じ下ツ道は木津から岡田・楠葉・山崎をへて山陽道や山陰道へも伸びており、長岡京の地は山陰道へ向かう要衝に位置し、山陽道へのアクセスにも優れた場所を占めていた[20]。

したがって、藤原京から平城京への遷都が下ツ道を北上して、次第に大和川流域から木津川・淀川流域に接近してゆく移動とみると、平城京から長岡京への遷都は淀川流域への接近を完成した遷都と評価することもできる。下ツ道の延長上に山陰道や山陽道が位置することを想起すれば、長岡京への遷都が必ずしも首都移動の原則からはずれるものとはいえないと思うのである。

なお岸氏は、後期難波宮の朝堂院を十二堂と想定していたために(三九四頁)、長岡宮ではじめて朝堂院が八堂になったと理解していたが、現在では後期難波宮の朝堂自体が八堂であったことが判明している。長岡宮の朝堂院が八堂であったのは、後期難波宮の朝堂院を移築したことによるのであり[21]、八堂形式を創始した点に長岡京の特異性を読みとることはできなくなった。長岡京の位置づけは特異性のみでなく、首都移転の原則上からも正当に評価されてしかるべきであろう。

おわりに

以上、岸俊男氏の著書を再読し、現在の地平からみた問題点と再評価すべき点を述べてきた。岸氏が古代宮都の研究において築きあげてきた功績の偉大さを再認識するとともに、その後の研究の進展により、いくつかの論点には見直しが迫られていることが確認できたと思う。ただし、飛鳥の方格地割論と倭京論、小墾田宮の朝堂論、長岡京遷都論などのように、岸説に対する異論も、藤原京条坊制論、朝政・朝儀論、古道と都城の関係論など、岸氏が明らかにした基礎的事実に立脚してはじめて提出可能であったことを忘れてはならない。岸説の水準の高さとその汎用性をよく示している。

岸氏による藤原京の京域論は、大藤原京説の登場により、現在では通説の位置を占めるものではないが、大藤原京説にも問題点があることを思うと、岸説の価値はいまだに失われていない。飛鳥から前期難波宮へ、飛鳥京から藤原京・平城京へという古代都城の展開過程を見通す際に、どのような宮都の変遷史を描き出すのが説得的かという大きな問題が投げかけられているのであり、岸氏が提起した古道を軸線とする首都の北上、宮都の相似形的発展という観点は、今後も検証を重ねるべき重要な視角であるといえよう。

文献史家が史料を博捜して、丹念な考証を加えるのは当然のことであるが、岸氏の場合、六国史・律令格式・正倉院文書はいうまでもなく、記紀の神話・伝承から和歌・漢詩までを含めた幅広い史料を的確に引用し、そこから疑いのない事実を引き出す卓越した能力を備えていた。本格的に出土しはじめた木簡史料の扱いにも慣れ、発掘成果の理解も正確であった。これに加えて歴史地理学の研究にも造詣が深く、大縮尺の地図を駆使して条坊や条里の復原を行うなど、岸氏が開拓した研究手法は他の追随を許さないものがあった。岸説が現在でも大きな影響力を保持しているゆえんである。

岸氏の論証の真骨頂は、「石橋をたたいても渡らない」慎重な態度を保持していたところにあろう。考察の筆はときに行きつ戻りつし、最終的には出発点に帰ってくる場合もある。岸氏の真意を読みとりかねる箇所も多く、たとえば、正月大射の場所は大極殿南門であると述べているようにみえるが、実は結論は保留されているのである（四〇五頁）。その意味では、岸氏は考えうる限りの関係史料を集成し、歴史地理学・考古学など隣接諸学の手法までも動員しながら、誤りのない限界地点を照射しながら、古代宮都の歴史を描き出したといえるのではないか。

岸氏のような巨大な文献史家が少なくなった今日、その著書から教えられることは無数にあり、本書を読み直すことで得られる研究上のヒントも多数にのぼる。考古学的研究の深化により、古代宮都の復原に文献史家が寄与できる範囲は狭まりつつあるが、本書を再読することにより、文字史料や土地に刻まれた痕跡には、まだまだ活用の余地があることを痛感した。岸氏が描き出した図上に、より慎重な態度で、新たな図形を書き加える努力が求められている。

研究史上にたしかな足跡を残す名著に対して、不当で不十分な論評を加えたのではないかと恐れる。また、本書収録論文のなかには紹介できなかった重要な業績もあるが、それらの点についてはご寛恕をお願いしたい。

注

（1）近江俊秀・奥井智子「平城京右京四条一坊八坪他」奈良県立橿原考古学研究所『奈良県遺跡調査概報』二〇〇七年、第一分冊（二〇〇八年）。

（2）小澤毅「古代都市『藤原京』の成立」（『日本古代宮都構造の研究』青木書店、二〇〇三年）、中村太一「藤原京と『周礼』王城プラン」（『日本歴史』五八二、一九九六年）。

（3）仁藤敦史「倭京から藤原京へ」（『古代王権と都城』吉川弘文館、一九九八年）、山中章「古代都市の構造と機能」（『考古学研究』四五―二、一九九八年）。

（4）林部均「藤原京関連条坊の意義」（『古代宮都形成過程の研究』青木書店、二〇〇一年）。

（5）木下正史『藤原京』（中央公論新社、二〇〇三年）一六二～一六四頁。

（6）網干善教「倭京（飛鳥）地割の復原」（『関西大学考古学研究紀要』三、一九七七年）、秋山日出雄「『飛鳥京と大津京』都制の比較研究」（奈良県教育委員会『飛鳥京跡』一、一九七一年）、千田稔「飛鳥の地割と尺度」「歴史地理学における『復原』から『意味論』へ」（『古代日本の歴史地理学的研究』岩波書店、一九九一年）、黒崎直「飛鳥の道路遺構と方格地割」（『遺跡学研究』二、二〇〇五年）。

（7）井上和人「飛鳥京域論の検証」（『古代都城制条里制の実証的研究』学生社、二〇〇四年）、同「『飛鳥の道路遺構と方格地割』説批判」（『条里制・古代都市研究』二二、二〇〇六年）。

（8）露口真広「中ツ道（藤原京東四坊大路）の調査成果から」（『条里制・古代都市研究』二〇、二〇〇四年）、井上和人「発掘『中ツ道』説批判」（『古代都城制条里制の実証的研究』学生社、二〇〇四年）。

（9）今泉隆雄「書評　岸俊男著『日本古代宮都の研究』」（『日本史研究』三三六、一九九〇年）九〇頁。

（10）寺崎保広『藤原京の形成』（山川出版社、二〇〇二年）六六～六八頁。

（11）西本昌弘「日本古代礼制研究の成果と課題」（『日本古代儀礼成立史の研究』塙書房、一九九七年）。

（12）吉川真司「王宮と官人社会」（列島の古代史三『社会集団と政治組織』岩波書店、二〇〇五年）。

（13）西本昌弘「元日朝賀の成立と孝徳朝難波宮」「七世紀の王宮と政務・儀礼」（『日本古代の王宮と儀礼』塙書房、二〇〇八年）。

（14）岸氏の太極殿東堂・西堂論に対しては、その後、鬼頭清明「日本における大極殿の成立」（『古代木簡と都城の研究』吉川弘文館、二〇〇〇年）、吉田歓「魏晋南北朝時代の宮城中枢部」（『日中宮城の比較研究』吉川弘文館、二〇〇二年）などが、批判的な検討を加えている。
(15) 王仲殊「日本の古代都城制度の源流について」（『考古学雑誌』六九―一、一九八三年）、岩本次郎「隋唐洛陽城と黄河の治水」（岸俊男編『中国の都城遺跡』同朋社、一九八二年）七〇頁に引用の徐苹芳氏発言。
(16) 楊寛「都城の配置構造の変遷と礼制との関係」（西嶋定生監訳『中国都城の起源と発展』学生社、一九八七年）。
(17) 積山洋「孝徳朝の難波宮と造都構想」（塚田孝編『大阪における都市の発展と構造』山川出版社、二〇〇四年）。
(18) 積山洋「古代都市難波京の諸段階」（地方史研究協議会編『巨大都市大阪と摂河泉』雄山閣出版、二〇〇〇年）、同「飛鳥時代の難波京をめぐって」（栄原永遠男・仁木宏編『難波宮から大坂へ』和泉書院、二〇〇六年）。
(19) 『日本後紀』延暦二十三年（八〇四）十月甲辰条に「難波行宮」、『慈覚大師伝』に「難波離宮」、『日本三代実録』元慶五年（八八一）正月十九日条に「難波宮」がみえる。
(20) 仁藤敦史「『山背遷都』の背景」（今谷明編『王権と都市』思文閣出版、二〇〇八年）。
(21) 植木久「難波宮朝堂院の発掘調査」（『日本歴史』四七二、一九八七年）。

第六章　大藤原京説批判──十二条八坊説への回帰──

はじめに

藤原京は難波京と並ぶ日本最古の条坊都城である。藤原京の京域をめぐっては、喜田貞吉の研究以来、いくつかの復原案が示されたが、岸俊男氏による十二条八坊説の復原案が一九六九年に発表され、それが長く定説の位置を占めた。しかしその後、岸説藤原京の京域外から条坊に一致する道路遺構が検出されるに及んで、一九八〇年前後から、岸説を越える範囲に京域を想定する意見が出されるようになった。

一九九六年に橿原市土橋遺跡で推定西十坊大路、桜井市上之庄遺跡で推定東十条大路が検出されると、小澤毅・中村太一両氏によって、南北十条、東西十坊の規模をもち、正方形の京域の中央に藤原宮を配する大藤原京説が提唱され、これが現在もっとも有力な復原案として受け入れられている。大藤原京説では、『周礼』考工記の記載を参照して、正方形の京の中心に宮を置く中国都城の理想型を採用したと説くが、宋代以前には中国においてさえ『周礼』の規定に依拠した都城は造営されなかったので、七世紀後半の日本が大藤原京のような構造の都城を建設したとは考えられないのである。

この他にも、大藤原京説においては、岸説に至る伝統的な史料解釈を軽視した側面があり、十二条八坊説の根拠となった大宝戸令の坊令配置の問題などは、原点に立ち戻って再検討する時期に来ていると思われる。また、日本の古代国家は唐の律令を継受して、律令国家の建設を進めたが、古代都城もそれと同時並行的に整備されてきたので、唐の律令に盛り込まれた「京」の規定が、藤原京などの構造に影響を与えていないかどうかも、あらためて検討してみる必要があろう。

本章では、このような問題意識に立ち、基本的には岸説藤原京を再評価する観点から、大藤原京説の根拠とその問題点を洗い直し、新たな可能性を追究することにしたい。

一　岸説藤原京と条坊道路の規模

一九六六年末から開始された藤原宮の緊急調査に参加した岸俊男氏は、発掘調査の成果を活用して、藤原宮域を確定し、喜田貞吉以来の研究を批判的に継承して、藤原京域とその条坊地割についても推定復原案を提示した(1)。

岸氏が注目したのは、藤原京の四周を大和の古道が廻っているという事実である。すなわち藤原京の東京極は中ツ道、西京極は下ツ道、北京極は横大路、南京極は上ツ道の延長である山田道に相当し、これらの古道に囲まれた東西四里（約二・一キロ）、南北六里（約三・一キロ）の地域に、一条＝一坊を半里（約二六五メートル）四方とする南北十二条、東西八坊の条坊制が施行され、藤原宮はその中央北寄りに四条×四坊の一域を占めて配置されたと考えたのである。

こうして復原された藤原京を真北に移動させ、下ツ道を軸に東西幅を西に二倍に展開したものが平城京であり、両

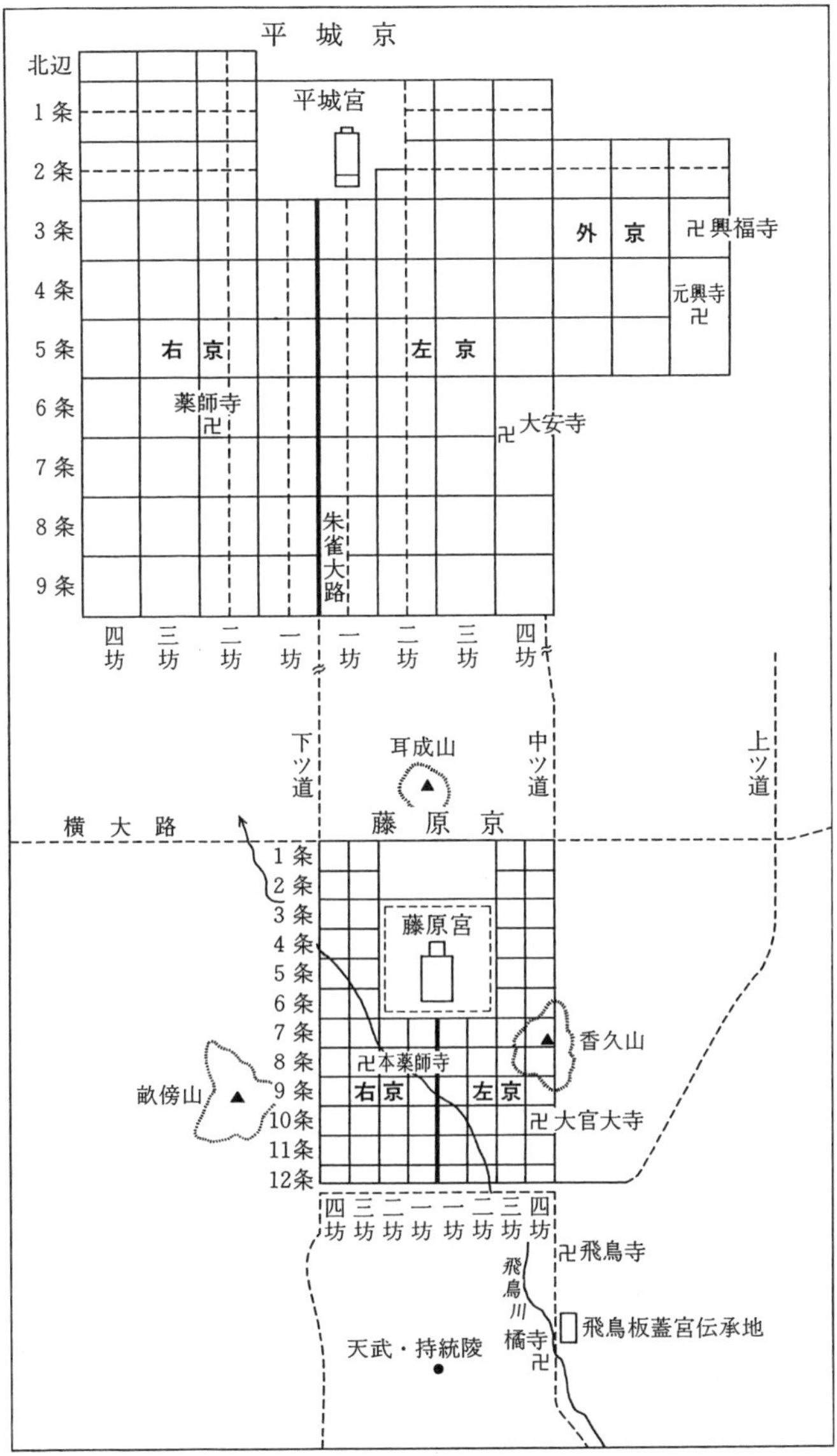

図20　藤原京・平城京比較対照図（岸俊男『日本古代宮都の研究』岩波書店、p 55の第二図を転載）

京における薬師寺と大官大寺（大安寺）の伽藍位置も相似の関係にある。平城京は藤原京を長さにして二倍弱、面積にして約三倍に拡大したものであり、藤原京から平城京への遷都は、都城制の発展を示すものとしてとらえられることになる。岸説は古道を基軸とする南から北への宮都の展開を跡づけ、とりわけ藤原京と平城京の都城計画上の密接な関係性を明らかにした、きわめてすぐれた学説であった。

しかし、その後の研究の進展により、岸説藤原京には疑問が提示され、いわゆる大藤原京説が定説化するようになった。岸説藤原京が否定される契機になったのは、主として次の二つの事実が明らかになったことである。まず第一に、発掘調査で確認された藤原京の大路の規模にばらつきがあったことであり、第二に、岸説藤原京の京域外から条坊一致道路が発見されたことである。ここでは、第一の点について考えてみたい。

藤原京の朱雀大路は側溝心心間距離で約二五メートル、六条大路は約二一メートルあるとされていた。これに対して、三条大路および京外西一坊大路などの奇数大路は八メートル前後の規模しかもたない。このことに注目した阿部義平氏は、岸説藤原京における奇数条坊大路は実は条間・坊間小路であり、偶数大路のみが大路に相当するとし、藤原京の一坊は平城京と同じく一六坪で構成されると論じた[2]。すなわち、藤原京の一坊は平城京と同じく一里（約五三〇メートル）四方であるということになる。押部佳周氏も三条大路の道幅が狭いことを理由に、同様の主張を行っている[3]。

ただし、その後の発掘調査成果によると、ことはそう単純ではない。大脇潔氏によると、岸説藤原京の奇数大路がすべて狭いとは限らず、九条大路や本薬師寺西南隅で検出された西三坊大路は側溝心心間距離で約一五メートルに復原されるという[4]。また、西一坊大路との交差点で確認された六条大路の幅員は約一六メートルであったことから、黒崎直氏は六条大路二一メートル説に疑義を呈している[5]。黒崎氏によると、奇数大路であっても、五条大路や西三坊大

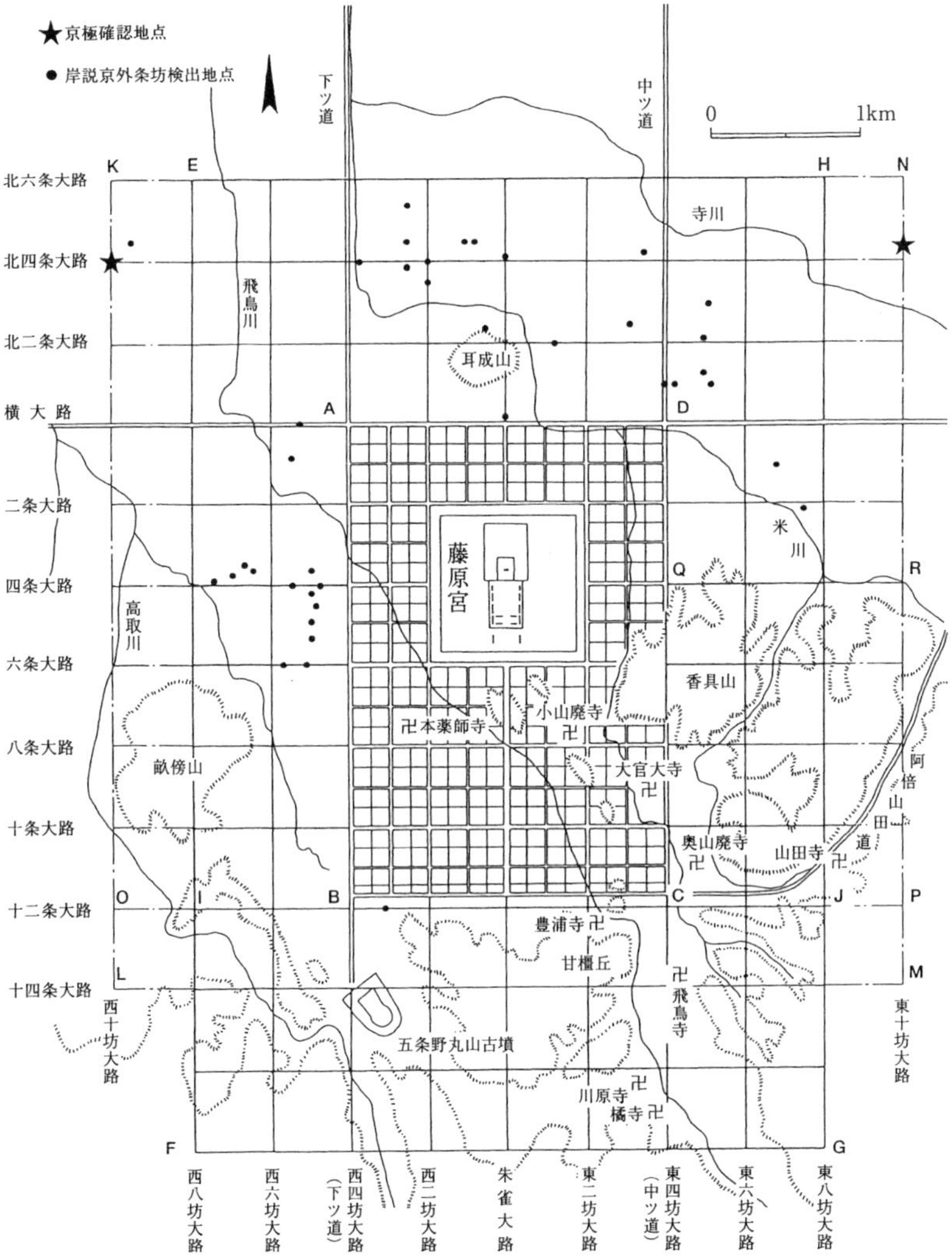

図 21　藤原京域の復元諸説（条坊呼称は岸説およびその延長呼称による）
ABCD＝岸俊男説、EFGH＝阿部義平・押部佳周説、EIJH＝秋山日出雄説、KOPN または KOCQRN＝竹田政敬説、KLMN＝小澤毅・中村太一説
（小澤毅『日本古代宮都構造の研究』青木書店、2003 年、第 19 図を転載）

路では大路並みの路幅を確認したとの報告があり、九条大路も幅広である可能性があるという。(6)こうした指摘を参照すると、岸説藤原京における奇数大路のすべてが偶数大路と比べて著しく狭いといえるのかどうか疑問となってくる。少なくとも西三坊大路は通常の大路並みの規模をもっているのであり、岸説藤原京の信頼性がすべて揺らいだ訳ではないのである。

近年に至る発掘調査の成果をまとめると、藤原京内の条坊道路は次の四段階の規格（側溝心々間距離）で設定されていたようである。

朱雀大路　約二四メートル
偶数大路・西三坊大路　約一六メートル
奇数大路　約八・五メートル
小路　約六・五メートル

これによると、三条大路などの奇数大路は朱雀大路の約三五％、六条大路など偶数大路の約五三％の規模しかないが、一般の小路と比べると約一・三倍の広さをもっていることがわかる。奇数大路と小路との格差が小さい点は、のちの都城とはやや異なるが、三条大路などの奇数大路を完全に否定するのは困難であると思われる。

大路の規模にばらつきがあるのは、平安京や平城京においても認められることであった。平安京の大路の規模は、『拾芥抄』中、第二一、京程部によると、次のようであった。

朱雀大路　広二八丈
宮城南大路（二条大路）　広一七丈
南京極大路　広一二丈

北京極大路（一条大路）・四大路（上東門・陽明門・待賢門・郁芳門大路など）　一〇丈
六大路（三条・四条・五条・六条・七条・八条大路）　広八丈
小路　広四丈

平安京の条坊大路の場合、三条大路から八条大路までの六大路は広さ八丈であり、これは宮域の南を画する二条大路（広さ一七丈）の半分以下であり、朱雀大路の広さ二八丈と比べると三分の一以下であった。それでも小路の四丈と比べると、三条大路などは倍の八丈の規模をもち、十分に大路の役割を果たしたのである。

このことは平城京の大路でも同様であった。朱雀大路が側溝心々間距離で二一〇大尺（約七四・五メートル）、宮城の南を画する二条大路が一〇五大尺（約三七・二メートル）であったのに対して、六条大路は四〇大尺（約一四・二メートル）、三条大路・西二坊大路・東四坊大路などは四五大尺（約一六・〇メートル）と小規模であった。[7] 六条大路は朱雀大路の約一九％、二条大路の約三八％の規模を有するにすぎない。しかし、多くの小路の広さが二〇大尺（約七・一メートル）であったことを思うと、六条大路は十分に大路としての規模を有していたのである。

こうした平安京・平城京の大路の例を参照すると、岸説藤原京の奇数大路が偶数大路の半分ほどの規模であるのは、とくに異とするにはあたらず、普通に大路とみなして問題ないであろう。奇数大路の路幅が狭いことをもって、岸説藤原京を否定するのは妥当ではないのである。岸説藤原京を否定する根拠の一つが崩れたことは、あらためて岸説の有効性を考え直す機縁となることであろう。

二　藤原京京域復原の史料的根拠

藤原京の京域を十二条八坊に復原するのは、岸俊男氏の創見にかかるものではなく、喜田貞吉・足立康・田村吉永・大井重二郎らの藤原京論でも等しく共有される認識であり、岸氏の藤原京復原案はそうした先行研究の成果を批判的に継承した上に築き上げられたものであった。

喜田貞吉らがそろって依拠するのは、次の各史料である。

①養老職員令、左京職条

左京職　右京職准㆑此、管㆓司一㆒

大夫一人、（中略）亮一人、大進一人、少進二人、坊令十二人、使部卅人、直丁二人、

②養老戸令、置坊長条

凡京毎㆑坊置㆓長一人㆒、四坊置㆓令一人㆒、

③職員令集解、左京職条朱説

ⓐ朱云、四坊置㆓令一人㆒、是以知、京可㆑有㆓十二条㆒耳、

ⓑ四坊置㆓令一人㆒者、仮令、有㆓大宮等㆒、雖㆑不㆑足㆓四坊㆒、猶置㆑令耳、

史料①より、令制では左京を管する左京職に、大夫以下の四等官のほか、坊令一二人が属したこと、史料②より、令制の京では、坊ごとに坊長一人を置き、四坊ごとに坊令一人を置いたことがわかる。史料②に付された『令集解』の古記に「令一人」「長一人」の語句が引かれているので、史料②は大宝令でも同文であったと考えられる。

史料③は令文たる①と②を踏まえて、朱説が解釈を加えたもので、ⓐ四坊に坊令一人を置くことから、京には十二条があったことを指摘し、ⓑ大宮などがあるため、四坊に足りないところにも、坊令一人を配置するのであると述べている。

喜田貞吉は史料①〜③を参照して、大宝令の京域の制は左右京に各坊令一二人を置き、坊令は四坊すなわち一条に一人ずつ置く制であるため、その当時の京には十二条があったことがわかるが、平城京は南北九条であるので、史料①〜③は藤原京が南北十二条、左右京四坊ずつにわかれていることを示すものであると結論づけた(8)。

また、『日本書紀』大化二年正月条の改新詔に、

凡京、毎レ坊置二長一人一、四坊置二令一人一、掌下按二察戸口一、監中察奸非上、

とあることから、各条を四坊ずつにわかち、四坊に一坊令を置くことは、大化の難波京以来の通則で、これが平城・平安両京にも継承されたとした(9)。

喜田はのちには、改新詔には疑いがなくもないので、難波京以来の通則という点には固執しないとあらためたが、各条を四坊ずつにわかつのは、少なくとも藤原京以後、常に変わらざる制度であったと指摘した(10)。

足立康も同様に、史料①〜③から、藤原京の左右両京は各十二条にわかたれ、その各条はさらに四坊に区分されていたと認め、この四坊の制はわが都城制の一原則とされていたもので、これがのちの平城・平安両京にも踏襲されたと論じた(11)。

また田村吉永も、史料①〜③に依拠して、藤原京は左右両京にわかれ、各十二条、各条は四坊に区分され、四坊に一人の坊令が配置されたと考え(12)、大井重二郎も同様に、南北十二条、東西八坊の制度が推測できるとしている(13)。

以上のように、岸説に先行する喜田・足立・田村・大井らの研究においては、史料①〜③を根拠として、藤原京の

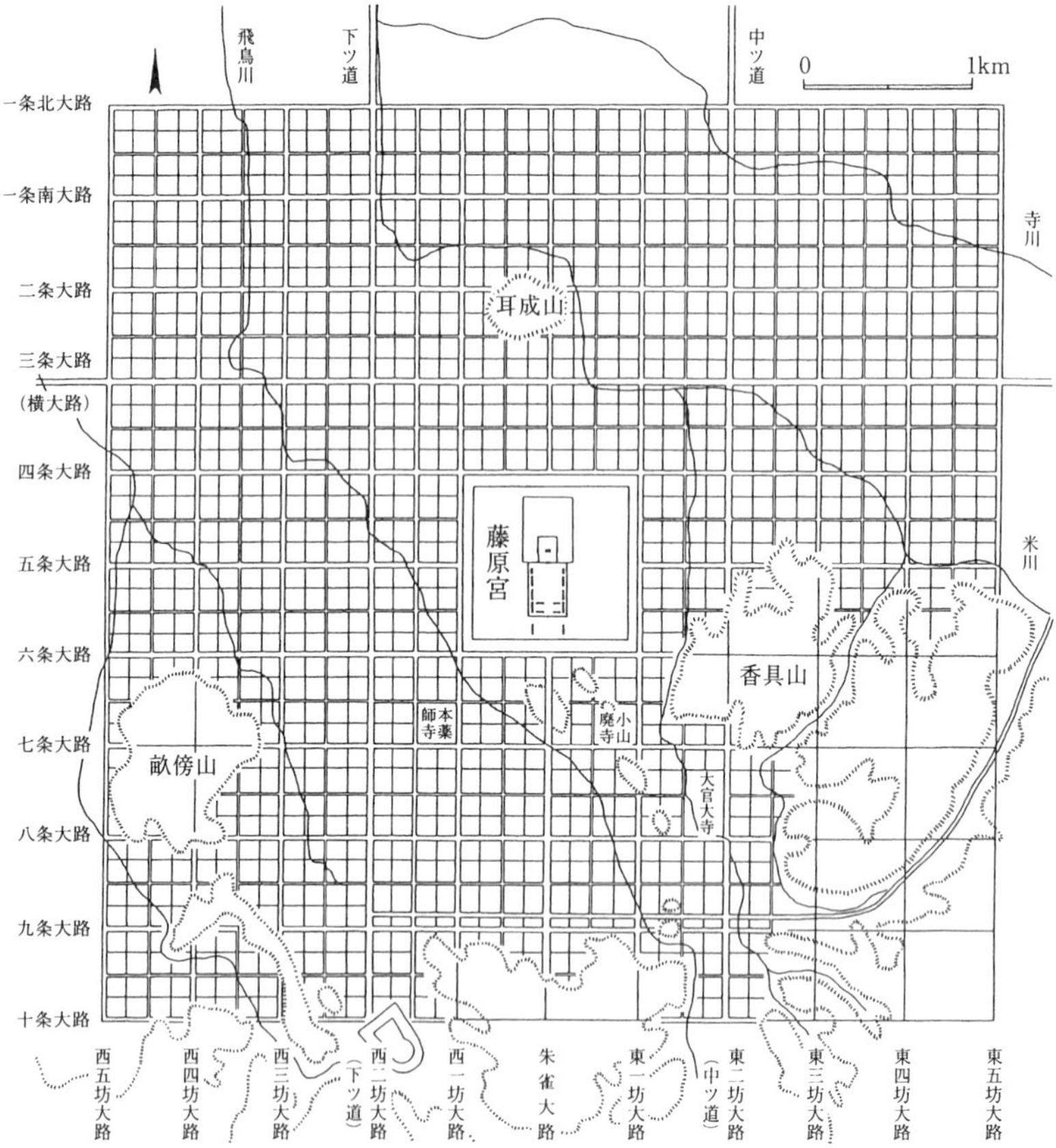

図 22　藤原京の復元（一部の条坊は模式図、条坊呼称は便宜的に平城京に準ずる）
（小澤毅『日本古代宮都構造の研究』青木書店、2003 年、第 20 図を転載）

京域を十二条八坊に復原し、左右京のそれぞれ各条の四坊ごとに坊令一人を配置したと考えたのであり、岸説藤原京も大枠ではこうした先行研究を踏まえている。したがって、史料①~③が存在し、喜田以来の解釈が認められる限り、藤原京十条十坊説が成立する余地はないのであるが、大藤原京説はこうした伝統的な史料解釈を排除して提唱されている。しかし、そうした新解釈は本当に成り立ちうるのであろうか。

坊令の管轄区域に関する新解釈は小澤毅・中村太一の両氏によって唱えられているの

で[14]、以下、その論証が妥当かどうかを検証してみたい。両氏の主張をまとめると、以下のようになる。

Ⓐ　藤原京では「〇条〇坊」などという条坊呼称法が存在せず、林坊・小治町などの固有坊名によって表示されていたから、各条の四坊を管轄する平城京以後のあり方とは異なっていた。

Ⓑ　坊令を条令とも表記するのは平安京・長岡京・平城京では確認できるが、藤原京段階の史料では、条単位の区域を管轄する坊令の存在は確認できない（厳密には不明ということになる）。

Ⓒ　令文には四坊ごとに坊令一人を配置するとあるが、その四坊は必ずしも東西一列とは限らない。

Ⓓ　『令集解』の朱説は九世紀中頃の成立であり、条単位の坊令配置は藤原京には存在しないので、史料③ⓐの注釈は平城京以降、直接的には平安京の制度に基づいて記された可能性が強い。また史料③ⓑも平安京などを前提とした注釈と考えられる。

小澤・中村両氏は以上のような理由から、喜田以来の藤原京十二条八坊説を否定し、藤原京十条十坊説を提唱した。両氏によると、「坊令十二人」と「四坊に令一人を置け」から、左右京では四坊×十二人×二＝九六坊となるが、十条×十坊＝一〇〇坊から藤原宮域の四坊分を除くと九六坊となるので、令文の規定は十条十坊説でも説明できるとする。

しかし、小澤・中村両氏の史料解釈と論理展開には大きな疑問がある。以下、順を追って述べてみたい。

ⓐ　藤原京に「〇条〇坊」などの条坊呼称がなかったとしても[15]、東西に並ぶ四坊を管轄する制度がなかったとはいえない。林坊・小治町などの固有坊名は条坊呼称とも両立しうるものであり、平安京では唐風の固有坊名と条坊呼称は両存していた。

ⓑⓒ　藤原京段階の史料には坊令を条令と称した史料は確認できないが、条令と呼ばれていないからといって、坊令が東西に並ぶ四坊を管轄していなかったとは断言できない。藤原京の時代には条単位の区域を管轄する坊令の存在

は確認されないというが、それは確認できないというだけで、中村氏自身がいうように厳密には不明ということである。

ⓓ　それにもかかわらず、Ⓓにおいて「条単位の坊令配置は藤原京には存在しない」と断言するのは論理の飛躍である。『令集解』の朱説が平安京の制度に基づいて記されたものであるというのは、明法博士たちの法解釈力を過小評価した見方で、簡単にはしたがうことができない。かりに平安京の制度を一部参照しているとしても、それは平安京だけではなく、藤原京以降の日本都城に共通する条坊配置を念頭に置いた解釈である可能性も十分存在するのである。

以上を要するに、小澤・中村両氏の論証は、藤原京では固有坊名が用いられており、坊令を条令と称した史料が確認できないことから、のちの条単位の区域を管轄する坊令は存在しなかったと結論しているのであるが、固有坊名の存在と条ごとの管轄区域とは両立しうるものであり、また、条令という呼称が未成立でも、東西に並ぶ四坊を管轄する制度は存在していた可能性がある。要するに、藤原京ではのちの条単位の区域を管轄する坊令がなかったとする両氏の根拠は、きわめて薄弱であるといわざるをえないのである。このような論証では、各条を四坊にわかち、四坊に一人の坊令を置くことは、日本の都城制の通則であるとした喜田・足立らの共通認識を覆すことはできないであろう。

小澤・中村両氏の大藤原京説では「坊令十二人」「四坊に令一人を置け」の解釈が困難となることは、仁藤敦史氏や黒崎直氏が指摘している。まず、仁藤氏の指摘は次のようである[16]。十条十坊説では坊令の管轄区域が直線型や田字型いずれを採用しても、左右京に分割した場合、統一的な配置をとれない点が大きな欠陥となる。直線型では東西だけでなく、南北に配置する部分が必要となり、必ず下ツ道・中ツ道・横大路などの大路を跨ぐ配置となり、田字型では必ず左右京を跨ぐこととなる。朱雀大路をはさむ対称的な東西四坊を坊令の管轄区域とする大宝令理念との差異が整合的に説明できない。条の用語は令文では用いられていないが、実態としては大宝令段階から坊令の管轄範囲が条と密接な関係にあったことは想定できるというのが、仁藤氏の結論である。

次に黒崎氏は、十条十坊説だと『令集解』朱説の「大宮等有りて四坊に足らず」云々の記述が記載される必要はなく、また下ツ道・中ツ道・横大路などの幹線道が坊令の管轄を区切ることになり疑問であると論じている。(17) 仁藤・黒崎両氏の批判は、大藤原京説では令文の坊令規定が説明できない点を突いたもので、下ツ道などの古道や朱雀大路を跨ぐ形での坊令配置は現実的ではないというのは、傾聴すべき指摘であるといえよう。仁藤・黒崎両氏からの批判に対しては、小澤氏が逐一反論を行い、十条十坊説の正当性を再確認しているが、(18) 坊令の管轄する四坊を田字型・直線型などの混在ととらえる点や、古道や朱雀大路を跨いで四坊が配置されたとする点は、どうみても不自然であり、行政事務の観点からみても納得できるものではない。

ところで、令制の坊令が左右京の条ごとに一人ずつ置かれたことをうかがわせる史料が存在する。次の二つの史料である。

(Ⅰ)『類聚三代格』巻五、定官員并官位事、延暦十七年四月五日太政官謹奏

太政官謹奏

応下以二坊令一准中初位官上事

右謹案二令条一、左右京職毎レ条置二令一人一、督二察所部一、惟人是凴、而任居二要籍一、秩无二微俸一、至二于除補一、競事二辞遁一、伏望、准二少初位下官一給レ禄、優二恤其身一、令レ勤二職掌一、臣等商量如レ前、伏聴二天裁一、謹以申聞、謹奏、聞、

延暦十七年四月五日

(Ⅱ)『類聚三代格』巻一五、職田位田公廨田事、延暦十七年四月五日太政官謹奏

太政官謹奏

応レ給二職田坊令一事

右謹案二令条一、左右京毎レ条置二坊令一人一、督察所部、惟人是馮、而任居二要籍一、秩無二微俸一、至二于除補一、競事二辞遁一、伏望、特給二職田二町一、優二恤其身一、令レ勤二職掌一、臣等商量如レ前、伏聴二天裁一、謹以申聞、謹奏、

延暦十七年四月五日

聞

Ⅰは坊令に職田二町を支給して優遇すること、Ⅱは坊令に少初位官に準ずる俸禄を与えて優遇することを定めた、ともに延暦十七年（七九八）四月五日付けの太政官謹奏であるが、いずれも「謹んで令条を案ずるに、左右京（職）、条毎に坊令一人を置き、所部を督察せしむ」と書き出していることが注目される。平安初期の法令ではあるが、令条を勘案すると、左右京職において条ごとに坊令一人を置くと述べているのであり、条ごとに坊令一人を置く制度が令意であると理解していることがわかる。かりに藤原京における坊令配置が平城京や平安京の場合と大きく異なっていたとすると、藤原京の時代から一〇〇年も経過していない平安初期には、そのことは明確に認識されていたであろうから、このような書き方にはならなかったはずである。「謹案二令条一、左右京（職）毎レ条置二令一人一」という記述からも、藤原京の段階から坊令が管轄する四坊とは、東西に並ぶ四坊であったとみるのが穏当であろう。

なお、『日本書紀』大化二年（六四六）正月甲子朔条の改新詔第二条の凡条には、

凡京、毎レ坊置二長一人一、四坊置二令一人一、掌下按二検戸口一、監中察奸非上、其坊令、取下坊内明廉強直、堪二時務一者上充、里坊長、並取二里坊百姓清正強幹者一充、若当里坊無レ人、聴二於比里坊簡用一、

とある。改新詔のこの条文は、養老戸令の第三条と第四条をあわせた内容をもつが、養老戸令第四条が坊令について

「取㆘坊内、明廉強直、堪㆓時務㆒者㆖充」としているところを、改新詔は「取㆘正八位以下、明廉強直、堪㆓時務㆒者㆖充」としており、令文の「正八位以下」が「坊内」と書かれている。

古内絵里子氏はこの相違点から、改新詔の坊令規定は大宝令施行以前の規定を反映したものと考えている(19)。大宝令施行以前の規定とは浄御原令の規定であることを意味しよう。そう考えて大過ないとすると、改新詔には「凡京、毎㆑坊置㆓長一人㆒、四坊置㆓令一人㆒」とあるので、京の坊ごとに長一人を置き、四坊ごとに令一人を置く規定は、浄御原令にさかのぼることが想定できるのである。改新詔の里坊規定を分析した井上光貞氏も、都城の制が浄御原令の時代たる藤原京において忽然として現れる点からみて、大宝令とほぼ内容を同じくする京の里坊の規定が浄御原令においては整っていたと論じている(20)。

浄御原令と大宝令の関係については、『続日本紀』大宝元年（七〇一）八月癸卯条の大宝律令撰定記事中に「大略以㆓浄御原朝庭㆒為㆓准正㆒」とあることから、両令の間に本質的な相違はないと考えられてきた(21)。これに対して、文中にみえる「准正」という語は、『唐会要』『冊府元亀』の記事を誤読したことによる成語であるとして、この記事の史料的価値に疑問をさしはさむ意見もあるが(22)、出典となる漢語が不明であるとしても、「准正」=「準正」が「よるべき正しい基準」の意味で用いられていることは否定できない。大宝令が浄御原令に準拠して制定されたものであることは認められるべきであろう(23)。

藤原京の場合、浄御原令の編纂・施行期に造営が進み、遷都が実行されたので、京の制度は浄御原令に規定されたと考えられ、同様に藤原京の存続中に大宝令が編纂・施行されたので、大宝令にも浄御原令とほぼ同様の京の規定が定められたとみるべきである。坊ごとに坊長が置かれ、東西に並ぶ四坊ごとに坊令が配置される日本古代都城の通則は、少なくとも浄御原令にまでさかのぼるものと思われるのである。

三　長安城・洛陽城の坊正と藤原京の坊令・坊長

大藤原京説の大きな問題点は、藤原京が中国の現実の都城ではなく、中国の古典である『周礼』に依拠して建設されたとする点である。『周礼』考工記、匠人営国条の「方九里、旁三門、国中九経九緯」、「面朝後市」などの規定は、正方形の京の中央に宮を置き、前面に朝庭、後方に市を設ける点など、十条十坊からなる大藤原京の復原案とよく一致するという。大藤原京説では、天武・持統朝に遣唐使の派遣がなく、中国の最新都城に関する情報が途絶したため、中国の古典である『周礼』に依拠したと説明している。[24]

しかし、第五章で指摘したように、[25]これはきわめて一面的な見方である。倭国の使者は六〇〇年の遣隋使以来、たびたび隋の大興城・洛陽城や唐の長安城・洛陽城に入り、両城の規模や構造を熟知していたはずである。天武・持統朝に遣唐使の派遣がなかったからといって、隋唐の長安城や洛陽城の構造が把握できなかったとは考えられない。また、中国では古くから『周礼』考工記の記述はほとんど実施されず、宋代や元代になってはじめて正方形の京の中央に宮を置く都城が出現した。[26]このことからみても、七世紀後半の日本が『周礼』に依拠した都城を建設したというのは不自然なのである。

『周礼』モデル論に対しては、これ以外にも多くの異論が出されている。山中章氏は、唐の律令を基礎にして律令の法体系を準備した王権が、都の構造だけ『周礼』によるというのは唐突であると批判し、[27]林部均氏も、天武がつくった支配システムは『周礼』にもとづくものではないのに、王都だけが『周礼』にもとづいて造られるというのは考えにくいと指摘する。[28]また浅野充氏は、新益京の造営に際して日本の律令国家が意識したのは、現実に復原することすら困難な周礼型都城ではなく、当時の唐に実在していた都城長安であったと考え、[29] 吉田歓氏は、『周礼』の記述はきわめて簡単なので、大極殿や朱雀大路などは隋唐長安城の太極殿や朱雀門街を参考にしないと造営できないと論じ、[30] 応地利明氏は、「十一経十一緯」として復原される大藤原京の街路は『周礼』のいう「国中九経九緯」とは一致しないなど、『周礼』の規定と大藤原京の構造とは異なる点が多く、大藤原京の様相を『周礼』と結びつける必要はないと断じた。[31] 諸氏の批判はいずれも妥当なもので、『周礼』モデル論の問題点を的確に指摘したものといえよう。

大宝律令に至る日本律令の藍本とされるのは、唐の貞観十一年（六三七）に成立した貞観律令もしくは永徽二年（六五一）に成立した永徽律令であるが、[32] これらは天武・持統朝以前に請来されていたと考えられる。[33] 文武四年（七〇〇）六月には、大宝律令撰定の功により刑部親王以下の人々に禄を賜っているが、このなかにみえる土部（土師）甥と白猪骨（宝然）は天武十三年（六八四）十二月に帰国した入唐留学生であり、同じく唐人の薩弘恪は斉明六年（六六〇）十月に百済の鬼室福信が倭国に献上した唐俘百人のうちの一人と思われる。薩弘恪と並んでたびたび褒賞されている音博士の続守言も（『日本書紀』持統五年九月壬申条、同六年十二月甲戌条）、律令撰定に寄与した俘虜出身の唐人であろう。天武・持統朝に遣唐使は派遣されなかったが、それ以前に律令編纂のための基礎資料は請来されており、律令に通じた唐人も倭国に在住していた。また天武朝に帰国した留学生も律令の編纂に貢献したのである。藤原京の造営についてもこれと同様のことが想定できるのであり、遣唐使派遣の中断を必要以上に強調し、中国都城の情報が途絶したと判断するのは妥当ではない。

日本古代における都城の建設を考える際に注目すべきは北村優季氏の研究である。北村氏によると、律令そのものが都城の存在を前提に編纂されており、日本の都城が浄御原令や大宝律令の成立と時を同じくして登場するのも、こうした律令と都城との密接な関係に由来するという。[34] 日本律令の「京」に関する条文（京城・京城門・坊垣・街鋪・

門巷・巷街・坊街など）は、唐の律令を直接的に継受して成立したものであるが、「皇城」の規定を削除し、坊令の「坊門管鎰」の職掌を除外するなど、日本の都城の構造と対応した現実的な修正を行っている。(35)

そして、唐の律令に規定された「京」とは長安城や洛陽城であった。北村氏は日本の遣隋使や遣唐使が最初に訪れたのは隋唐の長安城であったから、藤原京をはじめとする日本の都城の模範となったのも長安城であったとみるのが穏当であり(36)、大宝令制定の時点には、すでにのちの平城京や平安京と同じく日本的な都城の姿が具体的に計画されていた可能性が高いと論じている。(37)

七世紀後半の日本が建設を急いだのが中国的な律令国家であり、唐の律令に規定された「京」が長安城や洛陽城であったとすると、日本は律令の編纂を進めながら、同時並行的に長安城・洛陽城に範をとった「京」を建設する必要があったのである。『周礼』のような抽象的で簡略な規定ではなく、律令の条文中に組み込まれた具体的な「京」規定を参照しながら、藤原京が造営されたと考えねばならない。そこで、「京」内の行政組織の問題に絞って、日本は唐令をどのように継受しながら、坊ごとに坊長を置き、四坊ごとに坊令を置く制度を整えたのかを考えてみたい。

唐の全土は、都城の内外を問わず、府（州・郡）―県―郷―里という人為的な行政組織に従って統治されていた。京兆府に属する長安城内も、朱雀大街を境に東は万年県、西は長安県に分けられ、城内には多数の郷―里が存在していた。一方、中国では魏晋南北朝時代に民間に生まれた坊・村という自然区分が存在し、唐は坊に坊正、村に村正を置いて、坊内・村内の治安維持にあたらせた。坊は両京城内や州県郭下に置かれ、村は田野に置かれた。長安城内においては、県―郷―里という行政組織とは別に、朱雀大街の東には五四坊、西には五四坊が存在したが、各坊に一人ずつ坊正が配置されたのである。(38)

『通典』巻三、食貨三、郷党所引の「大唐令」は、唐戸令の第一条に存したと推定される条文であるが(39)、そこには、

諸戸以二百戸一為レ里、五里為レ郷、四家為レ鄰、〔五〕三家為レ保、毎レ里置二正一人一、（中略）掌下按二比戸口一、課二植農桑一、検二察非違一、催中駆賦役上、在二邑居一者為レ坊、別置二正一人一、掌三坊門管鑰一、督二察姦非一、並免二其課役一、在二田野一者為レ村、別置二村正一人一、其村満二家百家一増二置一人一、掌同二坊正一、（下略）

とあり、一〇〇戸を一里、五里を一郷とし、里ごとに里正一人を置いて、戸口の按比と農桑の課植を掌らせる一方、邑居には坊を設けて、坊ごとに坊正一人を置き、田野には村を設けて、村ごとに村正一人を置くことが定められていた。坊正・村正には坊門の管鎰と姦非の督察という治安維持の職務が課せられたのである。

『倭名類聚抄』巻一〇、居所部、門戸類坊門条所引の「唐令」にも、

両京城及州県郭下、坊別置二正一人一、掌三坊門管鑰一、督二察奸非一也、

とあり、ここでも、両京城と州県郭下においては、坊ごとに坊正一人が置かれ、坊門管鑰と督察奸非を掌ることが規定されている。長安城の各坊はそれぞれ周囲を坊壁（坊垣・坊墻）に囲まれていたが、その内部は里にわけられ、里正が民衆統治を行っていた。時代によってその数は異なるが、長安城では一坊内に平均して里正が数名いたのに対して、坊正はただ一人が置かれるのみであったという。(40)

これに対して、日本の律令制下の統治制度は、国と京の二本立てになっていた。全国は国―郡―里の行政組織によって統治され、それぞれに国司・郡司・里長が配置された。一方、京内には郡や里は置かれず、左右京職のもとに、四坊ごとに坊令、各坊ごとに坊長が置かれて、京―条―坊の行政組織が整えられていた。(41)このように、日唐の統治組織には大きな相違点があるために、里や坊、里正や坊正を継受して、行政組織を整える際には、いくつかの修正を加える必要があった。まず、日本では唐の里と里正を継受して、里ごとに里長一人を置き、里正と同様の民衆統治の職掌を付与した。ただし、一里の規模は唐の半分の五〇戸にあらためている。

次に、日本では京には四坊ごとに坊令一人、坊ごとに坊長一人を置いた。唐では坊ごとに坊正一人が置かれたのに対して、日本では坊ごとに坊長一人を置いた上に、さらに四坊ごとに坊令一人を置いた点が大きな相違点である。また、唐の坊正は坊門管鑰と督察姧非を職掌としたが、日本の坊令・坊長は督察姧非の職掌のみを継承して、坊門管鑰の職掌を欠く一方で、唐の里正と同様の検校戸口・催駆賦徭という職掌を有している点が唐とは異なる。唐とは相違して、日本では京内に里長を置かなかったため、坊令・坊長に里長と同様の民衆統治の職掌を与えたのである。坊令・坊長に坊門管理の職掌が欠けているのは、岸・北村両氏の指摘するように[42]、日本の都城では坊門の整備が不十分で、坊門管理の実態自体が希薄であったことによる。

以上のように、唐の坊正を継受して日本では坊令・坊長の制度が整えられた。一坊を管轄する唐の坊正は、やはり一坊を管轄する日本の坊長に相当するようにみえるが、それでは、坊長に加えて四坊を管轄する坊令を置いた意味が不明となる。唐の坊正に相当するのは日本の坊令と考えるべきであろう。唐では一坊を管轄する坊正を日本では四坊を管轄する坊令として継受したために、一坊ずつを管する坊長を重ねて設ける必要があったと思われるのである。

坊正と坊令の対応関係は、日唐律の条文比較からも確認することができる。まず、『唐律疏議』衛禁律二四条は、州鎮戍の城や武庫の垣を越えた場合や、城主が故なく城門を開閉した場合の罰則を規定するが、そこには、

疏議曰、（中略）其坊正・市令非レ時開二閉坊門・市門一者、亦同二城主之法一

という一節があり、坊正・市令が時間外に坊門・市門を開閉した場合には、城主の無故開閉と同罪であるとする。これに対応する日本衛禁律二四条は『唐律疏議』とほぼ同文であるが、そこには、

其坊令・市正非レ時開閉、亦同二城主之例一

という一節があり、『唐律疏議』の「坊正・市令」を「坊令・市正」とあらためている。ここから、唐の坊正は日本の

坊令に対応することが判明する。

次に、『唐律疏議』賊盗律一五条は蠱毒の造畜について、里正（および坊正・村正）が知りながら糺さなかった場合の連座を定めたものであるが、唐律の「坊正・村正」を日本賊盗律一五条は「坊令・坊長」と書いている。日本には村正に対応するものがなかったから、唐の坊正は日本では坊令・坊長に置き換えられていることになる。これ以外に、日本賊盗律五四条、日本闘訟律逸文五八条などでも、唐律の「坊正・村正」は「坊令・坊長」にあらためられている。要するに、唐律の坊正は日本律では坊令として継受される一方、坊令と坊長をあわせたものとしても継受されているということができよう

なお、坊正の任用規定については、『通典』巻三、食貨三、郷党所引の「大唐令」に、

諸里正、県司選二勲官六品以下白丁、清平強幹者一充、其次為二坊正一、若当里無レ人、聴下於二比鄰里一簡用上、（下略）

とあり、里正は勲官六品以下の白丁の清平強幹者を選んで充て、その次を坊正となすと定める。これに対して、日本令では戸令四条に、

凡坊令、取下正八位以下、明廉強直、堪二時務一者上充、里長・坊長、並取二白丁清正強幹者一充、若当里当坊無レ人、聴下於二比里比坊一簡用上、若八位以下情願者聴、

とみえ、坊令は正八位以下の明廉強直にして時務に堪える者を充て、里長・坊長は白丁の清正強幹者を充てよとする。唐令では坊正よりも里正の方が重んぜられているのに対して、日本令では坊令の方が里長・坊長よりも重視されている。宮崎市定氏によると、これは唐では経済財政的な職務を有する里正の方が警察的任務をもつ坊正よりも重きをなしたためであるという(43)。日本の坊令は唐の里正と同じく民衆統治の職務を有したため、唐の坊正とは異なり、里長・坊長よりも重要視されたのであろう。

唐の坊正は両京だけではなく、州県の郭下にも置かれたから、一般的には里正の方が重視されたとしても、長安城と洛陽城の坊正は里正と並ぶ地位を有していたことが予想される。古内絵里子氏は、『天聖令』賦役令の不行唐令一五条（諸色職掌人免課役条）[44]に、「両京坊正」「里正」などが免課役とされ、同じく『天聖令』雑令の不行唐令一五条（番官雑任条）[45]に、「里正」「両京坊正」などが雑任と称されていることをあげて、両京の坊正は州県城の坊正とは区別され、里正と同じ待遇を受けていたことを明らかにした[46]。古内氏はさらに、長安城・洛陽城の坊正の特別な処遇は、日本の坊令の成立に影響を与えたとし、坊令自体は日本独自の官だが、中国の影響を多分に受けて成立したと論じている。日本の坊令が唐の両京坊正を参照しながら、日本で独自に創出されたとする見方は卓見であり、これに従いたいと思う。

それでは、唐の長安城や洛陽城の坊正をなぜ日本では坊令として継受する一方で、坊令と坊長をあわせたものとしても継受したのか。また、唐の坊正は一坊に一人置かれたのに対して、なぜ日本では坊令が一人で四坊を管掌することになったのか。日本の坊令は唐の両京の坊正を参照し、独自に創出されたものであったから、日本の四坊を管轄する坊令は唐の長安・洛陽両城の一坊を管轄する坊正と等しいものとして設置されたのであろう。すなわち、日本の都城の四坊が唐の長安・洛陽両城の一坊に対応するように制度設計が行われたことを示している。前述のように、唐の長安城では一坊内に平均して里正が数名いるのに対して、坊正は一人のみであった。これを日本の坊令・坊長と対照すると、四坊ごとに坊令が一人置かれ、坊令一人が四人の坊長を管した日本の制度は、一坊に一人置かれた坊正が一坊内に数名いた里正を管した唐の制度をモデルに作り上げられたものとみることができるのではないか。

四坊ごとに坊令一人を置く日本令の規定は、日本の都城の四坊を唐の都城の一坊に対応するものとして、すなわち日本の一坊を唐の一坊の四分の一に相当するものとして制定されたものと考えられる。日野開三郎氏によると、唐の

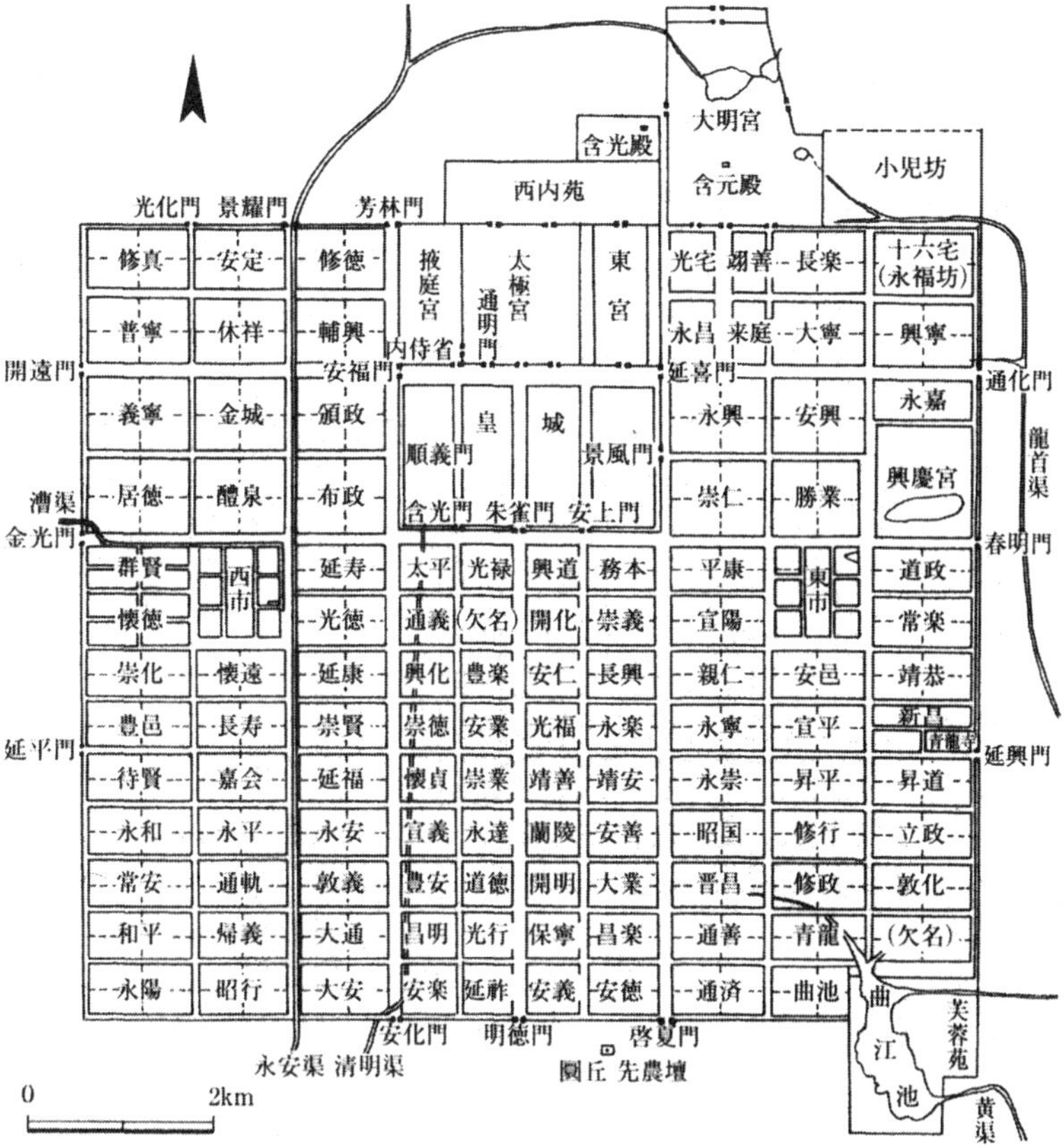

図 23　唐長安城復原図（小澤毅『日本古代宮都構造の研究』青木書店、2003 年、第 22 図を転載）

長安城の一坊は一辺三五〇歩（約六二〇メートル）の正方形を最小とし、六五〇歩（約一一五〇メートル）と五五〇歩（約九七四メートル）の矩形を最大として数段の規模の差があったが、洛陽城の一坊は基本的に一辺三〇〇歩（約五三〇メートル）の正方形であった[47]。積山洋氏は、隋唐洛陽城の洛河南岸の里坊には方三〇〇歩（約五三〇メートル）で設計されたものが多く、この三〇〇歩（一八〇〇尺）四方というのは、日本の平城京や平安京の一坊と同規模であることに注目

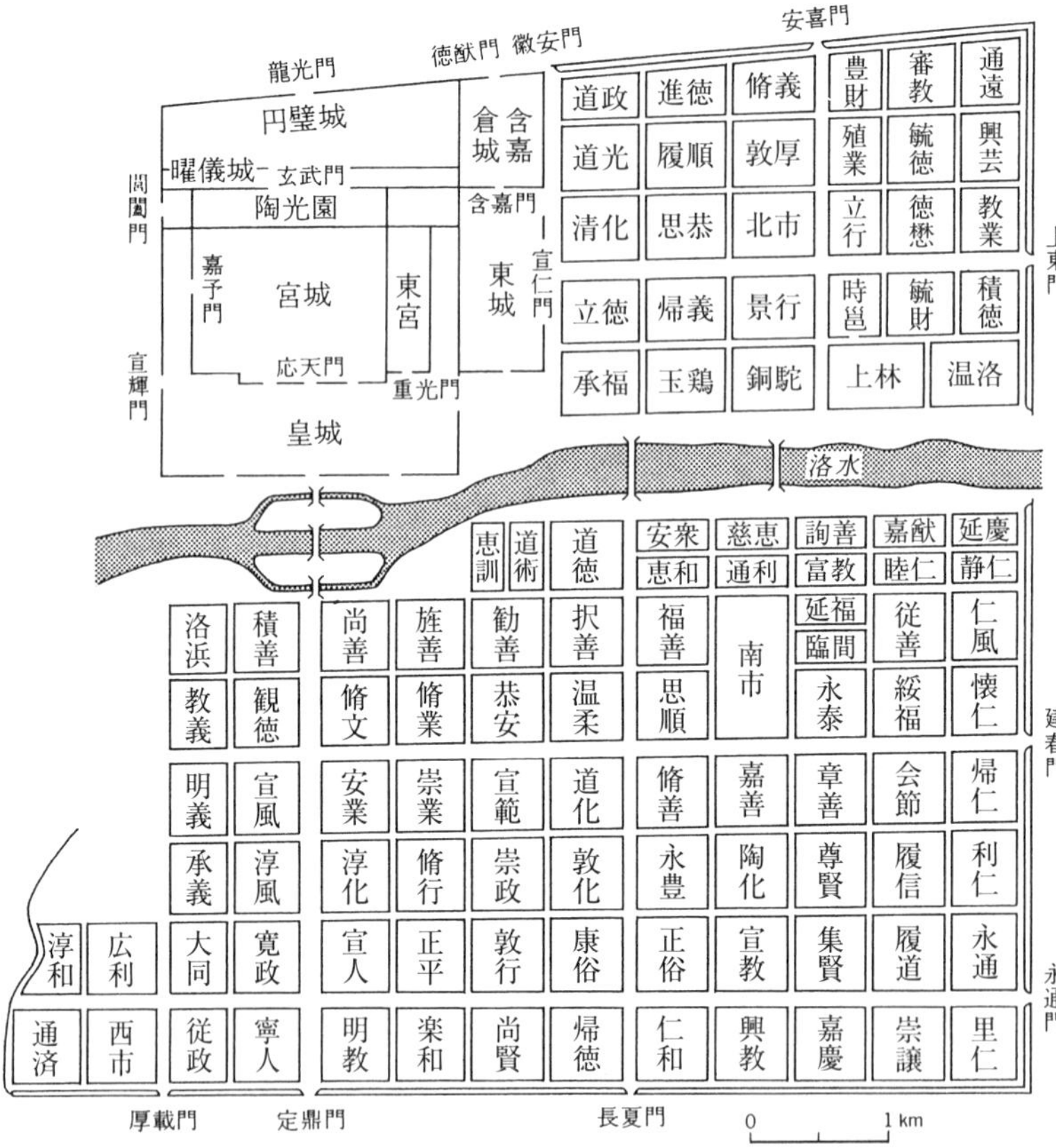

図 24　唐洛陽城復原図（岸俊男『日本古代宮都の研究』岩波書店、1988 年、p 549 の第二図をもとに加筆）

し、藤原京ではじめて条坊都城を建設する際に、隋唐洛陽城にみられた基本的な三〇〇歩四方の里坊だけを採用したものと考えている[48]。

　積山氏は大藤原京説を承認しているために、隋唐洛陽城の一坊と同規模の一坊を藤原京で採用したとみているが、前述したような唐の坊正と日本の坊令の対応関係からみて、条坊制導入期における日本の一坊は唐の一坊の四分の一の規模であった可能性が高い。藤原京における一坊は一五〇歩（約二六五メートル）四方であったと思われるのである。一坊の規模が縮小された背景には、日唐の首都における人口格差の問題があったであろう。唐の長安城の人口は一〇〇万人といわれ、近年では八〇万人説や七〇万人説が出されており[49]、唐の洛陽城の人口も長安城の人口と大差なかったと考えられる[50]。これに対して、日本の平城京の人口は一〇万人といわれ、藤原京の人口は五万人程度であったとされる[51]。こうした彼我の人口格差を無視して、長安城や洛陽城と同規模の条坊を設定するとは考えられない。最初の条坊都城であった藤原京では、隋唐洛陽城の一坊三〇〇歩（約五三〇メートル）を長さで二分の一、面積で四分の一に縮小して継受することにしたのであろう。

岸俊男氏の藤原京復原案では、藤原京の一坊は半里＝一五〇歩（約二六五メートル）四方であった。岸氏は下ツ道・中ツ道などの古道で囲まれた範囲に、十二条八坊の条坊制を設定するという地理学的な観点から、藤原京の一坊は約二六五メートル四方と想定したのであるが、隋唐洛陽城の洛河南岸里坊を参照し、その規模を四分の一に縮小して導入したという観点からも、岸説と同様の結論に達しうるのである。

日本古代国家は隋唐洛陽城の里坊を参照しながら、その規模を四分の一に縮小して受容したために、唐では一坊に一人の坊正を置くのに対して、日本では四坊に一人の坊令を置く規定に改変したのである。唐において坊正が管した一坊は、日本においては坊令が管した四坊と対置できるのであり、「四坊に令一人を置け」という浄御原令や大宝令の規定は、唐の一坊を四分の一に縮小して導入したがゆえに、日本で独自に制定された条文であったということになろう。北村優季氏は、唐では一坊ごとに坊城（坊垣）と坊門が築かれたのに対して、日本では各条の朱雀大路に面した場所にのみ坊城と坊門が作られたが、こうした坊の構造に規定されたため、日本では東西に並ぶ条の配列を基本としたのであり、「四坊に令一人を置け」という戸令の条文にも、四坊が一坊（条）を構成する論理が示されていると述べている[52]。

このように藤原京の建設時に、唐の一坊が日本の東西に並ぶ四坊に相当するように設計されたとすると、平安京の三条以南において、左右京の四坊ごとに豊財坊・永昌坊など唐風の固有坊名が付されている理由も理解しやすくなる。唐では豊財坊・永昌坊などの固有坊名は一つ一つの里坊に付されたのに、平安京では東西に並ぶ四坊ごとに固有坊名が付けられた。これは藤原京において唐の一坊を四分の一に縮小して継受し、坊令が管理する条ごとの四坊を一単位として設計したために、唐では一坊につく固有坊名を藤原京では四坊を束ねる固有坊名として導入したことを示している。その後、平城京や平安京では藤原京の一坊を四倍に拡大し、唐の洛陽城の一坊と同じ三〇〇歩（約五三〇メートル）四方の一坊を採用したが、固有坊名の付け方は藤原京以来の方式を踏襲したということなのであろう。

岸俊男氏は藤原京における林坊・左京小治町、平城京における松井坊のような和風の固有名坊名について考察するなかで、これらは一つの坊に付けられたものと一般には解されているようであるが、

①　日本の場合、平安京においては、唐の長安・洛陽両城の坊名をそのまま坊名として継承したものが多いにもかかわらず、その坊名は左右京の各条の四坊（一条・二条は左右京を通じての各六坊を桃花坊・銅駝坊と呼ぶ）に対して付されている。

②　また平安京では坊門も条間小路が朱雀大路に通ずるところにだけ置かれていて、それが各条の四坊の正門であるかのような観を呈していたらしい。

という平安京の坊名・坊門のあり方からすると、藤原京・平城京の和風固有名詞の坊名も、必ずしも一つの坊に対して付けられたものと決めてしまうことはできないのではないだろうか、と論じている[53]。坊門の配置から、各条の四坊が一つの単位となることを読み取る点は、前述した北村説に継承される視点といえよう。

岸氏はきわめて慎重に述べているが、藤原京の林坊や小治町などは一つの坊に付けられたものではなく、左右京の

条ごとの四坊に付けられた固有坊名であろうと想定しているのであり、前述したような唐の一坊が日本の四坊に対応するという見通しからみても、その可能性はきわめて大きいといわねばならない。仁藤敦史氏は岸氏のこの指摘を引用して、小澤氏の坊令配置論を批判したが[54]、小澤氏は逆に岸説を批判して、平城京の「〇条〇坊」という坊の呼称が、明らかに四坊ではなく一坊をさす事実との連続性においても、藤原京の坊名は、通説通り一坊に対する呼称とみるべきだと述べている[55]。しかし、岸氏は「四条四坊」といった場合の「四条」とは坊の一段上の行政単位で、坊令の統括する四坊分をさすと論じているので、「〇条〇坊」が一坊をさすという事実を持ち出して岸説を批判するのは疑問である。平安京の唐風固有坊名が条ごとの四坊に付されたこと、および日本における坊城や坊門の配置を考えれば、藤原京の林坊や小治町などが東西に並ぶ四坊ごとの呼称であったろうとする岸説はきわめて説得的なのである。

林坊や小治町のほかに、藤原京の左京七条一坊からは「京軽坊」と書いた木簡が出土しており[56]、この軽坊もまた東西に並ぶ四坊に対する固有坊名と考えられる。小澤毅氏は軽坊を大藤原京説の右京十条二坊の一坊分にあてているが[57]、岸説藤原京の右京十二条の四坊分を軽坊を称したとみた方がよいであろう。現在の橿原市大軽の範囲は岸説右京十二条のやや南方にあたるが、『日本霊異記』上巻の第一縁には、小子部栖軽が鳴雷を探すために磐余宮から馬に乗り、「阿倍山田前之道」と「豊浦寺前之路」より走り往き、「軽諸越之衢」に至ったとあり、この「軽の諸越の衢」はいわゆる山田道と下ツ道の交差点付近に求めうるから、岸説藤原京の右京十二条の範囲内に入っている。また、左京小治町は小墾田宮（小治田宮）や小治田寺（奥山廃寺）の位置から考えて[58]、岸説藤原京の左京十二条の四坊分の呼称とみて問題ない。林坊については、橿原市飛騨町の南、飛鳥川に接する南岸に「ハヤシ」の小字が残っている[59]。岸説藤原京右京八条の四坊分の固有坊名が林坊であったと推定できるのではないか。

このように藤原京では左右京の各条を構成する四坊分に一つの固有坊名が付されたとみられる。その後、平城京では三〇〇歩（約五三〇メートル）四方が一坊と定められ、一坊の面積は藤原京の四倍となった。ここに日本都城の一坊は洛陽城の基本的里坊とほぼ同規模となったのである。この段階で各条の四坊ごとに固有坊名を付ける制度をあらためて、長安城や洛陽城と同じく一坊一名称とすべきであったが、おそらく藤原京以来の伝統を重視したのであろう、四坊ごとに固有坊名を付す制度が踏襲された。こうして、平城京から長岡京・平安京へ遷都が行われても、同様の坊名表示法が継承された。平安京においても左右京の各条の四坊ごとに固有坊名が付けられ、弘仁九年（八一八）の唐風化政策によって、長安城や洛陽城に多く由来する唐風の固有坊名に改められたのである。

四　藤原京域と京外道路・外京

岸説藤原京の十二条八坊説が妥当であるとすると、岸説藤原京の京域外から検出されている道路遺構はどのように位置づけられるのか。小澤毅氏のまとめによると、その評価をめぐっては、次のような解釈が提示されている[60]。

A　岸説の京域が本来のもので、それを外京的な空間がとりまいていた（秋山日出雄・中井一夫・松田真一説[61]）。
B　岸説の京域をのちに拡張した（林部均・相原嘉之説[62]）。
C　広い範囲に条坊を施行したが、のちに縮小されて岸説の京域に収束した（楠元哲夫・仁藤敦史・山中章説[63]）。
D　当初から広い京域が設定されていた（阿部義平・押部佳周説[64]）。

小澤氏はこのうちのD説を修正的に発展させて、当初から藤原京は十条十坊の京域を有していたと結論づけたのである。A説・B説・C説に対する小澤氏の批判は的確で、B説については、天武朝に広く京域予定地の造成を行いながら、持統朝には岸説の京域に縮小し、さらに文武朝に拡張するといった複雑な過程を想定しなければならない点が問題であり、C説についても、天武朝に広く京域予定地を造成しながら、持統朝もしくは文武朝に岸説の範囲に縮小されるという点が弱点となる。発掘調査の所見によっても、京外道路の施工は京内条坊の施工と大きな時期差はなく、ともに平城遷都の頃に廃絶したと考えられることも、Bの拡張説やCの縮小説には不利な証拠となる。京内条坊・京外道路とも、その設定・廃絶の時期はほぼ同時期と考えてよいようである。

しかし、前節までに縷述してきたように、藤原京十条十坊説には大きな疑問があり、藤原京は十二条八坊であったとみなさざるをえないとすると、どのように考えればよいのか。そこで想起されるのは京外道路説である。一九八四年に半世紀にわたる藤原宮・藤原京研究を総括した奈良国立文化財研究所『藤原宮』(65)は、京域外で検出された条坊に一致する道路の性格は、現状では不明であるが、京の周辺に通じる一種の郊外道路とでも考えておけばどうかと指摘した。

道路遺構が存在することと、その道路遺構が京内の条坊道路であると認定することとは、まったく別個の問題である。岸説藤原京の条坊道路の延長上に同規模もしくは規模をやや異にする道路遺構が検出されたからといって、それらがすべて京内の条坊道路であるとみなすのはやや早計ではなかろうか。平城京や平安京においてもそうであったように、京域から一歩出ると、道路が存在しないという状況は考えにくい。京内から京外へと接続するための郊外道路は必ず存在したはずだからである。

藤原京周辺には下ツ道・中ツ道・横大路などの古道が設けられており、藤原京の条坊自体もこれらの古道にもとづいて設定されたから、下ツ道・横大路などから一定の距離を保ちながら京外道路が敷設されると、その道路遺構はおのずから藤原京の条坊道路の延長上に正しく乗ってくることにもなるのである。私は奈文研の三〇年前の研究総括に従って、岸説藤原京の京域外から検出される道路遺構は、基本的には郊外道路とみなすべきであると考える。

井上和人氏はかつて、藤原宮内にも当初、条坊道路を造営した理由を考察して、造営以前のかなり起伏のある自然地形を、宮地として供するために平坦地に改変する場合、それまでの排水経路は破壊され、新たな排水体系を構築する必要があったから、新たな人工的な排水体系を構築するために、宮内先行条坊が建設されたと考えた[66]。一方、岸俊男氏は『万葉集』巻一九に収める「壬申の乱の平定して以後の歌二首」に、

大君は神にしいませば赤駒の腹這ふ田居を都と成しつ（四二六〇番）

大君は神にしいませば水鳥のすだく水沼を都と成しつ（四二六一番）

とみえる「都」（原文は「京師」「皇都」）は、飛鳥浄御原宮ではなく、のちの藤原京域にも及ぶような広大な範囲を示すものとみた[67]。のちの藤原京域がかつて「赤駒の腹這ふ田居」や「水鳥のすだく水沼」であったとすると、これを整地して新たな排水体系を整えるのは容易なことではなかったであろう。井上氏が指摘するように、条坊道路の側溝が排水の機能をもつことを想起すると[68]、藤原京域の整地と排水のために、京域を越える地域にも道路と側溝を設け、京域内の排水を促進する必要があったと思われるのである。

藤原京の建設にあたっては、京外道路の建設は京内と京外との交通経路の確保ということ以上に、京内の土地改造にともなう排水施設の整備のため、道路と側溝を縦横に張りめぐらす必要があったとみるべきである。こうした排水機能を備えた宮内道路や京外道路の設定は、藤原京の造営と時を同じくして、天武朝や持統朝から進められたと考えらえよう。以上から、岸説藤原京の京域外に敷設された道路と側溝の遺構は、基本的には京外道路とその排水溝であると考えるが、一部には外京の条坊道路と推定される部分がある。

それは岸説藤原京の西方にあたる橿原市四条町の周辺であり、ここでは藤原京の条坊道路に一致する道路遺構が濃密に確認されている。林部均氏のまとめによると[69]、以下の通りである。

①橿原市四条遺跡

一九八七〜一九八八年の調査で、藤原京四条大路の西への延長上に東西道路（幅約一六メートル）、下ツ道から西へ一坊半の位置に南北道路（幅約六・五メートル）を確認し、二つの道路の交差点も確認した。一九九〇年の調査では、四条大路の西への延長上に東西道路（幅約一六・一メートル）、下ツ道から西へ一坊の位置から南北道路（幅約八・四メートル）を検出した。また一九九一年の調査では、下ツ道から西へ一坊半の位置に南北道路（幅約七メートル）を検出した。さらに一九九一年からの調査で、下ツ道から西へ三坊半の位置から南北道路（幅約六・一メートル）、下ツ道から西へ二坊半の位置から南北道路（幅約六・五メートル）を検出した。

②橿原市大久保東金堂遺跡

一九九〇〜一九九一年の調査で、藤原京六条大路の西への延長上に東西道路（幅約一六メートル）[70]、下ツ道から西へ一坊半に位置する南北道路（幅約六・五メートル）を検出した。また、一九九〇年の調査で、藤原京六条大路の西への延長上に、東西道路の南側溝を約四〇メートルにわたって検出した。

このように、橿原市四条町の周辺では、藤原京四条大路と六条大路の延長道路が発見されており、下ツ道から西へ一坊・一坊半・二坊半などの位置で確認された南北道路は、それぞれ藤原京右京の五坊大路・六坊条間小路・七坊条間小路に相当する可能性が高い。なかでも注目すべきは、四条遺跡では五世紀末造営の四条古墳を破壊して、道路と側溝が造営されていることである。この地域における道路遺構の濃密な分布とあわせ考えると、四条遺跡周辺は京内と同様の位置づけを与えても問題ないものと思われる。

かつて喜田貞吉は白橿村大字四条（現在の橿原市四条町）は藤原京四条の名の遺存するものであるとして注目し、この地域を藤原京域に含めて考えた[71]。喜田の京域復原案は岸説によってすでに乗り越えられているが、四条村（四条

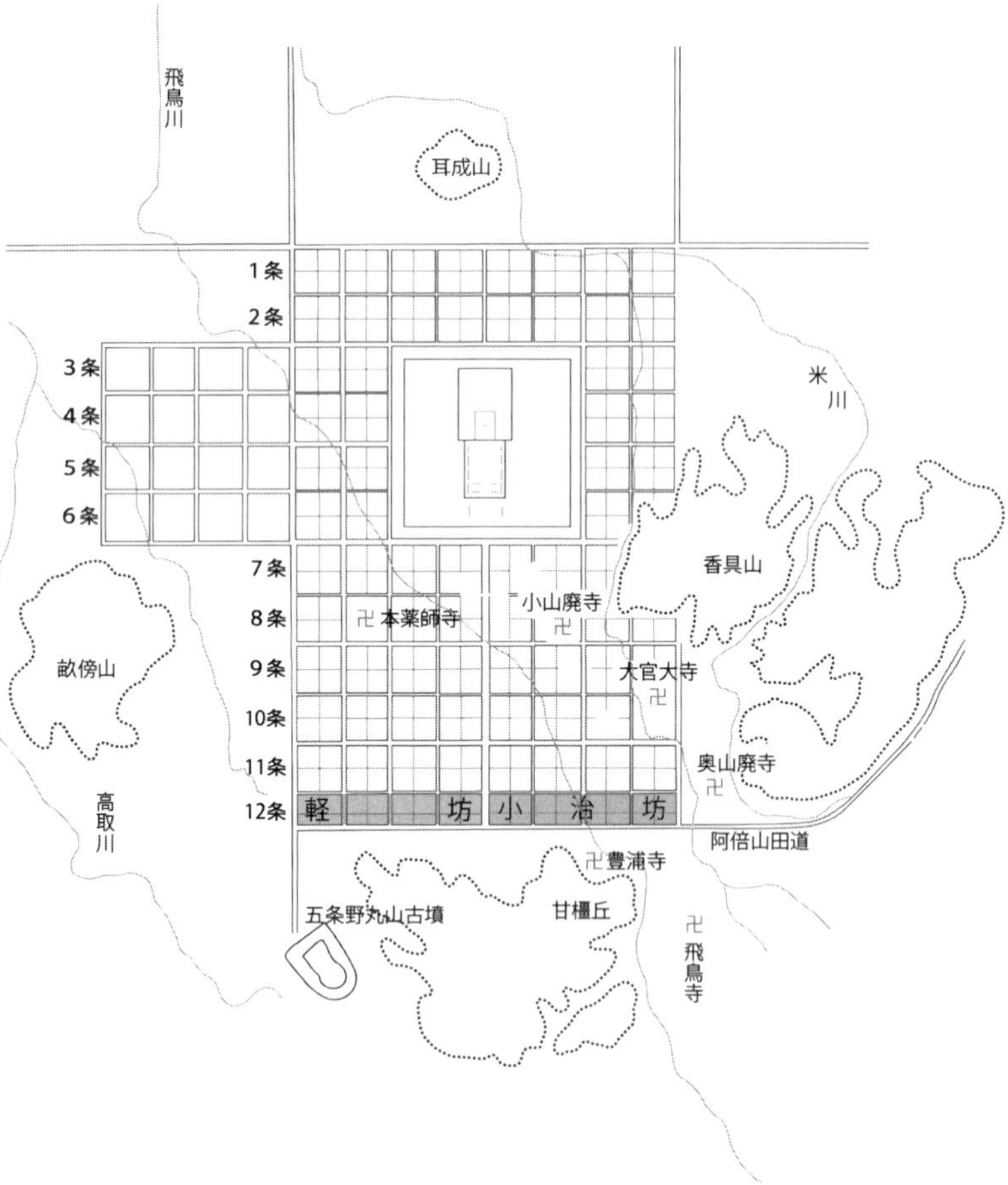

図25　藤原京復原想定図

町）周辺の位置づけについては、喜田説を再評価すべきであろう。したがって私は、岸説藤原京の西方、橿原市四条町周辺を藤原京の外京とみる仮説を提示したい。

外京の範囲は今後さらに慎重に検討すべきであるが、いま試みに平城京の外京を参考にすると、平城京では南北は二条から五条までの四条分、東西は左京五坊から七坊までの三坊分、あわせて十二坊分が外京とされたとするのが通説であり、遺存地割の分析から一条部分も含めた十五坊分を外京とする意見もある(72)。これを参照すると、岸説藤原京の三条から六条までの四条分、右京五坊から八坊までの四坊分、あわせて十六坊分前後が藤原京の外京であった可能性がある。前述した四条遺跡周辺で検出された道路遺構はすべてがこの範囲内に入る。この外京部分が当初から藤原京の一部であったのか、のちに拡張されたのかが問題となるが、発掘調査の所見からは当初から藤原京の一部であったと考えるのが穏当であろう。

『続日本紀』慶雲元年（七〇四）十一月壬寅条に、

始定㆓藤原宮地㆒、宅入㆓宮中㆒百姓一千五百五烟、賜㆑布有㆑差、

とあるのは、藤原遷都からすでに一〇年を経過したこの時期において、なぜはじめて藤原宮地を定めるのか不審で、解釈の難しい記事として、研究者を悩ませてきたが、喜田貞吉は藤原京拡張説の傍証として利用し(73)、その後も拡張説・縮小説ともにこの記事を引用して、自説の補強につとめている。

ただし、拡張説・縮小説以外の視点からも説明は可能で、小澤毅氏は、長い年月を要した藤原京の造営がようやく全域にわたって完成したことを示す記事と解釈し(74)、大脇潔氏は、現実的に宅地化が可能な範囲での京域が完成し、都が完成したことを記念する行事が行われたことを意味するとみる(75)。これに対して近年、吉川真司氏は、大宝の遣唐使粟田真人がこの直前に帰国していることから、唐都とは似ても似つかない藤原京の造営打ち切りを決定し、すでに完

成していた部分を京域と定めたのが、この記事の語るところであろうと解した(76)。

大藤原京説を認める点は別として、吉川氏のこの指摘は、小澤・大脇両氏の説を一歩進めたものとして魅力的である。日本国号を唐（周）の則天武后に認めさせた大宝の遣唐使の帰国は、洛陽城や長安城を小規模化した都城ではなく、洛陽城・長安城により近い大規模都城を建設する機運を高め、未完成のままでの藤原京の造営終了を宣言させることになったものと思われる。

以上を要するに、藤原京の京域は岸俊男氏が想定した半里（約二六五メートル）四方を一坊とする十二条八坊説が妥当であるが、発掘調査により道路遺構が濃密に確認された四条遺跡周辺の十六坊分前後が外京として付属する形態を想定する。岸説藤原京の京外で検出されたそれ以外の道路遺構は文字通り京外道路であり、京内と京外を接続する郊外道路として、また京域周辺の土地改良を進め、排水機能を高めるために敷設されたものとみる。藤原京の拡張説や縮小説はとらず、持統朝の新益京（藤原京）、浄御原令・大宝令で規定された「京」（藤原京）の範囲に基本的な相違はないものと考える。

おわりに

以上、近年の通説である大藤原京説に問題のあることを指摘し、基本的には岸俊男氏が復原した藤原京十二条八坊説に立ち戻るべきことを述べてきた。本章の要旨をまとめると、以下のようになる。

一、岸説藤原京の奇数大路の規模が偶数大路の半分程度の規模しかないことから、奇数大路は大路ではなく条間・坊間小路であるとし、藤原京の一坊は平城京と同じく一里（約五三〇メートル）四方からなるとするのが、阿部義平氏以来の大藤原京説の根拠の一つである。しかし、『拾芥抄』によると、平安京の大路の規模にはばらつきがあり、三条から八条までの六大路は広さ八丈で、これは広さ一七丈の二条大路の半分以下であったが、小路の四丈と比べると、倍の規模を有していた。平城京においても、六条大路は二条大路の三八％の規模しかなかったが、小路の倍の規模をもっていた。こうした平安京・平城京の例を参照すると、岸説藤原京の奇数大路が偶数大路の約半分の規模であるのは、とくに問題とするにはあたらず、このことをもって岸説を否定するのは妥当ではない。

二、藤原京を十二条八坊に復原するのは、喜田貞吉・足立康・田村吉永・大井重二郎・岸俊男氏らが等しく主張する共通認識であり、その根拠となるのは大宝令にさかのぼる「坊令十二人」という定員規定と、「四坊に令一人を置け」とする坊令配置の規定である。この両規定から、左右京それぞれ東西に並ぶ四坊ごとに坊令一人を配置したと解釈すると、大宝令が定める藤原京は十二条八坊であったと考えざるをえない。小澤毅・中村太一の両氏は、藤原京には「○条○坊」などの条坊呼称が存在せず、林坊・小治町などの固有坊名で表示されていたことを理由に、藤原京段階に条単位を管轄する坊令は存在しないとして、十二条八坊説に疑問を呈した。しかし、平安京では基本的に左右京の条ごとに唐風の固有坊名が付けられており、固有坊名と条ごとの管轄区域とは両立していた。延暦十七年（七九八）四月五日太政官謹奏が「令文を案ずるに、左右京職、条ごとに坊令一人を置け」と明記するように、条ごとに坊令を置くことは令意と考えられていたのであり、大宝令の段階から東西に並ぶ四坊ごとに坊令が配置されていたとみて問題ない。改新詔の里坊規定からみて、四坊ごとの坊令配置は浄御原令にさかのぼるものと考えられる。

三、大藤原京説では、藤原京は中国の現実の都城を参照したのではなく、中国の古典である『周礼』に依拠して建設されたとするが、遣隋使の派遣以来、倭国の使節が長安城や洛陽城の構造を熟知していたことを思うと、『周礼』モデル論は空想的にすぎるといわざるをえない。七世紀後半の日本は唐の律令を継受して律令国家を建設することをめざしたが、唐の律令に規定される「京」は長安城や洛陽城であったから、日本が律令を継受するためには、長安・洛陽両城をモデルとした「京」を建設する必要があったのである。

四、唐の長安城・洛陽城では、一坊に一人の坊正が置かれ、一坊内には平均して数名の里正が置かれた。これに対して日本では、一坊に一人の坊長が置かれるとともに、四坊ごとに坊令が置かれた。日唐律令の条文を対照すると、日本は唐の坊正を坊令もしくは坊令と坊長として継受したことがわかる。唐の一坊を管轄した坊正を、日本では四坊を管轄する坊令として受容したのは、唐の一坊を日本の四坊に対応するものとして都城の設計が行われたからであろう。七〇～八〇万人規模の人口をもつ長安城や洛陽城に対して、藤原京の人口は五万人程度であったから、藤原京を建設する際に、彼我の人口格差を考慮して、一坊の規模を四分の一に縮小し、一五〇歩＝半里（約二六五メートル）を一坊と定めた。平安京では左右京の各条の四坊ごとに唐風坊名が付けられ、坊門が各条間小路の朱雀大路に通じるところにだけ開かれているのは、いずれも東西に並ぶ四坊の単位が日本では重視されたことを示す。藤原京の軽坊は右京十二条の四坊分、小治町は左京十二条の四坊分を包括する固有坊名と考えられる。

五、岸説藤原京の京域外から検出されている道路遺構は、基本的には京外道路として敷設されたものとみられる。沼地や水田であった土地に都城を建設するためには、宮域内・京域内だけではなく、その周辺にも道路と側溝を通し、排水機能を高める必要があった。こうした京外道路と側溝の建設は藤原京の造営と時を同じくして、天武朝や持統朝から進められたと考えらえる。ただし、道路遺構が濃密に確認されている橿原市四条町周辺は、古墳を壊して道路が設定されていることや、四条という地名が遺存していることからみて、藤原京西方に付属する外京である可能性が高く、平城京と同じく十六坊前後が外京であったと想定したい。

藤原京は日本最初の本格的な条坊都城であり、沼地や水田であった土地に建設されたこともあって、その造営工事に際しては、さまざまな困難に直面したことであろう。京域部分だけではなく、宮域内や京域外にも広く道路と側溝を設けたのは、京域内の排水機能を高めるとともに、京内の各所から京外に通じる道路網を整える必要からであった。

藤原京の条坊については、隋唐洛陽城の洛河南岸里坊を参照しながら、そのままの規模で導入するのではなく、四分の一に縮小して、半里（二六五メートル）四方を一坊とする条坊設計を行った。これは彼我の首都における人口格差を考慮したことに加え、最初の条坊都城を建設するにあたって、慎重の上にも慎重を期したためであろう。

日本古代の都城建設はこうして唐の長安城・洛陽城を模範としながら、まずは一坊を四分の一に縮減する小規模な都城として実現することとなった。しかし、官僚制・官司制の発達につれて、藤原京はまもなく手狭なものとなり、藤原京を約三倍に拡大した平城京が建設され、ここに遷都されることになる。

大藤原京説が成り立つとすると、藤原京は平城京や平安京よりも広い京域をもつことになるので、なぜその藤原京がわずか一五年程度で廃棄されたのかが疑問であった。また、大藤原京が最初の条坊都城であるとすると、その形態があまりにも特異であるため、七世紀後半から八世紀末にいたる都城の発展を見通すことが困難でもあった。岸説藤原京が再評価されるとすると、最初の小規模な条坊都城から大規模な条坊都城へという自然な流れが復原できることになる。岸説藤原京を基本にすえて、あらためて都城発展史の詳細を描き直す必要があることを述べて、章を終えることにしたい。

注

（1）　岸俊男「緊急調査と藤原京の復原」（『日本古代宮都の研究』岩波書店、一九八八年。初出は一九六九年）。
（2）　阿部義平「新益京について」（『千葉史学』九、一九八六年）。

（3）　押部佳周「飛鳥京・新益京」（直木孝次郎先生古稀記念会編『古代史論集』上、塙書房、一九八八年）。
（4）　大脇潔「新益京の建設」（新版『古代の日本』六、近畿Ⅱ、角川書店、一九九一年）八四頁。
（5）　黒崎直ａ「藤原京の条坊幅を再検討する」（『明日香風』六七、一九九八年）、同ｂ「藤原宮・京の範囲とその性格」（奈良国立文化財研究所『研究論集』Ⅸ、二〇〇〇年）。
（6）　前掲黒崎注（5）ｂ論文二〇九頁。
（7）　井上和人「古代都城制地割再考」（『古代都城制条里制の実証的研究』学生社、二〇〇四年）、奈良文化財研究所編『図説　平城京事典』（柊風社、二〇一〇年）四五〜四六頁。
（8）　喜田貞吉『帝都』（『喜田貞吉著作集』五、平凡社、一九七九年）八二〜八三頁。
（9）　喜田貞吉「藤原京考證」下（『歴史地理』二一―五、一九一三年）二五〜二六頁。
（10）　喜田貞吉「藤原京／日本都城と藤原京」（『喜田貞吉著作集』五、平凡社、一九七九年）二一五〜一六頁。
（11）　足立康「藤原京の左右両京」（『大和志』二―三、一九三五年）九九頁。
（12）　田村吉永「藤原京の条坊に就いて」（『大和志』九―四、一九四二年）九七〜九八頁、同「藤原京」（『飛鳥京藤原京考証』綜芸社、一九七〇年）三〇頁。
（13）　大井重二郎「藤原京」（『上代の帝都』立命館出版部、一九四四年）一六七頁。
（14）　小澤毅「古代都市『藤原京』の成立」（『日本古代宮都構造の研究』青木書店、二〇〇三年。初出は一九九七年）、中村太一ａ「藤原京と『周礼』王城プラン」（『日本歴史』五八二、一九九六年）、同ｂ「藤原京の『条坊制』」（『日本歴史』六一二、一九九九年）。
（15）　藤原京の右京七条一坊の西北坪からは、右京職に関わる木簡が出土したが、そのなかに「四坊刀祢□」と書かれたものがある（『飛鳥藤原京木簡』二、三四六九号）。市大樹氏や仁藤敦史氏はこれを数詞による条坊表記の例とみているが（市『飛鳥藤原木簡の研究』塙書房、二〇一〇年、二三五頁、同「藤原京」森公章編『史跡で読む日本歴史三　古代国家の形成』吉川弘文館、二〇一〇年、八〇頁、同『飛鳥の木簡』中央公論新社、二〇一二年、一八五頁、仁藤敦史『都はなぜ移るのか』吉川弘文館、二〇一一年、一五二頁、一八七頁)、「四坊刀祢」は四坊を管轄する官人の意で、坊令の別称と考えるべきであろう。『今昔物語集』巻三一―六と『十訓抄』第一―二八には、「西ノ八条ノ刀禰ナリケル」翁が賀茂祭の日に一条大路と東洞院大路の交差点に札を立てた話がみえるが、この「西ノ八条ノ刀禰」は右京八条の坊令を意味するものと思われる。

(16) 仁藤敦史「『藤原京』の京域と条坊」(『日本歴史』六一九、一九九七年)。

(17) 黒崎直「藤原京の京域について」(『条里制研究』一三、一九九七年)四五頁、同前掲注(5)b論文二一四～二一五頁。

(18) 小澤毅「藤原京の造営と京域をめぐる諸問題」(『日本古代宮都構造の研究』青木書店、二〇〇三年)二五二～二五四頁。

(19) 古内絵里子「坊令の成立」(『人間文化創成科学論叢』一四、二〇一一年)五頁。

(20) 井上光貞「大化改新の詔の研究」(『日本古代国家の研究』岩波書店、一九六五年)四一八頁。

(21) 瀧川政次郎「天武律令」(『律令の研究』刀江書院、一九三一年)九八頁、坂本太郎「飛鳥浄御原律令考」(『坂本太郎著作集』七、吉川弘文館、一九八九年)二三頁、野村忠夫『律令政治の諸様相』(塙書房、一九六八年)九四～九五頁。

(22) 東野治之「『続日本紀』の『大略以浄御原朝庭為准正』」(『日本歴史』四五三、一九八六年)、同「再び『大略以浄御原朝庭為准正』について」(『日本歴史』四六七、一九八七年)。

(23) 荊木美行「大宝律令の編纂と浄御原律令」(『日本歴史』四六三、一九八六年)、同「「大宝律令の編纂と浄御原律令」補考」(『日本歴史』四八〇、一九八八年)。

(24) 前掲中村注(14)a論文、同注(14)b論文、前掲小澤注(14)論文。

(25) 本書第五章参照。

(26) 王仲殊「日本の古代都城制度の源流について」(『考古学雑誌』六九―一、一九八三年)、久保田和男『宋代開封の研究』(汲古書院、二〇〇七年)一一頁。

(27) 山中章「古代宮都成立期の都市性」(新体系日本史六『都市社会史』山川出版社、二〇〇一年)一三七頁。

(28) 林部均『飛鳥の宮と藤原京』(吉川弘文館、二〇〇八年)二二四～二二五頁。

(29) 浅野充「近年の新益京・周礼説について」(『日本古代の国家形成と都市』校倉書房、二〇〇七年)三四〇頁。

(30) 吉田歓『古代の都はどうつくられたか』(吉川弘文館、二〇一一年)九六頁、同「都城制の展開」(日本の対外関係二『律令国家と東アジア』吉川弘文館、二〇一一年)二七五頁。
(31) 応地利明『都城の系譜』(京都大学学術出版会、二〇一一年)四〇九~四一四頁。
(32) 瀧川政次郎『律令の研究』(刀江書院、一九六六年復刻)、同「令集解に見える唐の法律史料」(『中国法制史研究』巌南堂書店、一九七九年)、坂上康俊「『令集解』に引用された唐の令について」(『九州史学』八五、一九八六年)、同「日本に舶載された唐令の年次比定について」(『史淵』一四六、二〇〇九年)。
(33) 井上光貞「日本律令の成立とその注釈書」(日本思想大系『律令』岩波書店、一九七六年)七六四~七六五頁。
(34) 北村優季「日唐都城比較制度試論」(『平城京成立史論』吉川弘文館、二〇一三年)一五八頁。
(35) 前掲北村注(34)論文一六七~一七〇頁、一七二~一七三頁。
(36) 北村優季「都城―唐と日本」(池田温編『古代を考える　唐と日本』吉川弘文館、一九九二年)一八一~一八二頁。
(37) 前掲北村注(34)論文一七三頁、同『平安京』(吉川弘文館、一九九五年)二三三頁。
(38) 以上、唐の地方行政組織については、岸俊男「日本における「京」の成立」(『日本古代宮都の研究』岩波書店、一九八八年)四四三~四四六頁、吉田孝「編戸制・班田制の構造的特質」(『律令国家と古代の社会』岩波書店、一九八三年)一九九~二〇〇頁、大町健「戸令の構成と国郡制支配」(『ヒストリア』八六、一九八〇年)四三~四四頁、堀敏一「唐戸令郷里・坊村・隣保関係条文の復元をめぐって」(『中国古代の家と集落』汲古書院、一九九六年)三八三~三八四頁などを参照した。
(39) 前掲北村注(34)論文三一四頁。
(40) 宮崎市定「漢代の里制と唐代の坊制」(『宮崎市定全集』七、岩波書店、一九九二年)一〇五頁、室永芳三「唐都長安城の坊制と治安機構(上)」(『九州大学東洋史論集』二、一九七四年)四~五頁。
(41) 前掲岸注(38)論文四四六頁。
(42) 前掲岸注(38)論文四四六頁、前掲北村注(34)論文一七〇頁、同「条坊の論理」(『平城京成立史論』吉川弘文館、二〇一三年)一九七~一九八頁。

(43) 前掲宮崎注(40)論文一〇五頁。
(44)『天一閣蔵明鈔本天聖令考證』下冊(中華書局、二〇〇六年)二七二頁。
(45)『天一閣蔵明鈔本天聖令考證』下冊(前掲)三七七頁。
(46) 前掲古内注(19)論文五~六頁。
(47) 日野開三郎『唐代邸店の研究』(『日野開三郎東洋史学論集』十七、三一書房、一九九二年)二九二~二九三頁。
(48) 積山洋「中国古代都城の外郭城と里坊の制」(『歴史研究』四八、二〇一〇年)。
(49) 妹尾達彦「唐長安人口論」(堀敏一先生古稀記念『中国古代の国家と民衆』汲古書院、一九九五年)。
(50) 日野開三郎「唐代大城邑の戸数規模について」(『日野開三郎東洋史学論集』一三、三一書房、一九九三年)によると、初唐の洛陽は一〇万戸、則天武后以後の洛陽は二〇万戸を越す大邑城であったという。一戸の口数を五人とすると、初唐の洛陽は五〇万人、則天以後の洛陽は一〇〇万人に迫る人口を有していたことになる。
(51) 平城京の人口については、岸俊男「人口の試算」(『古代宮都の探求』塙書房、一九八四年)が一〇万人前後、田中琢『古代日本を発掘する三　平城京』(岩波書店、一九八四年)が六万二〇〇〇~一〇万人、鬼頭清明「平城京の人口推計と階層構成」(『古代木簡と都城の研究』塙書房、二〇〇〇年)が居住人口の視点から九万五〇〇〇~一七万四〇〇〇人前後、階層構成の視点から一一万五〇〇〇~一九万七〇〇〇人前後と算出し、藤原京の人口については、前掲岸論文が九〇〇〇~三万人、鬼頭清明「古代の生活」(体系日本史叢書『生活史』I、山川出版社、一九九四年)が五万~六万人、木下正史『藤原京』(中公新書、二〇〇三年)が三万~五万人と推定している。
(52) 前掲北村注(34)論文一七〇頁、同注(37)著書二三二~二三三頁、同注(42)論文二〇一~二〇四頁。
(53) 前掲岸注(38)論文四四七~四四八頁。
(54) 仁藤敦史「「藤原京」の京域と条坊」(『日本歴史』六一九、一九九九年)九四頁。
(55) 前掲小澤注(18)論文二五二~二五三頁。なお小澤氏は、岸氏が藤原京の固有坊名が各条の四坊に対して与えられたという見解を、その後は表明することがなく、遺稿となった「日本都城制総論」(『日本の古代』九、都城の生態、中央公論社、一九八七年）では、大宝令当時は「条」という発想がなかったと明言していると指摘している。たしかに岸氏はそのように述べているが、「大宝令当時はまだ「条」という発想がなかったので、藤原京では坊令と称しているが、のちに、条令と改められている」（同七五頁）とも論じているので、藤原京では「条」という呼称はなかったが、坊令がのちの「条」（東西に並ぶ四坊）を統括するという実態は存在していたことを認めているようである。なお、藤原京の林坊・小治町などの固有坊名が各条の四坊単位をさすのではないかという想定は、「日本における「京」の成立」（一九八二年初出）で詳述される以前に、『日本の古代宮都』（日本放送出版協会、一九八一年）でも表明されており、一九八四年初出の「平安京と洛陽・長安」においても、藤原京の林坊・小治町が各坊ごとの坊名か、各条の四坊ごとの坊名であるのかと問いながら、各条の四坊を一単位とみる意識はかなり早くからあったのではないかと考えている。したがって、小澤氏が岸氏がこの見解を「その後は表明することがなく」と述べているのは事実ではなく、岸氏は一貫してこの見解を保持していたとみるべきであろう。

（56）　奈良文化財研究所『飛鳥藤原京木簡』二、二三〇三号。
（57）　前掲小澤注（18）論文二五九頁。
（58）　小澤毅「小墾田宮・飛鳥宮・嶋宮」（『日本古代宮都構造の研究』青木書店、二〇〇三年）。
（59）　奈良県教育委員会『藤原宮』（一九六九年）ＰＬ一「藤原京周辺小字名図」、大和地名研究所『大和地名大辞典』（一九五二年）一三二頁。
（60）　前掲小澤注（14）論文二一三〜二一六頁。
（61）　秋山日出雄「藤原京の京域考」（『考古学論攷』四、一九八〇年）、中井一夫・松田真一「藤原京関連条坊遺構の調査」（『奈良県発掘調査概報』一九七九年度、一九八〇年）。
（62）　林部均「藤原京関連条坊の意義」（『古代宮都形成過程の研究』青木書店、二〇〇一年）、相原嘉之「藤原京から新益京へ」（『文化財学論集』一九九四年）。
（63）　楠元哲夫「藤原京の京域」（『橿原市院上遺跡』奈良県文化財調査報告書第四〇集、一九八三年）、仁藤敦史「倭京から藤原京へ」（『古代王権と都城』吉川弘文館、一九九八年）。

(64) 前掲阿部注（2）論文、前掲押部注（3）論文。
(65) 奈良国立文化財研究所（主たる執筆担当者は井上和人氏）「調査研究の成果」（『藤原宮─半世紀にわたる調査と研究─』（一九八四年）八〇頁。
(66) 井上和人「藤原京─新益京造営に関する諸問題─」（『仏教芸術』一五四、一九八四年）四二～四三頁。
(67) 岸俊男「万葉歌の歴史的背景」（『宮都と木簡』吉川弘文館、一九七七年）二〇八頁、同『日本の古代宮都』（日本放送出版協会、一九八一年）四七頁、同注（35）論文四五七～四五八頁。
(68) 前掲井上注（66）論文四二～四三頁。
(69) 前掲林部注（62）論文。
(70) ここで検出された六条大路は当初は幅約二一メートルとされたが、黒崎直氏の再検討によって、幅約一六メートルであることが判明した。前掲黒崎注（5）a論文参照。
(71) 前掲喜田注（9）論文三一頁。
(72) 通説は関野貞「平城京及内裏考」（『東京帝国大学紀要』工科三、一九〇七年）、大岡実『南都七大寺の研究』（中央公論社、一九六六年）、大井重二郎『平城京と条坊制度の研究』（初音書房、一九六六年）。異説は岸俊男「遺存地割・地名による平城京の復原調査」（奈良国立文化財研究所『平城京朱雀大路発掘調査報告』奈良市、一九七四年）。研究史については、武田和哉「平城京外京条坊考」（『奈良古代史論集』三、一九九七年）を参照した。
(73) 喜田貞吉「藤原京／藤原京再考」（『喜田貞吉著作集』五、角川書店一九七九年）二〇六～二〇七頁。
(74) 前掲小澤注（14）論文二一九頁。
(75) 大脇潔「藤原京京域復原論」（近畿大学文芸学部論集『文学・芸術・文化』九─一、一九九七年）一〇五頁。
(76) 吉川真司「七世紀宮都史研究の課題」（『日本史研究』五〇七、二〇〇四年）七一頁。

第七章　藤原京と新益京の語義再考

はじめに

藤原京は日本最初の条坊都城である。それまでは飛鳥岡本宮・飛鳥浄御原宮などと称していた王宮の部分に、宅地班給にともない官人居住区となった京域の部分が加わり、藤原宮と藤原京の二つの区画が成立した。

藤原宮に対応する京域部分を藤原京と呼ぶことは、平城宮と平城京の対応を考えれば自明のことと思われるが、藤原京という用語は歴史的には存在せず、『日本書紀』にみえる新益京という呼称こそが藤原京をさす正しい歴史的用語であるとされている。また、新益京とは「新しく拡大された京」を意味し、飛鳥を中心とする倭京もしくは飛鳥京をもとに拡張されたのが新益京（藤原京）であるとするのが、現在の通説となっている。

しかし、「藤原京」と明記する古代史料は少ないながらも存在するので、藤原京が歴史的用語でないといえるのかどうかは再検討の余地がある。また、新益京が本当に「新しく拡大された京」を意味するのかどうかは、古代における「益」字の用例を踏まえて考え直す必要があろう。以下、そうした点について、検討を加えてみたい。

一　歴史的用語としての藤原京

『日本書紀』の持統四年（六九〇）十月壬申条に「高市皇子、藤原の宮地を観る。公卿百寮従ふ」、同年十二月辛酉条に「天皇、藤原に幸して、宮地を観る」、持統六年六月癸巳条に「天皇、藤原の宮地を観る」、持統七年八月丁亥朔条に「天皇、藤原の宮地に幸す」、持統八年（六九四）正月乙巳条に「藤原宮に幸す。即日に宮に還る」、同年十二月乙卯条に「藤原宮に遷居す」などとあるように、藤原の地に営まれた王宮は藤原宮と呼ばれた。『続日本紀』慶雲元年（七〇四）十一月壬寅条にも「始めて藤原の宮地を定む。宅の宮中に入る百姓一千五百烟に布を賜ふこと差有り」とあるので、『日本書紀』『続日本紀』を通して、藤原の地の王宮は藤原宮と称されたことが明らかである。

これに対して、藤原の地に経営された京は、『日本書紀』の持統五年（六九一）十月甲子条に「使者を遣して新益京を鎮祭せしむ」、持統六年（六九二）正月戊寅条に「天皇、新益京の路を観る」とあるように、新益京と称された。『日本書紀』には藤原京という名称はみえず、これに代わる呼称として新益京が用いられているようである。

このことをはじめて本格的に議論したのは喜田貞吉である。喜田は、『日本紀』にも藤原宮の名ありて、藤原京の称なく、世にこれを藤原京と称するのは、飛鳥京と区別せんがため便宜上の仮称であるとした(1)。喜田はまた、『万葉集』の歌の一つに「藤原京より寧楽宮に遷りませる時の歌」という詞書があるが、「藤原京」と書いているのは誤写であると断じた(2)。足立康も同様に、国史には「藤原京」という名称はみえていないが、ここでは便宜上この名を用いると述べている(3)。

こうした考え方はその後に継承された。岸俊男氏は、『日本書紀』『続日本紀』には「藤原京」という表現はなく、

「新益京」とあると指摘する(4)一方、「藤原京」という表現は、『日本書紀』以外にただ一ヵ所、『万葉集』巻一、七八番歌の左注（実は巻一、七九番歌の題詞）に「或る本、藤原京より寧楽宮に遷る時の歌」とみえるのみであるが、しかしこれも写本によって異同があり、藤原京であったかどうかは確かでないと指摘している(5)。

喜田以来の認識は基本的に近年まで受け継がれているが(6)、その指摘は次第に簡略化され、藤原京という呼称は古代の史料には記されていないと総括されるようになってきた。たとえば仁藤敦史氏は、喜田貞吉は文献にはみえない「藤原京」の仮称をはじめて用いたとし(7)、寺崎保広氏は、古代の史料には「藤原京」という語句は一切出てこないと述べている(8)。文献史家のこうした発言は考古学者にも影響を与え、小澤毅氏は、「藤原京」という呼称は、喜田貞吉の提唱によるもので、歴史的な名辞ではないと説き(9)、林部均氏も、藤原京は明治になってから、喜田貞吉が命名した用語で、歴史的な呼称ではないと論じている(10)。

しかし、一例だけとはいえ、『万葉集』には「藤原京」の語句がみえているので、古代の史料には「藤原京」という名辞はみえないとか、「藤原京」は歴史的な呼称ではないと断定するのは問題であろう。『万葉集』の「藤原京」については誤写の可能性が指摘されているので、この記載を軽視する傾向があるのであろうが、本当に誤写とみてよいかどうかはあらためて検討する必要がある。問題となる『万葉集』の記載は以下の通りである（和歌の訓読文は日本古典文学大系本によったが、七九番歌末尾の「来ませ大君よ」のみ、新日本古典文学大系本によって「いませ大君よ」にあらためた）。

①『万葉集』巻一、七八番歌

和銅三年庚戌春二月、従二藤原宮一遷二于寧楽宮一時、
御輿停二長屋原一、廻二望古郷一作歌、　一書云、太上天皇御製、

　　飛鳥の明日香の里を置きて去なば君があたりは見えずかもあらむ　一に云ふ、「君があたりは見ずてかもあらむ」

②『万葉集』巻一、七九番歌
　　或本、従二藤原京一遷二寧楽宮一時歌
天皇の　御命かしこみ　柔びにし　家をおき　隠国の　泊瀬の川に　舟浮けて　わが行く河の　川隈の　八十隈おちず　万度　かへり見しつつ　玉桙の　道行き暮らし　あをによし　奈良の京の　佐保川に　い行き至りて我が宿たる　衣の上ゆ　朝月夜　さやかに見れば　栲の穂に　夜の霜降り　磐床と　川の氷凝り　寒き夜を　いこふことなく　通ひつつ　作れる家に　千代までに　いませ大君よ　われも通はむ

喜田貞吉は、②に「従二藤原京一遷二寧楽宮一時歌」という詞書があるが、移転先が「寧楽宮」である以上、そのもとの場所も当然「藤原宮」とあるはずであり、また、この歌と並ぶ①の詞書には、明らかに「従二藤原宮一遷二于寧楽宮一時」とあるので、これをみても、「藤原京」と書いている②は誤写であることはいうまでもないと断じた。

しかし、本当にそのようにいえるであろうか。①は「一書云、太上天皇御製」とあるように、一書には元明天皇の御製とされる歌である。元明が藤原宮から寧楽宮へ遷居する際の歌とみれば、「藤原宮」より「寧楽宮」に遷る時という表現は正しいものである。

一方の②は、「天皇」の命を受けて、慣れ親しんだ家を捨て置き（あるいは解体して）、泊瀬川に舟を浮かべ、奈良の京（「楢乃京師」）の佐保川まで通い、大君（「多公」）の新邸を作り上げた人物が詠んだ歌である。大君（「多公」）は天皇ではなく、皇子か王をさすとみるのが通説で、ある皇族の新邸が新京に落成し、その室寿の宴において、その造営にあたった人が、完成にいたるまでの辛苦を歌ったものと考えられている。(11) その皇族の旧邸は藤原京内にあったであろうから、「藤原京」から新京に遷ることを、

従㆓藤原京㆒遷㆓寧楽宮㆒時歌

と表現するのは、不自然なものではない。歌中には「楢乃京師」（奈良の京）に至るとあるので、むしろ「寧楽宮」の方が「寧楽京」の誤りである可能性もある。

要するに、天皇の遷居を歌った①と、皇族を含めた官人の遷移を歌った②とでは状況が異なるので、①が「従㆓藤原宮㆒遷㆓于寧楽宮㆒時」とするのに対し、②が「従㆓藤原京㆒遷㆓寧楽宮㆒時」と書くのは、何ら異とするにはあたらず、②の「藤原京」を「藤原宮」の誤写とみなすのは妥当ではない。以上のように考えて大過ないとすると、天皇の住む藤原宮に対して、皇族を含めた官人たちの住む京域を「藤原京」と呼ぶことがあったことを、②の題詞は示しているということができよう。

このことは『万葉集』の諸写本を検討することによっても確認することができる。『万葉集』の古写本は訓読史の観点からみて、古点本・次点本・新点本の三つに大別されている。[12] 古点本は天暦年間（九四七～九五七）に平安宮内裏後宮の梨壺（昭陽舎）で訓みを付された本であるが、その原本は亡びて現存しない。

次点本は古点本をもとに新たに訓読を付した本で、平安中期から鎌倉前期までに書写されたものが多い。次点本には桂本・藍紙本・元暦校本・金沢本・天治本。尼崎本などがあるが、巻一を残すのは冷泉本（伝冷泉為頼筆本）・『類聚古集』・『古葉略類聚鈔』・広瀬本などわずかである。

新点本は鎌倉時代中期に僧仙覚が数多くの古写本を比較して作った校訂本にさかのぼる本で、仙覚の校訂は寛元四年（一二四六）、文永二年（一二六五）、同三年の三度にわたって行われた。寛元本の代表が神宮文庫本、文永三年本の代表が西本願寺本である。

さて、『万葉集』巻一、七九番歌の「藤原京」を「藤原京」と書いていないのは西本願寺本のみで、[13] 西本願寺本には、

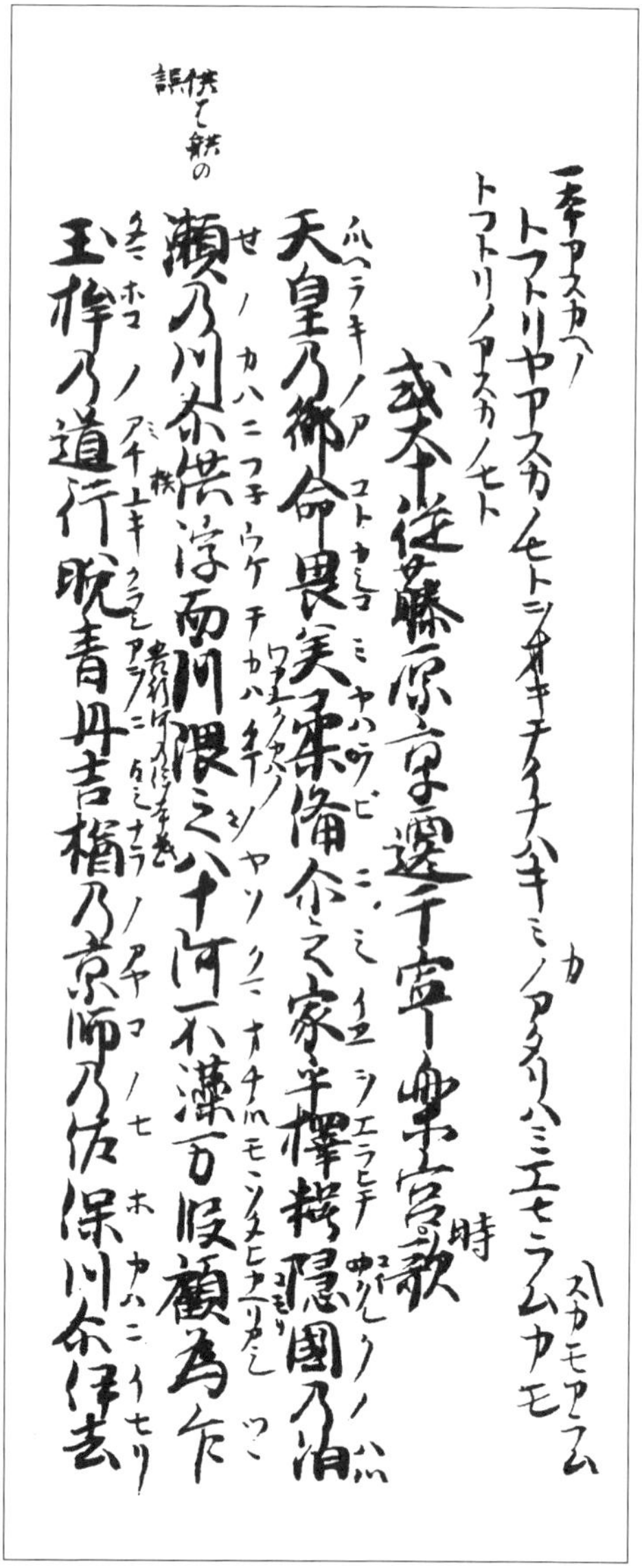

図 26　広瀬本『万葉集』にみえる「藤原京」（『校本万葉集』別冊一，岩波書店，1994 年より）

或本、従二藤原宮京一遷二寧楽宮一時歌

と記されている。(14) 一方、次点本の冷泉本・広瀬本および『古葉略類聚鈔』巻名未詳巻は(15)「藤原京」と書き、『類聚古集』第一七には(16)「藤原◦京」とある。次点本は書写年代も古く、仙覚による校訂の影響を受けていないので、『万葉集』の原形を復原する上で第一の資料とされてきた。(17) なかでも広瀬本は、天明元年（一七八一）に書写された新写本ながら、藤原定家の奥書をもち、定家が建保三年（一二一五）中に書写した古写本にさかのぼるもので、二〇巻揃った全本であり、冷泉本の誤りを正す点が多いことからも、価値の高い善本であると考えられる。(18)

それだけではなく、新点本のなかでも最古の神宮文庫本は「藤原京」と書き、紀州本や温故堂本も「藤原京」と明記している。紀州本の巻一一以降は仙覚の文永三年本の影響を受けているが、巻一から巻一〇までは古本の面影を残しているという(19)。

以上のように、冷泉本・広瀬本以下の次点本が「藤原京」と書き、西本願寺本以外の新点本の多くも「藤原京」と記すことは、『万葉集』本来の記載が「藤原京」であったことを雄弁に物語っている。西本願寺本は直前の七八番歌の題詞に「従二藤原宮一遷二于寧楽宮一時」とあることに引かれて、七九番歌の題詞を「藤原宮京」と書いてしまったのであろう。西本願寺本の「藤原宮京」は単純なミスによる誤写とみるべきである。

したがって、喜田貞吉が『万葉集』に「藤原京」と書いているのは誤写であると断じたのは、歌の内容からみても、『万葉集』古写本の字句からみても、不適切であるといわざるをえない。岩波文庫本・日本古典文学大系本・塙書房版『万葉集』本文篇・日本古典文学全集本・新潮日本古典集成本・新日本古典文学大系本などの『万葉集』本文がいずれも「藤原京」を採用している点からみても、「藤原京」が正しいということができる。

ところで、これまでは見逃されているが、「藤原京」と書いた古代史料が実はもう一つ存在する。次に掲げる『藤氏家伝』下巻の『武智麻呂伝』である。

(大宝)四年三月、拝為二大学助一、先従二浄御原天皇晏駕一、家繁レ事、百姓多レ役、兼属三車駕移二藤原京一、人皆忽忙、代不レ好レ学、

藤原武智麻呂が大宝四年(七〇四)三月に大学助に任ぜられる前後の状況を書いた箇所で、浄御原天皇(天武天皇)の死去以来、官人たちは用務繁多となったが、これに加えて、天皇が「藤原京」に移ったことで、人々はさらに多忙となり、学問を好まなくなったことを述べる。「車駕移二藤原京一」が持統八年(六九四)十二月の藤原遷都をさすこと

は疑いないので、「藤原京」と明記する古代史料が存在していたことがわかる。

『藤氏家伝』は二巻で、上巻に『鎌足伝』（『大織冠伝』）と『貞慧伝』、下巻に『武智麻呂伝』を収める。[20] 上巻は「太師」藤原仲麻呂の撰、下巻は「僧延慶」の撰である。[21] 延慶は天平勝宝五年（七五三）十二月、唐僧鑑真が薩摩国の秋妻屋浦に到着した際に大宰府に導いた人物で（『唐大和上東征伝』）、鑑真一行を乗せた遣唐副使大伴古麻呂の第二船に同乗して帰国した遣唐留学生とみられる。入京した鑑真が東大寺大仏前で良弁と会見した際には延慶が通訳をつとめている（『東大寺要録』巻四、戒壇院条所引「大和尚伝」）。

『続日本紀』天平勝宝六年十一月辛未条に外従五位下を授けられた大唐学問生で無位の船夫子が、出家を理由に授位を辞退したことがみえるが、薗田香融氏はこの船夫子こそ延慶その人であると指摘した。[22] 可能性の高い推論であるといえよう。『続日本紀』天平宝字二年（七五八）八月辛丑条には、「外従五位下僧延慶」が爵位を辞して許されたが、位禄と位田は収公されなかったとある。この前日には淳仁天皇の即位儀が行われているので、即位を祝して船夫子（延慶）にあらためて位階が与えられたが、再度これを返上したということなのであろう。延慶は中国語に堪能な遣唐学問生で、出家して帰国後は藤原仲麻呂家の家僧のような存在であったため、『武智麻呂伝』の編纂を依嘱されたのであろう。[23]

『武智麻呂伝』の内容を検すると、次男仲満（仲麻呂）の太師任官と従一位昇叙（ともに天平宝字四年正月）を記す一方で、武智麻呂の太政大臣追贈（同年八月）を記していないので、この間の成立と考えられる。本書には種々の疑点や誤りも存在するが、『続日本紀』などにみえない独自の記述が多く含まれ、奈良時代前期の研究上に不可欠の文献と評価されている。こうした独自記載の背景には、『家伝』編纂の材料となった伝記史料の存在がうかがわれ、仲麻呂家にあった「古記」の類が原史料として浮上する。[24]

その意味で、『武智麻呂伝』は『続日本紀』の記載を補う一級史料として重視されるべきである。藤原京の時代の大学や釈奠に関する記述は、『続日本紀』にはみえない『武智麻呂伝』の独自記載であり、藤原武智麻呂が生きた同時代の史料にもとづくものといってよい。「藤原京」という呼称もそうした独自記載中にみえるものである。その史料的価値は高く、「藤原京」という用語の信頼性は高いとみるべきであろう。

二　新益京の語義

新益京についても、現在につながる見方を提示したのは喜田貞吉である。喜田は、

新益京路訓みて新に益せし京の路と云ふ。蓋し飛鳥京を新に拡張したる部分の謂なるべし。……之を新益京と云

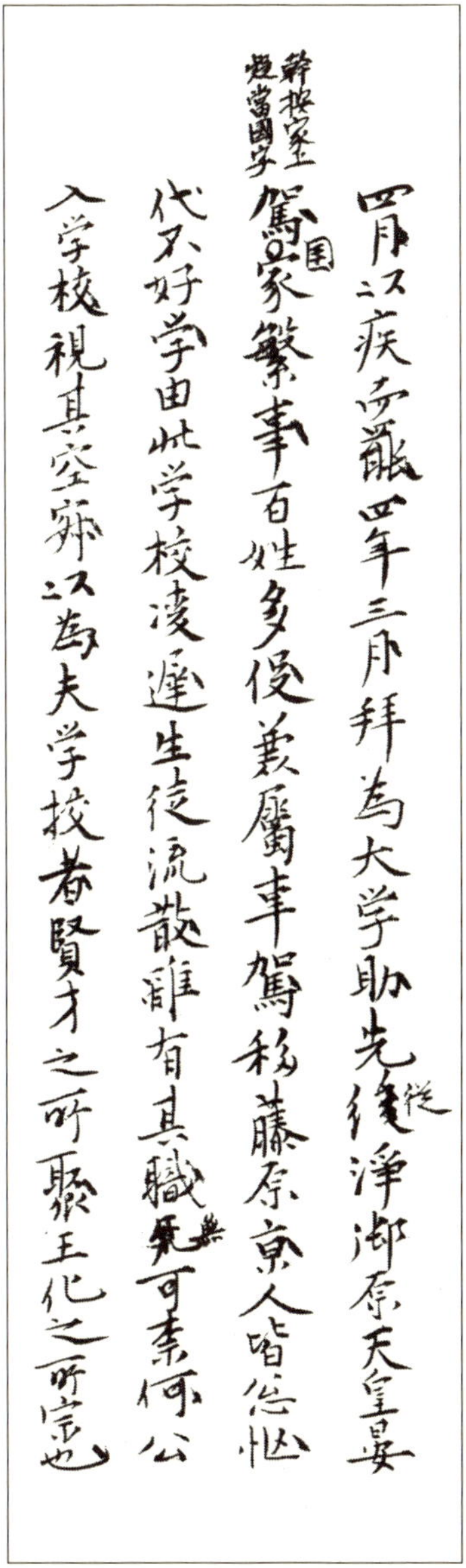
四月以疾罷四年三月拜為大学助先後浄御原天皇晏
駕家繁事百姓多役叢屬車駕移藤原京人皆怱忙
代不好学由此学校凌遅生徒流散雖有其職無可素脩公
入学校視其空寂以為夫学校者賢才之所聚王化之所宗也

図 27　国立国会図書館本『武智麻呂伝』にみえる「藤原京」

ひて、特別の名称を附せざるは、もと是れ飛鳥京の一部にして、たゞ新に之を西北郊外に拡張せしものに過ぎざればり。

と述べて、新益京とは新たに拡張した京を意味し、これは飛鳥京を西北郊外に拡張した京であることによるとした(25)。喜田はまた、新益京は「新に益した京の義で、従来の飛鳥京を西北郊外に拡張して、ここに新式都城制を布いたことを示したものと思われる」とも説いている(26)。

こうした考え方は岸俊男氏に継承された。岸氏は当初、「藤原京はまた新益京ともよばれた。おそらく飛鳥京の一部を拡大したという意味であろうと解されている」とするなど、喜田説を祖述するだけであったが(27)、やがて新益京という名称から、藤原京以前に京域をもった京師が存在していたことを強調する論調に変わっていった。岸氏が注目するのは、『日本書紀』の天武五年（六七六）九月乙亥条に王卿を「京及畿内」に遣わして人別の兵を校させ、同六年五月是月条に「京及畿内」で雨乞いを行ったとあるのをはじめとして、天武紀には「京」「京及畿内」「京畿」という用語が頻出し、天武十四年三月辛酉条には「京職大夫」許勢辛檀努の卒去記事がみえることである(28)。

岸氏はこうした史料をもとに、浄御原令の編纂・施行以前にすでに「京」の存在した可能性は濃厚であるとし、藤原京設定以前の天武朝に飛鳥を中心に「倭京」が設定されていたことを推定した(29)。岸氏が次のように述べているのは、喜田説をもとにしながらも、新たな「倭京」論の立場から「新益京」を説明していることを示している。

Ⓐ「新益京」という言葉そのものが、「新しく益した京」としての藤原京より以前にすでに京の存在したことを示唆している(30)。

Ⓑ　これ（「新益京」）は普通「シンヤクノミヤコ」とか「アラマシノミヤコ」とか訓まれているが、字義からすれば「新しく拡大された京」という意味であろう。したがって藤原京が拡大された新京であるとすれば、その言葉から逆

に、すでに藤原京以前に拡大される前の旧京が、藤原京に接してあったことになる[31]。岸氏が提示した「倭京」論はその後に大きな影響を与え、大藤原京説が提唱される一つの契機ともなった。阿部義平氏は、新益京とは古くからの倭京の主要部と、新城建設時からの条坊施行部分を合わせたもので、旧京と新京を合体した京であったと述べ[32]、押部佳周氏は、天武朝末年に方格街路を敷設していた飛鳥京を敷衍拡大したものが新益京であると論じている[33]。喜田貞吉が提唱し、岸俊男氏が発展させた新益京の語義は、現在にいたるまで多くの論者に支持され[34]、定説の位置を占めているといってよい。

しかし、天武朝に存在した「京」を「倭京」と呼ぶことについては大きな疑問がある。「倭京」とは王宮が難波や近江にあったときの用語で、それらの王宮と対比して「倭京」「古京」と称したにすぎず、これに特別の史料的価値を与えることはできない[35]。また、天武元年九月条を最後に姿を消す「倭京」という用語をもって、天武二年以後に建設された「京」をも示そうとするのは、やや厳密性を欠いているともいわれる[36]。また、「飛鳥京」という表現も当時の文献史料にはみえない[37]。何よりも飛鳥と藤原とはまったく別々の地域呼称であったため[38]、飛鳥を中心とする「倭京」を藤原地域にまで拡張した「京」（「新益京」）を藤原京と呼ぶことはありえないのである。

そこで問題となるのは、喜田以来の共通認識である。新益京を「新たに拡張した京」の意味に解するのははたして妥当なのか。このことについてはかつて論じたことがあるが[39]、ここで再論しておきたい。記紀における「益」の用例を検索してみると、『古事記』上巻、天の岩屋戸条に「汝命に益《ま》して貴き神坐す」、同上巻、海神の宮訪問条に「我が王に益《ま》して甚貴し」、同中巻、景行天皇段に「吾二人に益《まさ》りて建き男は坐しけり」、『日本書紀』雄略二三年是歳条に「百済の調賦、常例より益《まさ》れり」、同敏達四年二月乙丑条に「百済、使を遣して調を進る。多きこと恒歳より益《まさ》れり」とあるように、「益」は「ます」「まさる」の意味で用いられた。「益」は「増（ます）」の意というよりは、「勝（まさる）」

の意で多用されていることがわかる。

『時代別国語大辞典』上代編(40)の「ます［益］」の項をみると、

①数量的に増加する。ふえる。

②優越する。すぐれる。

の二つの語義が記されており、②の用例として次の万葉歌が示されている。

価なき宝といふとも一杯の濁れる酒にあに益《まさ》めやも（『万葉集』巻三、三四五番）

一方、同書の「まさる［勝］」の項をみると、「①多くなる、ふえる。量的な増加をいう」と「②勝《まさ》る。他にすぐれる。質的な優越をいう」の二つの語義をあげたのち、

現在、マスは量の加わる意、マサルは質的な優越の意と使い分けているが、上代にはこの区別がなく、マサル、マスともにどちらの意にも用いている。

という考察文が加えられている。

このように、古代における「益」字には量的に増加するの意だけではなく、質的に優越するの意があり、「益」と「勝」とは同意で用いられていた。新益京を「あらましのみやこ」と訓み、「新たに拡張した京」の意味に解する現在の通説は、「益」字を増加の意味にとったものであるが、「益」字に「勝」と同様の優越の意味があるとすると、新益京とは新たなすぐれた京をさすと解することが可能となるであろう。すなわち新益京とは、従来の都城よりもまさる、質的に優越した都城であると解釈すべきだと思うのである。

新益京の語義については、喜田説が現在に継承されているが、かつて大井重二郎が、

恐らく藤原京が、旧飛鳥より遙かに完備したもの、即ち新益たる意よりかく称したものと思われる。

と述べていたことは注目される。(41) 藤原京は日本最初の条坊都城であり、王宮部分に加えて官人居住区としての京域部分をはじめて設けたがゆえに、従来の王宮と比べてはるかに完備されたものとなり、賞賛の意味を込めて新益京と称されたのである。

このように考えて大過ないとすると、新益京の「益」を増加の意味に解し、これを新しく拡大された京と理解する通説には大きな問題があるといえよう。新益京という用語をもとに、藤原京以前に「京」があったとしたり、飛鳥を中心とする「倭京」もしくは「飛鳥京」が存在したと考えるのは、誤った理解の上に築かれた拡大解釈であるといわざるをえず、再考が必要であろうと考える。

おわりに

以上、藤原京という用語が古代史料にみえる歴史的な名辞であることと、新益京という用語が新たなすぐれた京という賛美を含んだ名辞であることを述べてきた。『日本書紀』が藤原京のことを新益京と称したのは、日本最初の条坊都城である藤原京が、それまでの王宮と比べて格段に整備された誇るべき王都であったからであろう。ただし、『万葉集』や『武智麻呂伝』からうかがえるように、同時代に生きた人々が新都のことを普通に藤原京と称していたこともまた事実なのである。

飛鳥に多くの王宮が営まれた時代から、藤原に条坊都城が建設される時代に至る過程については、発掘調査で検出される藤原京先行条坊の評価とも関わって、さまざまな意見が提示されているが、少なくとも「新益京」という用語をもとに、藤原京以前に条坊をもつ「京」が存在し、それを拡張したものが藤原京であるとみるのは困難になったといえよう。

天武五年是歳条や同十一年三月条にみえる「新城」が新益京や藤原京とどのように関わるのかについては、かつて私見を述べたことがあるが(42)、藤原京や新益京の語義を再考した結果をうけて、新たに整理を行う必要はあろう。そうした課題については、いずれも別の機会に果たすことにしたい。

注

（1）喜田貞吉 a「藤原京考證（上）」（『歴史地理』二一—一、一九一三年）二～三頁、同 b「帝都／藤原京」（『喜田貞吉著作集』五、平凡社、一九七九年）八二頁。

（2）喜田貞吉「藤原京／藤原京再考」（『喜田貞吉著作集』五、平凡社、一九七九年）一九四頁。

（3）足立康「藤原京の左右両京」（『大和志』二—三、一九三五年）九五頁。

（4）岸俊男 a「大宰府と都城制」（『日本古代宮都の研究』岩波書店、一九八八年）四九六頁。同様の指摘は、岸俊男 b「日本における宮室・都城の展開」（日中合同シンポジウム『奈良・平安の都と長安』小学館、一九八三年）六一頁、同 c「古代宮都の源流」（『歴史と人物』一四—一三、一九八四年）七三頁にもみえる。

（5）岸俊男「日本都城制総論」（『日本の古代九　都城の生態』中央公論社、一九八七年）六三頁。

（6）橋本義則「都市名はなかった?」（田中琢編『古都発掘』岩波書店、一九九六年）二二頁。

（7）仁藤敦史「倭京から藤原京へ」（『古代王権と都城』吉川弘文館、一九九八年）二一九頁。

（8）寺崎保広『藤原京の形成』（山川出版社、二〇〇二年）五二頁。

（9）小澤毅『日本古代宮都構造の研究』（青木書店、二〇〇三年）二二五頁、二八四頁。なお小澤氏は、同書二五九頁では、「藤原京」という名称は、『日本書紀』『続日本紀』などの古代の史料には登場しないと述べており、まだこちらの表現の方が正確である。

（10）林部均『飛鳥の宮と藤原京』（吉川弘文館、二〇〇八年）一八九頁。

（11）澤潟久孝『万葉集注釈』一（中央公論社、一九五七年）、佐佐木信綱『評釈万葉集』一（六興出版部、一九四八年）、武田祐吉『増訂万葉集全註解』三（角川書店、一九五六年）、伊藤博a『万葉集全注』一（有斐閣、一九八三年）、同b『万葉集釈注』（集英社、一九九五年）。

（12）以下、『万葉集』の古写本に関しては、正宗敦夫「万葉集古写本解題」（『万葉集講座』二、春陽堂、一九三三年）、佐佐木信綱「万葉集の古写本」（『万葉集大成』二、平凡社、一九五三年）、同「万葉集古写本の研究」（『万葉集講座』三、創元社、一九五四年）、日本古典文学大系『万葉集』一（岩波書店、一九五七年）および日本古典文学全集『万葉集』一（小学館、一九七一年）の「解説」、林勉「序」（『神宮文庫本万葉集』勉誠社、一九七七年）、伊藤高雄「『万葉集』の諸本と研究史」（櫻井満監修『万葉集を知る事典』東京堂出版、二〇〇〇年）などを参照した。

（13）『校本万葉集』二（岩波書店、一九三二年）二二二頁、前掲伊藤博注（11）著書二二一頁。

（14）林勉監修『西本願寺本万葉集（普及版）』巻第一（主婦の友社、一九九三年）。

（15）佐佐木信綱編『古葉略類聚鈔』（一九二三年）。本書は推定全一二巻中、巻八・九・一〇・一二および巻数未詳巻の五巻が伝存する。巻数未詳巻は破損状態や書写年月からみて巻一であったと推定されている。橋本進吉「建長二年書写本古葉略類聚鈔解説」（前掲『古葉略類聚鈔』）、西出菜穂「『古葉略類聚鈔』の独自性と編纂異図」（『叙説』三七、二〇一〇年）。

（16）上田万年・小島憲之校訂『類聚古集』本文篇四（臨川書店、一九七四年）。

（17）日本古典文学大系『万葉集』一の「解説」（前掲注（11）参照）三八頁、木下正俊「広瀬本万葉集解説」（『校本万葉集』一八、岩波書店、一九九四年）三二頁。

（18）木下正俊注（14）論文、同「広瀬本万葉集について」（国文学研究資料館編『万葉集の諸問題』臨川書店、一九九七年）。

（19）佐佐木信綱「紀州本万葉集解説」（『紀州本万葉集』別冊、後藤安報恩会、一九四一年）。

（20）群書類従本の『家伝』上巻には『貞慧伝』は収録されず、『貞慧伝』は『続々群書類従』に収められているが、宮内庁書陵部所蔵の伏見宮本『大織冠鎌足公家伝上』などには、『鎌足伝』とともに『貞慧伝』が収録されている。信頼できる校訂・注釈本としては、沖森卓也・佐藤信・矢嶋泉『藤氏家伝　鎌足・貞慧・武智麻呂伝　注釈と研究』（吉川弘文館、一九九九年）がある。

(21)『武智麻呂伝』とその著者延慶については、川崎庸之「「武智麻呂伝」についての一つの疑問」（『川崎庸之歴史著作選集』一、東京大学出版会、一九八二年）、横田健一a「家伝　武智麻呂伝」（『群書解題』二、続群書類従、一九六一年）、同b「家伝、武智麻呂伝研究序説」（『白鳳天平の世界』創元社、一九七三年）などを参照した。

(22) 薗田香融「恵美家子女伝考」（『日本古代の貴族と地方豪族』塙書房、一九九二年）五八～五九頁。

(23) 横田健一注（21）b論文二五一頁。

(24) 佐藤信「『家伝』と藤原仲麻呂」（沖森卓也・佐藤信・矢嶋泉注（20）書所収）四一二頁。

(25) 喜田貞吉注（1）a論文七～八頁。

(26) 喜田貞吉注（1）b論文八二頁。

(27) 岸俊男「飛鳥から藤原へ」、同「都城と律令国家」二七七頁。（前掲『日本古代宮都の研究』）六二頁。

(28) 岸俊男a「日本における「京」の成立」、同b「倭京から平城京へ」（前掲『日本古代宮都の研究』）四六三～四六五頁、四五五～五六頁。

(29) 岸俊男注（28）a論文四五九頁、同注（28）b論文四六五頁。

(30) 岸俊男注（4）a論文四九六頁。

(31) 岸俊男「謎の倭京」（『古代宮都の探求』塙書房、一九八四年）八六頁。

(32) 阿部義平「新益京について」（『千葉史学』九、一九八六年）三五頁。

(33) 押部佳周「飛鳥京・新益京」（直木孝次郎先生古稀記念会編『古代史論集』上、塙書房、一九八八年）三三九頁。

(34) 大脇潔「新益京の建設」（『新版古代の日本』六、角川書店、一九九一年）八四頁、山中章『日本古代都城の研究』（柏書房、一九九七年）四六頁、中村太一「藤原京の「条坊制」」（『日本歴史』六一二、一九九九年）一一頁、木下正史『藤原京』（中央公論新社、二〇〇三年）四七頁、吉田歓『古代の都はどうつくられてきたか』（吉川弘文館、二〇一一年）九二～九三頁、吉川真司『飛鳥の都』（岩波書店、二〇一一年）一六七頁。

(35) 湊哲夫「飛鳥浄御原京の基礎的考察」(『日本史論叢』一〇、一九八三年)三八頁、前掲阿部義平注(20)論文一四頁、浅野充「律令国家と宮都の成立」(『日本古代の国家形成と都市』校倉書房、二〇〇七年)一五〜一六頁。
(36) 井上和人「藤原京」(『仏教芸術』一五四、一九八四年)四三頁。
(37) 前掲岸俊男注(28)b論文四六五頁。
(38) 岸俊男「飛鳥と方格地割」(前掲『日本古代宮都の研究』)一三七〜一四六頁。
(39) 西本昌弘「天武紀の新城と藤原京」(『日本古代の王宮と儀礼』塙書房、二〇〇八年)七六頁「補注一」。
(40) 『時代別国語大辞典』上代編(三省堂、二〇一一年)。
(41) 大井重二郎『上代の帝都』(立命館出版部、一九四四年)一五一〜一五二頁。
(42) 西本昌弘注(39)論文、同「天武十一年新城設定説再論」(『日本古代の王宮と儀礼』前掲)。

初出一覧

第一章　斉明天皇陵の造営・修造と牽牛子塚古墳―建王・間人皇女・大田皇女の合葬墓域として―（『古代史の研究』一七、二〇一一年九月）

第二章　建王の今城谷墓と酒船石遺跡（『続日本紀研究』三九六、二〇一二年二月）

第三章　川原寺の古代史と伽藍・仏像―筑紫観世音寺との比較を通して―（新稿。ただし、「文献史料からみた川原寺」（『国際シンポジウム　飛鳥・川原寺裏山遺跡と東アジア』資料集、二〇一二年一二月）をもとに大幅に補訂・改稿したものである。）

第四章　高市大寺（大官大寺）の所在地と藤原京朱雀大路（『古代文化』六三―Ⅰ、二〇一一年六月）

第五章　岸俊男氏の日本古代宮都論（『日本史研究』五七四、二〇一〇年六月）（原題は「岸俊男『日本古代宮都の研究』再読」）

第六章　大藤原京説批判―十二条八坊説への回帰―（新稿）

第七章　藤原京と新益京の語義再考（新稿）

あとがき

飛鳥をはじめて訪れたのは一九六七年のことである。松原市立天美小学校の六年生のとき、社会科クラブの遠足で顧問の馬場先生が連れていって下さった。飛鳥寺・酒船石・石舞台古墳・都塚古墳をはじめ、橘寺・亀石・鬼の俎・鬼の雪隠などを回った。とくに巨大な石室や異様な石造物に心を奪われ、古代史の世界に引き込まれていったことを覚えている。これが私にとって最初の飛鳥体験であったが、日本史に深く興味をもつきっかけとなったので、ある意味では、私の生涯の進路を決める体験になったともいえる。

その後、少年期・青年期を通して、飛鳥には何度も足を運んだ。あるときは仲間連れのサイクリングで、あるときは悩みを抱えながら思索の一人歩きで。牽牛子塚古墳や真弓鑵子塚古墳のある静かな真弓丘陵は、とりわけ物思いにふけるにはうってつけの場所であった。一九七二年に高松塚古墳が発見されると、飛鳥路にも喧噪が押し寄せるようになり、その姿が次第に変わってゆくのをみるのは複雑な気持ちではあったが。

北摂で大学院時代を過ごし、東京で職を得てからは、平安時代の研究に専念するようになったので、いつしか飛鳥のことには縁遠くなってしまったが、一九九九年に関西大学に籍を置くようになってから、再び飛鳥との縁が戻ってきた。関西大学は飛鳥にセミナーハウスをもっており、関西大学古代史研究会の夏の合宿はここで行うことに決まっていた。学生たちと一緒にめぐる飛鳥や藤原は大きな変貌をとげていたが、そこかしこになつかしい姿を垣間見ることができ、久しぶりの再会を果たして喜んだことであった。

また、関西大学が明日香村と共催している飛鳥史学・文学講座の講師を仰せつかり、二〇〇三年から毎年登壇することになった。年に一回とはいえ、飛鳥・藤原をテーマに話をするのは骨の折れる仕事ではあるが、熱心に聞いて下さるので、何か面白い話題がないかと思案するのは楽しい作業でもある。幸い、二〇〇〇年前後には、飛鳥周辺で酒船石遺跡・飛鳥苑池遺跡・飛鳥池遺跡・石神遺跡などの新発見があいついだ。学生たちとともにたまたま発掘現場に立ち会ったり、現地説明会に足を運んだりして、関西に戻ってきたことを実感したものである。

本書に収めた論考のなかには、こうした飛鳥・藤原との邂逅のなかから誕生したものが含まれている。飛鳥・藤原の地に身を置いて話し、考えをめぐらせることは、予想外の発想につながるものであり、こうした環境で研究と教育が行えることに感謝したい。ただし、遺構・遺物を検出し、分析を加えるのは現場を担当する考古学専門家であり、こうした方々のご教示やご援助がなければ、本書は生まれなかった。以下、各章の成立にいたる経緯を述べて、お世話になった方々にお礼を申し上げることにしたい。

第Ⅰ部第一章「斉明天皇陵の造営・修造と牽牛子塚古墳」は、二〇一〇年に明日香村教育委員会が行った牽牛子塚古墳の発掘調査成果をうけて、この古墳が斉明天皇と建王・大田皇女を合葬した陵墓であることを論じたものである。発掘調査を担当した同村教委の西光慎治氏には、二度にわたって現地でご説明いただくなど、ひとかたならぬお世話になった。厚くお礼申し上げる次第である。

第二章「建王の今城谷墓と酒船石遺跡」は、一九九九年に発見された酒船石遺跡の亀形石造物や黒木造建物などについて、斉明天皇の皇孫である建王の今城谷墓との関わりを追究したものである。明日香村に「イマキ」の小字が残っていることを知ったのが発想の出発点となった。第一章もそうであったが、国文学者の研究成果を吸収することによって、新たな視界が開かれてくることを痛感した。

第三章「川原寺の古代史と伽藍・仏像」は、関西大学の米田文孝氏を研究代表者とする科学研究費補助金（基盤研究B）共同研究「飛鳥・川原寺裏山遺跡の総合的研究—出土品から見た川原寺の特質—」による研究成果である。その要旨は二〇一二年十二月十五日に関西大学尚文館で行われた国際シンポジウム「飛鳥・川原寺裏山遺跡と東アジア」において発表し、報告文を同シンポジウム資料集に掲載した。このときの報告文を大幅に増補し、シンポの成果も一部盛り込んだのが本章である。同様の創建事情をもつ筑紫観世音寺と対比することによって、川原寺の伽藍配置と安置仏像が明確になることを主張した。

第Ⅱ部第四章「高市大寺（大官大寺）の所在地と藤原京朱雀大路」は、高市大寺（大官大寺）の所在地問題を藤原京朱雀大路の設定状況と関わらせて検討したものである。二〇一〇年七月十九日の古代寺院史研究会において、大脇潔氏と小澤毅氏に大官大寺跡やギヲ山付近をご案内いただき、研究状況を教えていただいたことに触発されて、憶説を述べたものである。日高山の南に高市大寺の伽藍地を想定する私案は、仮説の域を出ない推論で、課題の多いものであることは承知している。大脇・小澤両氏には「恩を仇で返す」ような所業をお詫びしたい。

第五章「岸俊男氏の日本古代宮都論」は、日本史研究会の編集委員会から依頼をうけて、岸俊男氏の名著『日本古代宮都の研究』を読み返し、現在の地平から批評を加えたものである。飛鳥・藤原の研究を飛躍的に前進させた大著を久しぶりに読み通してみて、岸氏の論証の確かさを再確認した部分が多かった。岸説藤原京の京域論に大きな誤りがないであろうことも、本章をまとめる過程で確信したことである。

第六章「大藤原京説批判」は、近年の通説である大藤原京説を批判して、喜田貞吉から岸俊男氏にいたる藤原京十二条八坊説に立ち戻るべきことを説いたものである。第五章でも一部同様の指摘をしたが、はじめて体系的に文章化したのが本章である。本年一月十二日に橿原考古学研究所の研究集会で概要を報告したが、報告後に小澤毅氏からご教示を頂戴した。小澤氏のご厚意に深謝する。岸説の想定京外から検出された道路遺構の解釈については、現在のところ十分な対案を持ち合わせていない。考古学者からの新たな提言を期待したい。

第七章「藤原京・新益京の語義再考」は、藤原京が歴史的用語であることを確認し、新益京の語義を検討したものである。後者については、かつて簡単に論じたことがあるが、国語学の理解を踏まえて再論した。新益京の語義は大藤原京説が提唱される要因の一つになったものでもあり、これが再考を要するということになると、倭京を拡大して藤原京が成立したという理解にも影響を及ぼすことになろう。

以上、各章の成り立ちについて述べたが、年少のころから親しんできた飛鳥をテーマに、一書をまとめることができたのは、大変うれしいことである。機会を与えて下さった同成社に感謝したい。本書の出版については、二〇〇七年十一月に奈良女子大学の舘野和己氏からお勧めいただいた。当初は飛鳥・藤原の王宮と儀式についてまとめる予定であったが、私の怠惰から刊行が延び延びになるうちに、いつしか軌道修正して、本書のような内容でまとめることになった次第である。舘野氏には心からお礼とお詫びを申し上げねばならない。編集の実務については、同成社の山田隆氏のお世話になった。丁寧な校正に感謝申し上げる。

なお、本書掲載写真の撮影については、関西大学の米田文孝氏と明日香村教育委員会の西光慎治氏のお手を煩わし、図版作成には関西大学大学院の藤井陽輔氏のお世話になった。三氏に深甚の謝意を申し述べたい。

二〇一四年二月

西本　昌弘

飛鳥《あすか》・藤原《ふじわら》と古代王権《こだいおうけん》

■著者略歴■

西本昌弘（にしもと　まさひろ）

1955年　大阪府に生まれる
1979年　大阪大学文学部卒業
1987年　大阪大学大学院文学研究科博士課程単位修得退学
1995年　大阪大学大学院文学研究科博士課程修了。博士（文学）
現　在　関西大学文学部教授

主要著書

『日本史リブレット人　桓武天皇』山川出版社、2013年。『日本古代の年中行事書と新史料』吉川弘文館、2012年。『新撰年中行事』（編著）八木書店、2010年。『日本古代の王宮と儀礼』塙書房、2008年。『日本古代儀礼成立史の研究』塙書房、1997年。

2014年4月25日発行

著　者　西本昌弘
発行者　山脇洋亮
印　刷　三報社印刷㈱
製　本　協栄製本㈱

発行所　東京都千代田区飯田橋4-4-8（〒102-0072）東京中央ビル　㈱同成社
TEL 03-3239-1467　振替 00140-0-20618

ISBN978-4-88621-655-7 C3321

同成社古代史選書

①古代瀬戸内の地域社会　松原弘宣著　三五四頁・八〇〇〇円
②天智天皇と大化改新　森田　悌著　二九四頁・六〇〇〇円
③古代都城のかたち　舘野和己編　二三八頁・四八〇〇円
④平安貴族社会　阿部　猛著　三三〇頁・七五〇〇円
⑤地方木簡と郡家の機構　森　公章著　三四六頁・八〇〇〇円
⑥隼人と古代日本　永山修一著　二五八頁・五〇〇〇円
⑦天武・持統天皇と律令国家　森田　悌著　二四二頁・五〇〇〇円
⑧日本古代の外交儀礼と渤海　浜田久美子著　二七四頁・六〇〇〇円
⑨古代官道の歴史地理　木本雅康著　三〇六頁・七〇〇〇円
⑩日本古代の賤民　磯村幸男著　二三六頁・五〇〇〇円